한국어문화문법 2
우리말 바로 알기

한국어문화문법 2
우리말 바로 알기

1쇄 발행일 | 2022년 01월 25일

지은이 | 최태호
펴낸이 | 정화숙
펴낸곳 | 개미

출판등록 | 제313 – 2001 – 61호 1992. 2. 18
주소 | (04175) 서울시 마포구 마포대로 12, B-103호(마포동, 한신빌딩)
전화 | (02)704 – 2546
팩스 | (02)714 – 2365
E-mail | lily12140@hanmail.net

ⓒ 최태호, 2022
ISBN 979 – 11 – 90168 – 41 – 0 03700

값 18,000원

한국어문화문법 2

우리말 바로 알기

최태호 지음

개미

『한국어문화문법』이라는 책을 낸 지 5년이 지났다. 그동안 한국어 ‘문화문법’이라는 개념을 도입하여 한국어 어휘와 관련된 것, 이해하기 힘든 것 등의 우리말을 신문에 게재해 왔다. 그리고 그동안 쓴 글을 정리하니 A4 용지로 500장이 넘었다. 이 이상 미룰 수가 없어서 이번에 2편을 내고, 곧이어 3편을 내려고 한다. 이번에 출판하는 것은 주로 〈프레시안〉과 〈국민투데이〉, 〈데일리안〉에 연재했던 것을 중심으로 하고, 카카오톡으로 아침마다 지인들에게 보낸 ‘헷갈리는 우리말’과 ‘토요일엔 한자놀이’를 정리하였다.

아침마다 보내는 카톡 소리에 잠을 깬 독자들이 많을 것으로 안다. 나이 먹으면 새벽잠이 없어진다고 하는데 참으로 맞는 말인 것 같다. 새벽 다섯 시면 일어나서 운동 좀 하고 만 보 걷기 중 일부를 마치고 들어와서 지인들에게 카카오톡으로 문자를 보낸다. 가끔은 “이 방에 어울리지 않으니 나가달라”는 말을 들으면서도 7년 가까이 거의 매일 아침에 지인들을 힘들게 했다.

이번에 〈한국어문화문법 2〉라는 연작물의 형식으로 ‘우리말 바로 알기’라고 엮어 보았다. 늘 아쉬움이 많이 남는다. 조금 더 잘 쓸 수 있었는데 하는 안타까움은 언제나 따라다닌다.

이 책이 나오기까지 많은 분들의 도움을 받았다. 〈프레시안〉의 김규철 국장님을 비롯해서, 〈국민투데이〉의 이귀선 대표님께 특별히 감사의 인사를 전한다. 의무적으로 쓰게 만들어서 오늘의 책이 완성되었다. 특히 아침마다 시달리며 기다려준 SNS의 독자들에게 감사한다. 한국어(과거에는 국어라고 하여 우리나라 사람들이 공부하는 것으로 알고 있지만, 원래는 한국어라고 하는 것이 맞고, 외국인에게 한국어를 가르치는 교사를 양성하는 것이 한국어학과의 목적임)라는 길을 개척하여 오늘까지 함께 동역자가 되어 준 아내 성인숙 교수에게도 감사하고, 20년 가까이 필자를 보좌해주는 박정태 교수, 편집에 교정까지 보살펴 준 이대현 교수에게도 고마움을 전한다.

출판사의 사정도 어려운데 흔쾌히 출판을 허락해준 개미출판 최대순 대표님께도 감사의 인사를 전한다.

2022년 1월
최태호 識

머리말 · **4**

제2부

한자놀이와 헷갈리기 쉬운 우리말

한국어문화문법 2

우리말 바로 알기

제1부

—

우리말 바로 알기

우리말 바로 알기

�֎ '가렵다' 와 '간지럽다'

중국 영화에서 어린 태자가 가려워서 울고 있었다. 아마도 아토피성 피부염에 걸렸든지 진드기에 물렸든지 그런 종류인 것 같았다. 전반부의 내용을 보지는 못했지만, 대화를 유추해 보면 개와 놀다가 진드기가 옮은 것 같기도 하다. 영화 전반적으로 보면 태자의 피부가 워낙 약해서 늘 피부병을 달고 사는 모양이었다. 그러니까 아토피가 심한 것 같기도 했다. 그런데 밑에 자막을 보니 "어머니, 간지러워 죽겠어요."라고 했는데, 화면에 나오는 태자는 울고 있었다. 물론 간지러워서 웃으면서 울 수도 있겠지만 태자가 얼굴을 찡그리며 우는 정도라면 간지러워서 우는 것이 아니라 가려워서 우는 것이다.

'가렵다' 와 '간지럽다' 를 구분하지 못하는 이들이 많다. 영어 표현을 보면 '가렵다' 도 'itchy' 고, '간지럽다' 도 'itchy' 로 나와 있다. 서양 사람들이야 표현을 다양하게 할 줄 모르니까 그렇다고 할지라도 우리는 그렇게 함부로 써서는 안 된다. 왜냐하면 '가렵다' 와 '간지럽다' 는 근본적으로 의미가 다르기 때문이다.

우선 '가렵다' 는 "근지러워 긁고 싶은 느낌이 있다."는 뜻이고, '간지럽다' 는 "1. 살갗에 살짝 닿거나 스칠 때처럼 웃음이 나거나 견디기 어려운 느낌이 있다. 2. 미묘하고 야릇한 느낌이 있다. 3. 계면쩍고 어색하다"라는 말이다. 느낌 자체가 상당히 차이가 있다. 이제 예문을 통해서 알아보자.

발가락이 가렵다.(〈표준국어대사전〉에서 재인용)
무좀 때문에 발가락이 근질근질 가렵다.(〈표준국어대사전〉에서 재인용)
"그야말로 현란의 극한 정오다. 나는 불현듯이 겨드랑이가 가렵다."(이상의 〈날개〉)

위의 예문에서 보는 바와 같이 '가렵다' 는 긁고 싶은 느낌이 있음에 방점을 찍고 있음을 볼 수 있다. 혹은 '못 견딜 정도로 어떤 말을 하거나 어떤 일을 하고 싶은 느낌이 있다.' 는 뜻도 있다.
한편 '간지럽다' 의 예문으로는 아래와 같은 것들이 있다.

봄비가 내린 뒤에 땅을 만져 보니 보드라운 흙살에 손끝이 간지럽다.(〈고려대 한국어대사전〉에서 재인용)
낯이 간지럽다.(〈표준국어대사전〉에서 재인용)
어찌나 아양을 떠는지 귀가 간지러워 더 이상 들을 수가 없었다.(〈표준국어대사전〉에서 재인용)

위의 예문에서 보는 바와 같이 '간지르다' 는 "무엇이 살에 닿아 가볍게 스칠 때처럼 견디기 어렵게 자리자리한 느낌이 있다", "어떤 일을 하고 싶어 참고 견디기 어렵다", "몹시 어색하거나 거북하거나 더럽고 치사하여 마음에 자리자리한 느낌이 있다"는 말이다. 사실 자리자리한 느낌이 어떤 느낌인지는 말로 설명하기가 쉽지 않다. 독자들의 감각에 기댈 수밖에 없다. 하지만 누나가 발바닥을 간질이면 동생들은 하하 웃으면서 몸을 꼰다. 그때의 느낌이 자리자리한 느낌이라고 보면 될 것 같다. '간질이다' 라는 단어도 있다. 위에서 누나가 나의 발바닥을 '간질여 주었다' 고 표현하는 것이 맞다. "살갗을 문지르거나 건드려 간지럽게 하다"라는 뜻이다. 흔히 '간질러 주었다' 라고 하는데, 그것은 잘못된 표현이다. '간질여 준 것' 이 맞다.

　우리가 편하게 사용하는 말들이 자주 어법에 벗어난 것들이 많은 것은 기초를 바르게 하지 않았기 때문이다. 노래에도 "퐁당퐁당 돌을 던지자. 누나 몰래 돌을 던지자…〈중략〉 우리 누나 손등을 간지러 주어라."라고 하는데, 이것도 "우리 누나 손등을 간질여 주어라."라고 해야 한다.

　늘 하는 말이지만 노랫말을 만드는 사람들은 참으로 심각하게 생각하면서 가사를 써야 한다. 우리 모두가 틀리게 되는 계기가 바로 노래를 따라 부르다가 일어나는 것들이 많기 때문이다.

　"조개 껍데기(껍질은 틀린 말) 묶어 그녀에 목에 걸면…"
　"그것은 우리의 바람(바램이 아님)이었어…"
　"우리 누나 손등을 간질여('간지러' 가 아님) 주어라."

라고 하면 오히려 이상하게 느끼니 어찌 된 일인가?

❇지랄과 뗑깡

언어는 지역마다 특색이 있다. 충청도에서는 "지랄하고 있네."라고 하면 거의 예사말처럼 쓰는 것인데, 서울에 올라가면 욕이 된다. 필자는 경기도 여주 출생이라 충청도 사투리를 많이 쓴다. 충북 음성과 맞닿아 있기 때문에 음성 사투리도 쓰고, 원주와도 가까워 가끔은 강원도 사투리도 나온다. 하지만 충청도에서 30여 년을 살았더니 이제는 자연스럽게 충청도 사투리가 입에서 흐른다. 참 알 수 없는 것이 언어습관이다. 보통은 어려서 쓰던 말을 계속 쓰게 마련인데 어쩌자고 이곳저곳의 사투리가 섞여서 나오는지 모르겠다.

아무튼 오늘은 충청도의 예사말(?) 같은 '지랄'에 대해서 살펴보려고 한다. 이 단어가 처음 보인 것은 〈계림유사〉라는 책이다. 송나라 사람이 썼다고 하는데, 신라어를 중국어로 기록한 책이다. 한자로는 '질알(窒斡)'이라고 썼다. 현대어에서는 "1. 마구 법석을 떨며 분별없이 하는 행동을 속되게 이르는 말, 2. 간질(癎疾)을 속되게 이르는 말"이라고 되어 있다. 과거에 간질을 일컫는 말이었는데, 여기서 파생되어 '분별없이 하는 행동'을 이르게 되었다고 본다. 박경리의 〈토지〉에 보면

지랄 같은 세상. 나도 진작, 누구처럼 엿판이나 메고 용정을 떠나는 건데……

위와 같은 글이 있다. 여기서는 지랄이 간질이라는 뜻이 아니라 현대적

의미로 바뀐 것이다. 지금도 많이 쓰고 있는 단어이지만 속된 표현으로 많이 활용하고 있다. "돈지랄도 유분수지, 그 많은 돈을 며칠 만에 다 썼다고?"(〈표준국어사전〉의 예문)와 같이 쓰고 있어서 간질과는 관계가 없는 것으로 보이기도 한다. 그러나 원래의 의미는 간질로 쓰러져 발작하는 모양을 일컫는 말이었음을 상기할 필요가 있다. 〈계림유사〉에 나올 정도였다면 상당히 역사가 오랜 단어임은 틀림없다.

'지랄병'을 일본어로 전간(癲癇)이라고 한다. 미칠 전(癲)에 간질 간(癇)자를 쓴다. 일본어 발음으로 뗑깡(てんかん)이라고 한다. '뗑깡'은 일본어 'tenkan·癲癇'에서 온 말로 1950년대 이후 신문 기사에서 검색되지만, 일제강점기 이후 국어에 들어온 것으로 추정된다. 이 말은 경련을 일으키고 의식 장애를 유발하는 발작 증상이 되풀이하여 나타나는 병을 가리킨다. 우리말로는 보통 '간질(癇疾)' '지랄병'이라 하고, 의학적으로는 '뇌전증(腦電症)'이라 한다.(조항범, 〈우리말 어원이야기〉) 한자어로 그대로 풀어 본다면 지랄병이라고 하는 전문용어다. 요즘 우리는 어린아이들이 생떼를 부릴 때 쓰고 있지만, 원래는 앞에서 설명한 지랄과 같은 말에서 출발했다. "진수는 막무가내로 뗑깡을 부린다."(〈고려대 한국어사전〉에서 인용)와 같이 사용하고 있다. 이 단어는 일본에서 들어온 말이므로 의미를 생각하여 우리말로 고쳐 쓰는 것이 좋다. 우리말로 한다면 '생떼'라고 하면 적당하다. 비슷한 말로, 억지, 투정, 행패 등으로 쓸 수도 있다. 상황에 따라 행패라는 의미로 쓰는 경우도 있기 때문이다.

"'뗑깡' 부리고, 골목대장질하고, 캐스팅보터나 하는 몰염치한 집단." https://www.pressian.com/pages/articles/169231?no=169231&ref=daumnews#0DKU 프레시안(http://www.pressian.com)

이라는 표현이 정가에서도 나왔던 모양이다. 아마 발음상 '땡깡'이라고 하지 않았나 생각한다. 실제로는 '뗑깡'이라고 하는 것이 옳다. 그러나 이역시 일본어를 바르게 발음하자는 의미일 뿐이다. 우리말 표현이 있는데도 불구하고 바람직하지 않은 표현을 입에 달고 살면서 나라를 사랑한다고 할 수 없다.

간질, 지랄, 뗑깡은 같은 어원을 갖고 있는 말인데, 지금은 전혀 다른 말처럼 사용하고 있다. 언어의 사회성에 따라 의미가 분화되고 확장되어 그렇다고 하지만 가능하면 우리말 표준어를 구사하는 것이 문화민족이 되는 지름길이다.

❊갈등(葛藤)과 해결(解決)

요즘은 참 이상한 세상이다. 아침에 눈을 뜨면 스마트폰에 좋은 글들이 엄청나게 많이 있다. 읽을수록 좋은 글들이 넘쳐나는 세상이다. 그럼에도 불구하고 세상은 예전보다 좋아지지 않았으니 참 이상한 세상이 아닌가? 글을 써서 보내도 읽지 않으면 그만이고, 내 글을 누가 읽어주고 '좋아요' 라도 하나 보내주면 감격하는 세상이다. 좋은 글이 엄청나게 돌아다니며 사람들을 감동시키지만 세상의 갈등은 여전히 존재한다. 오히려 예전에 비해 더욱 심화되고 있는 것도 사실이다. 남녀 간의 갈등(남혐, 여혐이라는 말로 바뀌었지만), 노소 간의 갈등, 진보와 보수의 갈등, 미국과 중국의 갈등 등 인류의 역사와 갈등은 늘 함께 있어 왔다.

갈등(葛藤)이라는 단어는 '칡넝쿨 갈(葛)' 자와 '등나무 등(藤)' 자가 합쳐진 말이다. 이 식물들은 모두 혼자서는 일어설 수 없는 것들이다. 무엇인가를 감고 올라가야 하는데, 칡은 오른쪽으로 돌고, 등나무는 왼쪽으로 감고 돌아 올라간다고 한다. 그러므로 둘이 엉키면 도저히 풀 수가 없는 상태가 된다고 한다. 사전적인 의미로는 "1. 칡과 등나무가 서로 얽히는 것과 같이, 개인이나 집단 사이에 목표나 이해관계가 달라 서로 적대시하거나 충돌함, 또는 그런 상태, 2. 소설이나 희곡에서, 등장인물 사이에 일어나는 대립과 충돌, 또는 등장인물과 환경 사이의 모순과 대립을 이르는 말, 3. 두 가지 이상 상반되는 요구나 욕구, 기회 또는 목표에 직면했을 때, 선택을 하지 못하고 괴로워함. 또는 그런 상태"를 말한다.

이러한 갈등은 청소년들에게는 인지적 성장의 발달에 도움을 줄 수도 있다. 갈등은 "의견을 교환하는 기술을 향상시키고, 부정적인 감정 조절의 학습 기회를 제공하여 교우 관계에서 심리적인 안정감을 제공해주고 원만한 인간관계의 바탕을 마련해주는 역할을 한다"고 하였다. 그러나 세대 간의 갈등이나 노인들의 갈등은 해결하기가 쉽지 않다. 특히 노인들은 연륜으로 인해 고집과 아집이 세고 이로 인하여 자기 주장만 하고 타인의 말을 듣지 않으려 하는 경향이 있다.

한편 해결이라는 단어를 살펴보자. 해결(解決)은 "1. 제기된 문제를 해명하거나 얽힌 일을 잘 처리함. 2. 안어울림을 어울림으로 이끎. 또는 그런 일"이라고 나타나 있다. '해(풀다 解)'자를 살펴보면 소(우 牛)를 칼(도 刀)로 뿔(각 角)에서부터 하나씩 분리하는 것을 말한다. 대충 나누는 것이 아니라 뿔부터 시작하여 하나하나 풀어나가는 것을 해(解)라고 한다. 그러므로 갈등을 풀기 위해서는 "하나씩 문제가 되는 부분을 풀어 헤쳐나가야 한다." 는 말이다. '해결'의 예문으로는 "친구 간에 생긴 갈등의 해결은 당사자가 직접 해결해야 한다.", 혹은 "모든 일이 척척 해결되다." 등이 있다.

청소년에게 있어서 갈등은 협상 중재나 양보 같은 긍정적인 방향으로 갈등을 해결할 수도 있다. 친구와 의견을 조정하거나 타협하는 과정을 통해서 인지적으로 긍정적인 영향력을 받을 수 있다고도 하였다. 청소년기에는 갈등을 겪을 때 상대방과 적절하게 조절하고 타협할 수 있도록 효과적인 전략들을 형성하는 것이 중요한 과제이다. (민현경, 2009 요약)

한편 노인들의 갈등은 풀기가 어렵다. 환경의 변화에서 오는 갈등과 내부에서 일어나는 갈등을 파악하기도 힘들다. 퇴직 후에 오는 외로움과 대우받던 시절에 대한 그리움, 사회의 일원이 되고, 나이 갑남을녀(甲男乙女)의 하나일 뿐이라는 자괴감 등이 결부되어 수많은 요인이 복합적으로 작용하는 갈등이므로 신중하게 접근해야 한다. 현대에 있어 갈등은 두 사람 이상의 사회적 상호작용 및 관계에 있어 발생하는 저항 상태라 할 수 있다. 필자는 때로 수염을 기르면서 '소극적 저항 의지의 표출' 이라는 말을 한다. (이것도 갈등의 표현 양식의 하나인 듯)

인간에게 있어서 갈등은 태초부터 시작되었다고 본다. 카인이 아벨을 죽인 것도 시기로 인한 내적 갈등을 제어하지 못해서 발생한 일이다. 타인에 대한 배려와 양보가 절실히 필요한 시대가 되었다.

❋갈매기살과 감자탕 이야기

교단에서 우리말을 가르친 것이 벌써 39년이 지나간다. 20대 패기만 앞섰던 젊은 시절에는 서울의 중등학교에서 한문과 국어를 가르쳤고, 대학원에서 한국어교육을 전공하여 박사학위를 받고 현재 근무하는 학교에 내려와 한국어학과를 개설하였다.

한국어를 가르치는 교사를 양성하는 학과라 교육에 열정이 많은 젊은이들이 지원한다. 또한 외국인에게 한국어를 가르치는 것을 주로 하다 보니 대학원에는 선교사를 희망하는 목회자, 전역을 앞둔 영관급 군인, 경찰, 타 대학 교수 등 실로 다양한 사람들이 입학하고 있다. 이들에게 어떻게 한국어를 쉽게 가르칠 수 있을까를 연구하다가 한자나 우리말 어원을 가르쳐 주면 오래 기억하고 어휘 확장에 도움이 되는 것을 알았다. 그래서 어휘론이나 의미론 시간을 통해 어원을 가르치는 일을 해 왔다.

오늘은 그중 오해하기 쉬운 우리말을 어원을 통해 밝혀보고자 한다.

우리 가족은 월급날이면 외식을 한다. 이것은 첫 월급을 받았던 때부터 지금까지 월중행사로 진행해 오는 우리 집안의 좋은(?) 행사다. 행사를 치르기 위해서는 가장인 필자가 미리 어느 곳이 좋은가 물색하거나 평소에 지인들과 다녔던 곳 중에서 맛있었던 곳을 선택해서 간다. 매월 하는 행사라 주변의 소문난 곳은 다 가 보았다고 해도 과언은 아니다. 기분 좋고 시간이 맞으면 외지로 나가기도 하고 장거리 여행도 불사할 때도 있다. 일반적으로는 살고 있는 도시에서 평소에는 비싸서 갈 수 없었던 곳이나, 평소에 가던 곳이라도 특별히 맛있는 곳이 있으면 함께 가기도 한다. 과거에는 주로 고기 종류로 먹었는데, 요즘은 건강식으로 방향이 바뀌고 있는 것이 다르다. 예를 들면 예전에는 쇠고기나 돼지고기 종류였다면 지금은 버섯이나 황태, 회 등으로 바뀌고 있다. 그런데 식당에 들어가 보면 가끔 의미를 알 수 없는 음식들도 많다.

　필자가 좋아했던 음식 중에 '갈매기살'이라는 것이 있다. 아마 처음 접했던 것은 고등학교에 재학하던 시절이었던 것으로 기억한다. 성남에서 학교를 다녔기에 '여수동 갈매기살'을 먹으러 자주 다녔었다. 그 당시에는 갈매기살이 무엇인지도 모르고 그냥 맛있게 먹었던 기억밖에는 없다. 사람들에게 가끔 갈매기살이 무엇이냐고 물어보면 바닷가에 날아다니는 갈매기고기인 줄 착각하는 경우가 많다. 사실은 돼지고기 중에서 횡격막(가로막)과 간에 붙어있는 부위를 일컫는다. 우리말로 '간막이살'이라고 했다. 간막이살이든 칸막이살이든 발음하기도 어렵고 많은 사람들의 귀에 갈매기가 익은 터라 갈매기살로 굳어버렸다. 〈백과사전〉을 보면 다음과 같이 정의되어 있다. "돼지고기의 한 부위를 가리키는 말로서, 본래는 '간막이살'이 맞는 말이다. 횡격막과 간 사이에 붙어있는 살점으로, 간(間)을 막고 있다고 해서 '간막이살'이라 부르는가 하면, 뱃속을 가로로 막고 있다고 해서 '가로막살'이라고도 부른다." 이 살은 허파 아래로 비스듬히 걸쳐진 힘살막으로, 숨 쉴 때마다 위아래로 오르내린다.(이재운 외, 〈우리말 1000가지〉) 그러니까 횡격막 주변에 붙어있는 살이다. '간막이살〉갈매기살'로 변한 것이다. 발음하기 좋고 우리 입에 많이 오르내린 갈매기로 이름이 바뀌었다.

　양곱창이라는 것도 있다. 사람들은 양(羊)의 곱창인 줄 알고 있다. '양'이란 단어는 순우리말이다. 그것은 '위장'(밥통)이라는 뜻이다. 한자로 양

(月＋羊)이라고도 쓰는데 이 글자는 우리나라에서 만든 한자어이다. 중국인이나 일본인들은 이런 글자를 모른다. 마치 '돌(乭)' 자처럼 한국인만이 알고 있는 한국 한자어이다. 그러므로 '양곱창'이란 '소의 위장 중에서 첫 번째 있는 것'을 말한다. 쫄깃쫄깃한 것이 식감이 아주 좋아 애주가들에게 사랑을 받는 음식이다. 가끔 사람들 중에는 밥을 먹고 나서 "나는 양이 적어서 많이 못 먹어."라고 하는 사람들이 많은데, 양이 적은 것이 아니라 양이 작아서 많이 못 먹는 것이 맞다. 즉 밥통이 작아서 많이 집어넣을 수 없다는 뜻이다. 양이 적다고 하는 말은 양(量)으로 잘못 알고 있기 때문에 일어나는 오류이다. 그러므로 양이 작아서 많이 못 먹는다고 표현하는 것이 맞다.(참고로 되새김질하는 동물은 위가 네 개로 되어 있다고 한다. 소의 위장 중에 마지막에 있는 것을 '막창'이라고 하는데, 우리가 좋아하는 처녑은 세 번째 위, 두 번째 위는 벌집양이라고 한다. 돼지는 되새김질을 하지 않기 때문에 막창이 없다. 시중에 돼지 막창집은 잘못된 것이다.)

감자탕도 마찬가지다. 감자탕은 감자로 만들었다고 생각하는 사람이 많다. 감자탕에는 감자가 없어도 된다. 원래는 감자가 아니라 '간자(間子)'라고 한다. '간자'는 등뼈에서 살을 발라내고 남아있는 살코기를 말한다. 뼈 사이에 붙어있는 살이라고 생각하면 된다. 뼈를 푹 고아 살과 분리하기 쉽도록 해서 먹는 음식이다. 원래는 '간자탕'이었는데, 이것이 우리가 흔히 아는 감자와 발음이 유사하여 감자탕이라고 일컫게 된 것이다. 감자탕을 사전에서 찾아보면 "돼지 뼈에 감자, 들깨, 파, 마늘 따위의 양념을 넣어 끓인 찌개"라고 나타나 있는데, 감자가 없어도 감자탕은 성립한다. 간자(間子)가 주재료이기 때문이다. 사람들은 주변에서 많이 듣고 기억하는 것으로 편하게 발음하고자 하는 경향이 있다. 그래서 변한 것 중 대표적인 것이 감자탕이다.

제육볶음도 그렇다. 처음에 제육볶음을 먹었을 때는 갖은 고기(諸肉)를 넣어서 볶은 요리인 줄 알았다. 돼지고기 맛이 나길래 주인에게 물었더니 돼지고기가 맞다고 한다. 그렇다면 저육(猪肉 豬肉)볶음이 되어야 하는데 왜 제육볶음이라고 했을까 궁금했다. 답은 간단하다. 돼지고기 저(猪=豬)자가 모두 제(諸)자와 비슷하게 생겼다. 그렇기 때문에 무식한 옛날 사람이 '저육'을 '제육'이라 발음한 것이고 이것이 굳어서 지금의 제육볶음으로 되었다. 이해하기 쉽게 저팔계를 생각하면 된다. 저팔계는 돼지 저(猪=豬)자를 쓰고 있음을 상기하면 간단하다.

사람들은 자신이 알고 있는 것이 모두 진실인 양 말한다. 그러나 자세히 알고 보면 자신이 잘못 알고 있는 경우도 많다. 때로는 우리 민족 대부분이 잘못 알고 있는 것도 있을 수 있다. 서울에 사는 교양 있는 사람들이 두루 쓰는 말이 표준어라고 정해놓고 보니 때로는 엉뚱한 결과를 가져오는 경우도 많다. 아무리 표준어라 할지라도 정확한 의미를 알고 쓰는 것과 모르고 쓰는 것은 다르다. 의미를 바로 알고 사용하는 한국인이 되자.

❋한 까치(?) 한 개피(?), 한 개비

중·고등학교에 다니는 시절에는 빨리 어른이 되고 싶어 한다. 어른처럼 보이고 싶어서 화장도 하고 술도 마셔 보고, 담배도 피워 본다. 필자도 늦게 담배를 배웠다. 스물여덟 살에 처음 피우기 시작해서 삼십 대 중반까지 끽연을 즐기다가 뭔가 인생의 전환점이 필요해서 단호하게 끊어 버렸다. 한 달 정도는 힘들었던 기억이 있다. 괜히 짜증을 내고 늘 화난 사람처럼 투정을 부렸다. 한 번 입에 대면 끊기 어려운 것이 담배인데 왜 젊은이들은 담배를 피우려고 노력하는지 모르겠다. 지금은 금연한 것이 삼십 년을 넘었으니 폐는 다 청소됐으리라 생각한다. 다만 철없던 시절에 교무실에서 마구 뿜어댔던 담배 연기로 고통을 당했을 동료 교사들에게는 아직도 미안한 마음이 있다. 당시에는 그것이 당연한 권리인 줄 알고 한겨울에 난롯가에 앉아서 끽연을 즐기곤 했다.

학창 시절에는 돈이 없었던 관계로 친구들이 '까치담배(가치담배)'를 사서 피웠던 것을 기억한다. 길거리 손수레에 잡화를 싣고 다니던 사람들이 담배를 '한 개비'씩 뽑아서 푼돈을 받고 파는 것을 자주 목격했다. 좀 놀아본(?) 애들은 다 그런 경험을 했을 것으로 본다. '까치담배'를 사서 피우던 녀석들이 이제는 모두 늙어서 담배를 끊으려고 노력하고 있고, 지금은 오히려 담배 피는 녀석들을 찾기가 더 힘들 정도가 되었다. 필자의 경험으로 그들도 금연의 아픔을 꽤 겪었을 것으로 생각한다.

담배를 세는 단위는 '개비'라고 한다. 사전에는 "개비 : 가늘게 쪼갠 나무토막이나 기름한 토막의 낱개, 가늘고 짤막하게 쪼갠 토막을 세는 단위"라고 나타나 있다. 그런데 우리 친구들은 개비라고 하면 "있던 것을 갈아내고 다시 장만함."을 뜻하는 '개비(改備)'로 생각하는 사람들이 많다. "좀 좋은 걸로 개비했어."라고 할 때 쓰는 말이다. 영화를 보면 감옥에 들어가 있는 사람들이 "담배 한 가치만 피웠으면 원이 없겠네."라고 하는 것을 자주 볼 수 있다. 혹은 "야! 담배 한 개피만 줄래?"라고 하는 표현도 자주 듣는다. 구어와 문어가 이렇게 차이가 나는 경우도 드물다. 담배나 성냥같이 가늘고 긴 토막을 세는 단위는 '개비'가 표준어이다. 세상에는 널리 알려진 것이 표준어 같지만 사실은 우리가 잘 쓰지 않던 단어가 표준어인 경우도 있음을 알아야 한다. 그래서 표준어나 표준발음으로 사용하도록 노력해야 한다.

담배 이야기가 나왔으니 계속해서 오늘은 담배 이야기로 마무리해야겠다. 예전에 담배를 피던 시절에는 알았는데, 지금은 잊은 단어가 있다. '담배 한 보루'라는 말이다. 한 보루는 '담배 열 갑'을 이르는 말이다. 즉 담배를 묶어서 세는 단위다. 이는 일본어에서 유래한 말이다. 담배는 '타바코'라는 포르투갈어에서 유래했고, 보루는 원래 'board보드'라는 영어가 기원이 됐다. 이 보드라는 말은 '판자나 마분지'를 일컫는 말인데, 담배 열 갑을 딱딱한 마분지로 말아서 그것을 케이스 삼아 그 속에 담아서 팔기 시작한 것을 말한다. 그러니까 원래는 '담배 한 보드'라고 했다. 그것이 일본을 거쳐 오면서 발음의 변이가 생기게 되었다.(이재운 외 〈알아두면 잘난 척하기 딱 좋은 우리말 잡학사전〉) 담배라는 말은 포르투갈에서 왔고, 보루는 미국에서 시작하여 일본을 거쳐 왔다. 오다 보니 피곤해서 그랬는지 몰라도 발음에 변이가 생겼다. '보드'보다는 '보루'가 발음하기 편했던 것이다. 그래서 담배를 묶어서 파는 단위가 한국에서 새롭게 탄생했다. 사전에는 일본어라고 되어 있으나 그것은 영어가 객지에 나와서 고생하다 보니 국적을 잃은 것이다. 얼굴은 서양인인데 한국말하는 사람 정도로 생각하면 이해하기 쉬운 단어다.

　보루를 사전에서 예문 검색을 해 보면 '보루(堡壘)'에 관한 것만 잔뜩 나온다. "담배 한 보루 사 오너라."하던 말은 이제 옛말이 되었다. 아이들을 시킬 수도 없거니와 담뱃값이 인상을 거듭해서 한 보루 사려면 적지 않은 돈을 지불해야 하기 때문이다. 일반적으로 '보루(堡壘)'라는 말은 "그에게는 그이 가정이 인생의 마지막 보루였다.", "적의 내침에 대비하여 보루를 튼튼히 쌓다."와 같이 나와 있다. 이제는 옛말이 되어 버린 '담배 한 보루'는 그 의미를 잃어 역사(사전)에서 사라지고 있다.

　이것을 언어의 역사성이라고 한다. 언중들이 사용하지 않으면 사라지게 마련이다. 사라질 때 사라지더라도 그 의미는 바로 알고 넘어가야겠다.

✻ '개평'과 '타짜'

며칠 전에 아내와 보험회사에 갔다. 4년 정도 보험을 납부했는데 900만 원이 넘었다. 그런데 해약하려고 하니 650만 원밖에 돌려주지 않는다고 한다. 장모님께서 오랜 기간 치매로 고생을 하셔서 미리 '치매간병보험'을 들었던 것인데, 내용을 확인해 보니 별로 혜택을 받지 못하는 것 같기도 하고 아내도 빨리 해약하라고 해서 갔는데, 너무 적게 돌려받으니 속이 상했다. 그대로 아내에게 주고 알아서 쓰라고 했더니 좋아서 날아가려고 한다. 남은 속이 상해서 죽겠는데, 공돈이 생겼다고 좋아하는 모습이 귀엽기(?)도 하다. 그래서 장난삼아 '개평' 좀 없냐고 했더니, 그중 200만 원을 가지라고 한다. 개평(?)으로 200만 원이 생겼으니 정말로 공돈이 생긴 것 같다.(원래 내 돈인데 개평이 맞는지 모르겠다. 투덜투덜)

개평을 달라고 했지만 그 말의 어원이 어디서 나왔는지 궁금하여 집에 와서 사전을 찾아보았다. 사전에는 "노름이나 내기 따위에서 남이 가지게 된 몫에서 조금 얻어 가지는 것"이라고 나타나 있다. 어려서는 친구들에게 "꼬평 좀 달라."고 했던 기억이 난다. 아무리 사전을 찾아봐도 '꼬평'이라는 단어는 없다.

우리들이 개평을 그렇게 불렀던 것이지 사전에는 없는 단어였다. 명절이 되거나 오랜만에 친구들을 만나면 둘러앉아 '고스톱'을 치고, 거기에 참여하지 못하는 친구들은 옆에 앉아서 '꼬평'을 뜯곤 했는데, 그것이 개평의 치어(稚語 : 치기로 하는 말)였던 것이다.

2006년에 영화 〈타짜〉가 568만 명의 관객을 모았다.(손진호, 〈지금 우리말글〉) 그래서 그 후부터 '타짜'라는 단어가 국립국어원 웹사전에 올라와서 표제어가 된 적이 있다. '타짜'는 '달인(達人 : 학문이나 기예에 통달하여 남달리 뛰어난 역량을 가진 사람, 널리 사물의 이치에 통달한 사람)'을 뜻하는 일본어 달자(達者)에서 유래했다.(손지호, 위의 책) 아마도 일제강점기에 쓰다가 없어진 것을 영화에서 부활시킨 것이 아닌가 한다. 노름판에서 사용하던 단어가 영화를 통해서 우리말에 다시 부활한 것이지만 뭔가 아쉬움이 남는 단어다.

　과거에는 개평이라는 용어도 없었다. 옛날 사전(1938년 조선어사전)에는 가평이라는 용어로 나타나 있다. "노름판에서 구경꾼에게 주는 돈이나 물건"이라는 뜻으로 쓰였다.(조항범, 〈그런 우리말은 없다〉) 그러다가 1948년에 〈조선말큰사전〉에서 '개평'을 표준어로 인정하고 '가평'은 방언으로 삼았다. 그러니까 근본이 없는 단어를 '서울 사는 교양있는 사람들(?)이 두루 쓰는 말'이므로 표준어를 삼은 것이다.

　우리가 평소에 쓰는 말 중에는 노름판에서 유래한 것들이 많다. 언젠가 박근혜 전 대통령이 "통일은 대박!"이라고 해서 유명해진 '대박'도 노름판의 용어다. '파투 났다(破鬪 : 잘못되어 흐지부지되다)', '나가리(나가레(유찰(流札 : 입찰 결과 낙찰이 결정되지 아니하고 무효로 돌아가는 일. 응찰 가격이 내정 가격에 미달 또는 초과되는 경우에 일어난다.)' 등도 화투에서 유래한 말들이다. 흔히 말하는 "그거 말짱 황이야."라고 할 때 '황'은 짝이 맞지 않아 끗수가 낮은 것을 말한다. 그러므로 황을 잡으면 거의 돈을 잃게 되어 있다. 이제는 '황이다'라고 하면 '일을 망치는 경우'에 쓰고, '땡 잡다'라고 하면 좋은 일이 생겼을 때 사용한다. '땡'은 '땡땡구리'에서 유래한 말로 같은 끗수의 화투가 연이어 나온 경우를 말한다. 지금은 '갑자기 뭔가 좋은 일이 생겼을 때 "땡 잡았다"고 한다. 땡 중에서서도 장땡(10이 두 장)이 끗수가 가장 높기 때문에 최고의 패가 되는 것이다.

우리 생활 속에서 어디까지 노름이고 어디까지 놀이인지는 경계가 확실하지 않다. 마이클 쉘던 교수한테 물어보아야 정답이 나올 수 있는 것이 노름과 놀이의 경계선이다. 하지만 무엇이든지 지나치면 패가망신한다는 것을 명심하고 아름다운 인간관계를 유지하는 것까지만 용납해야 한다.

❈결혼과 함진아비

계절은 제멋대로 왔다가 슬그머니 사라지곤 한다. 봄인가 싶더니 어제는 초파일이었는데 섭씨 영상 30도까지 올라가서 여름을 방불케 했다. 그러더니 오늘은 종일 비가 내린다. 비 오기 전에 나무를 심으면 잘 산다고 해서 묘목과 조금 자란 나무 등 합해서 120주 정도 심었더니 허리가 아프다. 고마운 후배가 도와주어서 옆에서 거들기만 했는데도 허리가 아프다. 세월이 무심하기만 하다. 나무 심는 계절은 조금 지났지만 아직은 봄이라 그런지 결혼식도 많다. 매주 토요일이면 몇 건씩 이어진다. 그래서 오늘은 결혼식에 대한 이야기를 해 볼까 한다.

결혼이라는 말은 "혼인을 맺다."는 뜻이다. 한자로 신랑 집을 혼(婚)이라 하고 처나 처가를 인(姻)이라고 한다. 그러므로 혼인을 맺는 것은 가문과 가문의 결합으로 상당히 중대한 일이다. 보통은 여자 집에 가서 저녁 무렵에 혼례를 치르기 때문에 '계집 녀(女)에 저물 혼(昏)' 자를 합하여 쓴다. 혼인(婚姻)을 저녁에 하는 것은 아들을 낳아야 하는 의무와 관련이 있다. 아들을 낳을 수 있는 날짜는 신부의 모친이 알고 있다. 그래서 신부의 생리 후 5일이 되는 날 저녁에 혼례를 치른다. 그리고 신방에 들고 다음 날 새벽 인시(寅時)에 아들 만드는 작업(?)을 한다. 그래서 장인 집에 가서 혼례를 치르기 때문에 '장가(장인집) 간다'고 표현한다. 시집가는 것은 '시댁에 긴다'는 말이다.

혼례를 치르기 위해서는 함을 팔고 사야 한다. 그래서 함진아비가 동원

되고 동네방네 소리지르며 "함 사세요!"라고 외친다. 하지만 본래 함을 질 수 있는 것은 '아들 낳은 사람'만 자격이 있다. 그래서 과거에는 백부(伯父 큰아버지)가 함을 지고 가는 경우가 많았다. 함을 지고 가면서 오징어를 얼굴에 붙이고 숯을 칠하는 등 험상궂게 하고 가는 것은 사악한 귀신들이 접근하지 못하도록 하는 벽사의 의미가 있다. 요즘은 마부가 있고, 함진사람이 말을 흉내내고 있지만 이러한 행위는 바람직한 것이 아니다. '함진아비'라는 말은 '함지다'의 관형사형 '함진'과 명사 아비(부 父)가 결합된 어형이다.(조항범,〈우리말 어원이야기〉) 조 교수는 여기서 아비의 의미를 '남자'로 보았다. '기럭아비, 장물아비, 중신아비' 등에서 보이는 '아비'는 '아버지'를 뜻하는 것이 아니라 '사내'를 지칭한다고 하였다. 요즘은 의미가 변하여 '아비'의 뜻이 바람직하지 못한 쪽으로 이용되고 있는 것도 사실이다. 위에서 보는 바와 같이 장물아비나 돌진아비(하늘소), 윷진아비(윷놀이에서 자꾸 지면서도 다시 하자고 달려드는 사람)와 같이 비칭화하여 떳떳하지 못한 일을 하는 사람을 가리키는데 이용되고 있다.(조항범,〈위의 책〉) 함을 팔고 사는 일이 즐거운 일이 되어야 하는데, 마부의 지나친 장난으로 행사를 망치는 일이 종종 있다 과하게 술을 마시거나 함값을 뜯어내기 위해 발걸음마다 수표(?) 깔아 놓으라고 으름장을 놓는 것도 보았다. 이러한 변질된 행사는 결혼의 신성함을 무색하게 하고 있다. 원래는 함을 놓는 시루떡 밑에 노자가 들어 있게 마련이다. 오느라고 수고했다고 이미 상을 차려 놓고 기다리고 있는데 굳이 함값을 많이 뜯어내려고 하는 것은 금전 만능주의가 낳은 인습이다. 아름다운 결혼의 행사가 인습으로 변질되고 있음은 기성세대가 반성해야 한다.

요즘은 주례 없이 신랑·신부가 함께 들어가서 공동으로 주관하는 것이 관례처럼 되고 있다. 필자도 거의 100회 정도 주례를 보았는데, 요즘에 와서는 주례를 본 것이 언제인지 기억이 나지 않는다. 10여 년 전부터 마흔 살이 넘은 처녀·총각 주례를 보기 시작하더니 신랑 신부의 나이가 갈수록 많아지고 있음도 사실이다. 나이가 너무 많으면 아이를 낳을 때도 고생할 텐데 어쩌자고 결혼식을 자꾸 미루는지 알 수가 없다. 아마도 집도 마련하고 경제적으로 든든한 기초를 마련하고 결혼하려고 하는 것 같다. 결혼을 해야 어른이 되는 것처럼 결혼을 해야 돈도 모으고 자립할 수 있게 되는데, 반대로 생각하는 것 같아서 안타깝다.

　젊은 나이에 결혼해서 자녀 세 명은 낳아야 애국자가 되는 시대가 열렸다. 좋은 풍습을 인습으로 만들지 말고 바람직한 것만 계승하여 밝은 내일을 기약했으면 좋겠다.

❋ '고려(高麗)'와 '이조(李朝)'

필자는 역사학자가 아니다. 하지만 역사 공부가 취미라고 해도 좋을 정도로 역사에 관심이 많았다. 물론 한국문학사 등을 강의하려면 한국의 역사를 알아야 하는 것이 기본이다. 그래서 상고시대부터 근세까지 문학 관련 역사는 제법 꿰뚫고 있다.

필자가 역사에 관심을 갖게 된 것은 대학 1학년 때 신채호의 〈조선상고사〉를 읽으면서부터였다. 신채호는 역사를 발로 썼다고 해도 과언이 아닐 정도로 상고시대의 역사를 찾기 위해서 만주벌판을 제집 드나들 듯이 다니면서 탐구했다. 그래서 단군의 개념과 수두의 개념 등을 설명했는데, 평소에 학교에서 배웠던 것하고는 차이가 많았다. 소도의 개념도 새롭게 정립하는 계기가 되기도 했다. 그의 지론에 의하면 '조선'을 '이조'라고 하는 것은 잘못된 표현이라는 것이다. 일본인들이 독립국가인 조선을 이씨가 세운 일개 씨족 집단으로 보고 국가형태를 인정하지 않기 위하여 퍼뜨린 말이라는 것이다. '가라쿠라막부(鎌倉幕府)'나 '도쿠가와막부(德川幕府)'처럼 일본 사람들이 무인정부(武人政府)를 부를 때 장군의 성을 붙여 부르듯이 '이조'도 일본의 쇼군(將軍)과 동일시하려는 의도가 깔린 것으로 보았다.(장진한, 〈신문 속 언어지식〉) 그러나 이러한 생각은 역사에 대해 잘 알지 못하고 하는 말이다.

과거 중국에서는 고려의 왕을 '황제'라 칭했다. 문서를 작성할 때도 "귀국의 황제"라는 표현을 써서 우리 고려가 중국의 속국이 아니라 엄연히 독립된 황제국임을 밝혔다. 일제강점기하에 역사를 연구한 사람들이 이러한 사실을 접어두고 마치 중국의 속국인 것처럼 풀이하고 있는데, 이것은 역사를 잘 모르고 하는 말이다. 황제 밑에 있는 제후를 왕이라고 칭한다. 세종대왕께서 "나라의 말씀이 중국과 달라서 문자가 서로 통하지 않는다."고 하고 주석에 "중국은 황제가 계신 곳"이라고 해 놓았다. 우리 스스로 제후국가임을 인정한 말이다. 고등학교 교사 시절에는 이런 것은 쏙 빼고 〈교사용 지도서〉에 있는 대로 '자주정신, 애민정신, 실용정신'이 드러나 있다고 했지만 사실은 '중국'이라는 표현 자체가 자주정신을 지향하는 것은 아니다. 실제로 중국이라는 나라는 모택동이 1949년에 세웠다. 훈민정음을 창제하던 시기(1446년 경)는 명나라 때였다. 제대로 표기하려면 "나라의 말씀이 명나라와 달라서 문자가 서로 통하지 않는다."라고 해야 맞다.

고려 시대에도 우리나라를 황제국이라고 하면서 '왕씨 고려'라는 표현을 사용했다. 왕건이 세운 고려라는 말이다. 그러므로 이성계가 세운 조선을 '이씨 조선'이라고 해서 나라를 격하시키는 것은 아니다. 세종대왕이 명나라를 중국이라고 표현한 것은 글자가 소통되지 않는 것에 대한 표현이었음을 상기할 필요가 있다. 일본인들이 '이씨 조선'이라고 한 것이 아니라 나라 이름 앞에 개국조의 성이나 이름을 붙이는 것은 과거에 흔히 있었던 일이라는 말이다. 아무 생각 없이 〈조선상고사〉를 읽고 흡수하던 시절에는 신채호 선생의 발로 쓴 역사와 그의 혜안에 눈길을 떼지 못하고 읽었지만 돌아보면 그의 학설이 모두 맞는 것만은 아니었다. 중국에서도 당나라를 세운 이연(李淵)의 성을 따서 '이당(李唐)'이라고 하였고, 송나라도 조광윤(趙匡胤)이 세운 까닭으로 '조송(趙宋)'이라고 불렀다.(장진항, 〈위의 책〉)

책을 많이 읽으면 세월이 흐른 뒤에 어느 것이 옳고 그른 것인지 판별할 수 있게 된다. 처음 읽을 때는 모두 옳은 것 같지만 후에 다른 책과 비교해 보면서 어느 이론이 맞고 어떤 이론이 잘못된 것인지 판별할 수 있는 능력이 생긴다. '이씨 조선'(필자가 소장하고 있는 『이조실록』은 동경대학교 도서관에서 복사한 것이다.)이라고 해서 틀린 것이 아닌데, 한때는 이렇게 말하면 크게 잘못을 저지른 것처럼 얼굴이 화끈거린 적도 있다.

필자는 지금도 세종대왕께서 왜 '중국'이라는 표현을 하셨는지 궁금하다. 수나라, 당나라, 원나라, 명나라, 청나라, 중화인민공화국(중국)으로 이어지는데, 선견지명이 있어서 미리 중국이라고 한 것은 아닌지?

왕씨 고려, 이씨 조선이라고 해서 언어·역사학적으로 틀린 것이 아닌데, 그렇게 말하면 크게 잘못한 것인 줄 알았던 시절이 부끄럽다.

※ '곱버스 탄 개미' 유감

언어는 항상 변한다. 그것이 필자가 먹고 살 수 있는 길이기도 하다. 모든 사람이 다 알고 있다면 학자가 필요 없으니 말이다. 오늘 제목으로 인용한 단어는 한국어를 전공한 필자도 고개를 흔들 정도로 생소한 단어다. 요즘 뉴스를 보면 정말 필자가 처음 보는 단어들이 많다. 외국어나 외래어의 범람도 원인이 될 수 있을 것이나, 무분별하게 외국어를 차용하여 축소 변형시키는 미디어 제작자들에게도 큰 문제가 있다고 본다. 제목만 보고는 저것이 무슨 말인지 알 수가 없다. '곱버스'라는 단어도 처음이거니와 "개미가 버스를 탔다."는 것도 우습다. 아마 60대에 접어든 독자들은 모두 필자와 같은 생각을 하고 있을 것이다.

아침부터 알 수 없는 신문 제목으로 인해 인터넷을 열어 단어의 뜻을 살펴보았다. 우선 '곱버스'라는 단어는 '곱하기(2배)+인버스(inverse)=곱버스'였다. 그렇다면 '인버스'를 먼저 알아야 한다. 인버스(inverse)란 'KOSPI 200지수에 있는 종목 중 떨어질수록 돈을 버는 상품'을 말한다. 갈수록 태산이다. 도대체 떨어질수록 돈을 버는 종목은 또한 무엇인가? 필자는 오래전 벤처기업 육성책 말만 듣고 지인의 회사를 도와주다가 홀라당 말아먹은 기억이 있다. 많은 사람들이 필자의 얼굴을 보고 투자해 주었지만 결국 상장되지는 못하고 욕은 엄청나게 먹고, 갚아주느라 10년 정도 힘들게 살았던 아픈 추억(?)이 있다. 그래서 주식은 근처에도 가지 않는다. 그런데 아침부터 이해할 수 없는 단어들로 신문이 속을 썩인다. 그러니까 결론부터 얘기하자면 '떨어질수록 돈을 버는 종목에 곱으로 투자하는 것'이 곱버스인가 보다. 이런 설명을 듣고 나니 생각나는 것이라고는 과거 고등학교 교사 시절 후배가 화투판에서 늘 하던 말이 생각난다. "형! 마약 장사가 돈 버는 겨! 못 먹어도 고~~야." 아마도 이런 식의 투자를 곱버스라고 하는 것이 아닌지 모르겠다. 적당한 위험을 감내하면서 투자를 해서 역으로 주가가 상승하면 떼돈(?)을 벌 수 있는 투자를 곱버스라고 하는 것 같다. 필자의 정리가 맞는 것인지도 모르고 쓰고 있다.

여기서 개미는 우리가 알고 있는 땅속에 사는 개미는 아닌 것이 분명하다. 주식시장에 개미가 나타난다는 것은 말도 안 되는 것이고, 그렇다면 또 다른 의미가 있을 것이 분명하다. 그러나 아무리 국어사전을 찾아봐도 개미에 투자자라는 뜻은 없다. 결국 유추하는 방법밖에는 도리가 없다는 말이다. 개미라는 말은 떼지어 다닐 때가 많으니 개인 자격으로 몰려다니면서 투자하는 사람들이라고 하면 비슷할까 모르겠다. 여기저기 실려 있는 투자 관련 용어를 찾아보니 '개미투자자'라는 용어가 있었다. 그 뜻은 '개인투자자'를 비유적으로 이르는 말이었다. 필자가 유추한 것이 비슷하기는 했다. 그러니까 어느 집단(투자회사?)이 투자하는 것이 아니라 개인적으로 증권을 사고파는 사람을 이 바닥에서는 '개미'라고 칭하는 것 같다. 그렇다면 여기서 '개미'란 단어는 은어임이 확실하다.

많은 사람들이 보는 신문인데, 아무리 기사가 사람들의 눈길을 끌어야 한다고 하지만 이런 것은 지나치다고 할 수밖에 없다. 어느 정도 보편화되고 언중들이 이해할 수 있을 때 언어로서 효과를 발휘하는 것이지 아무것이나 단어를 갖다 붙인다고 해서 단어가 되는 것은 아니다. 특히 언중을 지도해 가야 하는 기자의 입장에서 사람들의 호기심만 자극하는 용어를 생산하고 쓰는 것은 옳지 않다. 언어는 그 나라의 정체성과 밀접한 관계가 있다.

자국의 언어를 사랑하지 않으면 민족성도 사라지게 된다.

청나라가 한어(한자)에 경도되어 만주어를 버리고 중국어(한자)를 사용했다가 지금 지구상에서 만주족이 사라지고 있음을 망각해서는 안 된다. 지금 지구상에 만주어를 읽고 쓸 수 있는 사람은 천 명이 되지 않는다. 결국 이들마저 사망하면 만주어나 만주족은 지구상에서 존재의 가치를 상실할 것임을 알아야 한다. 2천 년 동안 유랑하면서도 히브리어를 잊지 않고 전하여 결국 나라를 되찾은 이스라엘의 경우도 우리가 본받아야 할 것이다. 서기 2500년이면 한국어나 한민족이 지구상에서 사라진다고 하니 이를 생각하면 잠을 이룰 수가 없다.

오호 통재라!

✖ '깐부'와 '존버' 이야기 (18금)

오늘은 사전에도 나오지 않는 얘기만 해야겠다. 〈오징어 게임〉이라는 영화의 영향인지 '깐부'라는 말이 유행하고 있다. 유력 정치인들도 이런 말장난을 하고 있음을 볼 때 안타깝기 그지없다. 그런가 하면 또 다른 정치인은 '존버'라는 용어를 써 가면서 때가 되면 자신이 이길 수 있다는 것을 강조했다고 한다. 그리고 자신의 지지자들에게 '존버'를 당부했다고 한다. 참으로 나라가 어디로 가고 있는지 모르겠다. 한글날이 지난 지 얼마나 됐다고 유력 정치인들이 되지도 않는 줄임말과 비속어를 사용하고 있는지 자못 애석하다. 특히 학생들이 하도 많이 써서 마치 우리말 부사가 되어버린 듯한 '절라'라는 단어가 변형된 비속어를 마치 증권계의 흔한 용어인 양 정치인이 사용하는 것은 미간을 찌푸리게 한다. 요즘은 '별다줄 (별 걸 다 줄인다)'이라고 해서 줄임말을 모르면 사람이 아니라는 말이 있는데, 필자도 비인간의 대열에 들어가는 것 같아서 더욱 슬프다.

우선 '존버'라는 용어부터 살펴보자. 이 용어는 증권사에서 시작되었다고는 하지만 사실은 학생들의 비속어에서 비롯되었다. 우스갯소리 먼저 해 보자. 어느 여학교 점심시간에 학교 방송국 아나운서가 "오늘은 절라 아름다운 날이에요."라고 했더니, 교장 선생님이 국어 교사에게 물었다. "난 '절라'라는 단어를 처음 듣는데, 무슨 말이지요?" 하니 담당 여교사가 "요즘은 '무척'이라는 부사를 '절라'라는 말로 대신한답니다."라고 했다는 것이다. 학생들이 그 어원이나 의미에 관심 없이 그냥 사용했던 것을 담당 교사가 해학(?)적으로 풀어 준 것이다. '절라' 라는 말은 기성세대가 젊었을 때 아주 많이 사용했던 '좆나게' 에서 유래했다. 그러니까 '좆나게〉존나(게)〉졸라〉절라' 로 변하여 지금의 어린아이들이 함부로 쓰는 '절라' 가 탄생한 것이다. 욕 중에도 상욕에 들어가는 말이다. 그러니까 '존버' 라는 용어는 '좆나게 버티다' 라는 뜻으로 끝까지 버티면 언젠가는 다시 올라갈 날이 있을 것이라는 기대감을 표현하는 말이다. 증권사에서 나왔다고 하는 말인데, 정치계에서도 쓰고 있다고 하니 참으로 통탄할 일이다.

또한 '깐부' 라는 말도 그렇다. 〈오징어 게임〉에서 나온 어린이 놀이의 용어인데, 정치토론회에서도 등장했다고 하니 우스운 일이 아닐 수 없다. 사전에는 등재되지 않은 말이다. 필자도 어렸을 때 사용하기는 했지만 아직도 그 의미를 정확하게는 알지 못하고 그냥 써 왔다. '깜보', '깐부', '깜부', '깐부' 등으로 다양하게 존재하는 용어인데, 정확한 어원은 잘 모르고 그저 '구슬치기할 때 네오 내오 없이 함께 하는 친구 사이' 를 '깐보 (깐부)' 라고 하였다. 우리말에 '보' 가 사람을 의미하는 경우는 많다. 울보, 먹보, 째보, 뚱보, 잠보, 곰보 등에서 그 예를 볼 수 있는데, '깐부' 는 깜보에서 변한 것인가 유추하기도 하고, 깜부(캄보)는 combo(소규모의 재즈나 댄스 음악 악단. 여러 종류의 요리를 섞어서 제공하는 음식 이름)에서 유래했다고 보기도 한다. 네오 내오 없이 구슬을 나누는 것으로 볼 때 'combo' 엣 유래했다고 보는 것이 가장 가능성이 있다. 과거 미8군에서 흘러나온 엉터리 영어가 정착한 예라고 볼 수도 있다. 또 하나의 설을 본다면 한문시간에 즐겨 쓰던 '관포지교(管鮑之交 : 관중과 포숙아의 사귐으로 목숨을 바칠 수 있을 정도의 교분)' 에서 유래했다고 보는 사람도 있다. 즉 "너와 나는 관중과 포숙아와 같은 친구야."라고 할 때 '관포' 가 '깐부' 로 변해서 전해졌다는 것이다.

현대를 살아가는 한국인이라면 줄임말을 알아야 하는 것도 좋겠지만,

그것도 가능하면 좋은 말이나 어쩔 수 없이 줄인 말이나, 줄여서 표준어가 된 것(영어의 NASA : National Aeronautics and Space Adminstration 미항공우주국) 등은 사용해도 무방하겠지만 일부러 사람들의 눈과 귀를 끌어보고자 비속어를 사용하는 것은 바람직하지 않다고 본다.

　아름다운 우리말도 많이 있는데, 굳이 비속한 말을 써서 여론의 주목을 끌고자 하는 유치한 행위는 더 이상 하지 말기를 권한다.

❋깡다구와 묵찌빠

필자는 경기도 여주에서 태어났다. 남한강 가까운 곳이어서 가끔은 한강에 가서 수영(사실은 멱을 감는 것이었지만)을 즐기기도 하고, 강가에서 각종 조개를 주워다 구워 먹기도 하였다. 가끔은 저수지에 가서 멱을 감았는데, 한 번은 작은형이 '깡'을 터트린다고 하면서 뭔가 심지에 불을 붙여서 저수지에 던졌다. 꽤 큰 소리가 났고 조금 후에 물고기들이 기절해서 떠 올랐다. 그것을 주워다가 매운탕을 끓였는지는 모르겠는데, 상당히 놀랐던 기억은 있다. 그 후로 몇 번 '깡'으로 물고기를 잡은 적이 있다. 당시에는 참으로 놀랐던 것이 무슨 도화선이 물속에서도 꺼지지 않고 타는가 하는 것이었다.

가끔 친구들과 놀다 보면 필자를 보고 '깡'이 좋다고 얘기하는 아이들도 있었다. 수영은 잘 못했지만 배짱은 좋았던 모양이다. 언제부턴가 이렇게 '깡'이라는 단어가 '배짱이나 강단'과 같은 의미로 사용되고 있었다. 지금도 많은 사람들이 "그 사람은 깡이 좋다."는 표현을 쓰고 있다. 그래서 그것이 '강단(剛斷)'에서 유래된 것인가 하고 생각한 적도 있다. 강단은 '굳세고 꿋꿋하게 견디어 내는 힘, 어떤 일을 야무지게 결정하고 처리하는 힘'이라고 나타나 있다. 그러니까 '깡'과는 조금 의미상 차이가 있다고 보아야 한다. 〈위키백과〉에 보면 "악착같이 버티어 나가는 오기. 어원은 '강단(剛斷)'이 '깡다구'로 변하고 뒤의 '다구'가 탈락하고 '깡' 하나만 남아서 생긴 단어이다."라고 되어 있지만 정확하게 강단에서 유래했다고 보기에는 어려운 면이 많다.

일본어에 '라이깡(らいかん〔雷管〕)'이라는 단어가 있다. 물론 내관(來館)도 일본어로는 'らいかん'이라고 발음한다. 그러나 여기서는 물고기 잡을 때 쓰던 것과 맞물린 '뇌관'에서 그 의미를 찾아보고자 한다. 광산에서 바위를 깰 때 쓰는 다이너마이트(뇌관)를 'らいかん(라이깡)'이라 했고, 그것을 줄여서 '깡'이라고 했다. 그래서 그것이 은어로 성장하여 물고기 잡을 때 쓰던 것을 '깡'이라고 했던 것으로 본다. 지금도 광산에서 광부들이 뇌관과 도화선을 잇는 집게를 '깡집게'라고 한다.(이재운 외 〈알아두면 잘난 척하기 딱 좋은 우리말 잡학사전〉) 그러니까 폭발물처럼 대담한 사람이나 배짱 있는 사람을 일컬을 때 '깡'이 좋은 사람이라고 했다. 여기에서 깡다구는 접사가 붙은 것으로 '뿔다구', '쫑다구' 등과 같이 3음절로 만들면서 의미를 더해주는 역할을 한 것이다.

다음으로 '묵찌빠'라는 단어가 있는데, 이것은 전혀 국적을 알 수가 없다. 어린 시절엔 참으로 많이 하던 놀이다. '가위바위보'로 놀이를 하는 것인데, 참으로 재미있었다. 이 '가위바위보'는 정말 세계적인 놀이인 것만은 확실하다. 필자가 미국에 있을 때 외길에서 예쁜(?) 여인과 마주친 적이 있다. 누군가는 옆으로 비켜야 하는데, 필자는 장난기가 발동하여 한국말로 "가위바위보"라고 했는데, 그녀는 바로 응했다. 그리고 진 사람이 옆으로 비킨 적이 있다. 이와 같이 세계적인 놀이가 '가위바위보'인데, '묵찌빠'는 그것을 더 심화시킨 것이다. 중국에서는 양권마(兩券碼), 양권포(兩拳包)(혹은 爭拳 法衣) 등이 있었는데, 에도시대 일본 대마도로 건너가 발음이 강해져서 '짱켐뽀'가 되었다고 한다.(이재운 외 〈위의 책〉) 이제는 짱켐뽀세대(현재의 60·70대)는 가고 묵찌빠세대가 세상을 주름잡고 있다. 〈다음백과〉를 보면 "세 가지의 다른 손 모양을 내밀어 순서나 승부를 정하는 방법. 가위와 바위와 보가 있으며, 가위는 보에, 보는 바위에, 바위는 가위에 각각 이긴다."라고만 되어 있지, 어원이 제대로 나온 책은 없다. 단

순하게 '가위바위보'를 속되게 이르는 말이라고만 나타나 있고, '구치파'가 어원이라는 책도 있다. 어원에 관해 재미있는 것이 있어 참고해 본다. 구는 군함, 찌는 침몰, 빠는 파열의 의미로 앞자를 따서 붙인 이름의 놀이다. 즉 군함으로 공격하여 상대방을 침몰시키고 격파한다는 뜻(ぐんかん[軍艦] : 군깡, ちんぼつ[沈沒] : 친보츠, はれつ[破裂] : 하레츠[출처] 묵찌빠의 어원|작성자 콘스탄트김(재인용))이라고 하는데, 정확한 근거는 없다. 어린아이들의 국민 놀이인데, 어원과 국적이 없으니 참으로 애석한 일이다.

❈껍질과 껍데기

　나는 학창 시절에 트윈 폴리오라는 트리오(세 명이 함께 노래하는 것)를 엄청 좋아했다. 그들의 노래는 생활의 활력소였다. 요즘 아이들이 BTS(방탄소년단)에 빠지고 기성세대가 트로트 열풍에 젖어있는 것을 보면 노래가 얼마나 민중들에게 영향을 주는지 알 수 있다. 그때 좋아했던 노래 중에 윤형주 씨의 "조개 껍질 묶어 그녀의 목에 걸고 물가에 마주 앉아 밤새 속삭이네……"라고 시작하는 곡이 있다. 그 노래의 제목은 잊었다. 아무튼 기타 치면서 밤새도록 불러도 질리지 않았는데, 지금 생각하니 어휘가 맞지 않는 것이 있었다.

　또 하나, 식당에 가면 '돼지 껍데기' 볶음이라는 것이 있다. 쫄깃한 것이 식감이 좋아 많은 사람들의 사랑을 받는 음식이다. 사실 오늘 오전에 대학원을 졸업한 제자가 문자로 질문을 했다. "교수님 '돼지껍데기'는 맞는 말인가요?" 하고 물어보길래 그때서야 그것이 잘못된 단어라는 것이 생각났다. 그래서 오늘은 아침에 보낸 문자에 살을 붙여 껍질과 껍데기의 차이를 밝혀보려고 한다.(나는 매일 아침 지인들에게 SNS로 '헷갈리는 한국어' 혹은 '틀리기 쉬운 우리말' 등을 보내주고 있다.)

　우선 껍질이 무엇인지 사전적인 의미를 살펴보기로 하자. '껍질'은 "1. 딱딱하지 않은 물체의 겉을 싸고 있는 물질의 막, 2. 알맹이가 빠져서 속이 비거나 아무것도 남지 않은 상태나 상황을 비유적으로 이르는 말, 3.

원자 구조를 나타내는 모델에서, 원자핵 주변의 거의 같은 에너지를 가지는 전자 궤도의 모임"이라고 사전에 나와 있다. 원래는 '딱딱하지 않은, 물체의 거죽을 싸고 있는 물질의 켜'를 이르는 말이다. 나무껍질과 같은 것을 말한다.

한편 '껍데기'는 '달걀이나 조개 같은 것의 겉을 싸고 있는 단단한 물질'을 이르는 말이다. 껍데기를 사전에서 찾아보면 "1. 달걀이나 조개 같은 것의 겉을 싸고 있는 단단한 물질, 2. 거짓이나 가짜를 비유적으로 이르는 말, 3. 속에 무엇이 들어갈 수 있게 만든 물건"이라고 표기되어 있다. 그러면서 예문으로 '조개껍데기'를 들어 놓았다. 조개의 부드러운 살을 감싸고 있는 것은 껍데기라고 한다. 그러므로 앞으로는 노래 부를 때 "조개 껍데기 묶어……"라고 해야 한다. 사실 선생님이 이렇게 말해 놓고도 속으로 웃음이 나온다. 노래의 맛이 살아나지 않기 때문이다. 뭔가 시골스럽기도 하고, 리듬이 어긋나는 것 같기도 하다.

이 노래의 덕분(?)인지 몰라도 요즘은 조개껍질(조갯살을 겉에서 싸고 있는 단단한 물질), 굴껍질(굴을 겉에서 싸고 있는 껍질)이라는 말이 조개껍데기, 굴껍데기라는 말과 함께 쓰이고 있다. 사전에도 등재되어 있다. 그러므로 조개껍질도 쓸 수 있다고 보지만 사실은 바람직하지는 않은 표현이다. 특히 껍데기라는 말은 '단단한 물질'을 이르는데, 돼지껍데기라는 표현은 더욱 바람직하지 않다고 본다. 그렇다고 돼지껍질이라고 하면 맞는 말인가 하는 것도 의문이 간다. 사실 동물의 살을 싸고 있는 것은 가죽이다. 살가죽을 생각하면 쉽게 이해할 수 있다. 음식 이름을 놓고 설왕설래하는 것 같지만 '돼지 살가죽(?)'이라고 하면 먹기에 더욱 꺼려질 것 같은 느낌이 들기도 한다. 참으로 재미있는 우리말이다. '가죽'은 "1. 동물의 몸을 싸고 있는 껍질을 벗기어 가공한 물품, 2. 사람이나 동물의 몸을 감싸고 있는 질긴 껍질, 3. 사람의 피부를 낮잡아 이르는 말"이다. '살가죽'은 "사람이나 짐승의 몸 전체를 싸고 있는 껍질"을 말한다. 그러므로 '돼지껍데기'는 '돼지살가죽'이라고 표현하는 것이 가장 어울린다. 그래서 북한에서는 '피부밑주사'를 '살가죽밑주사'라고 한다. 북한에서 사용하는 단어는 뭔가 으스스한 느낌을 준다. 가죽과 껍질과 껍데기는 각각 의미하는 바에 있어서 조금씩 차이가 있다. 나무껍질과 조개껍데기 그리고 살가죽과 같이 구분해서 바라보면 쉽게 이해할 수 있는데, 세상 사람들이 구분하지 않고 사용하다 보니 정말로 경계가 없어지고 있다. 요즘에 와서 더욱 언어의 혼란을 초래하고 있는 느낌을 지울 수가 없다. 예전에는 노랫말이 정말 한 편의 시를 읽는 것 같은 것이 많았다. 시에 곡을 붙여서 많은 사람들이 애송(애창)할 수 있도록 했으면 좋겠다.

초등학교 졸업시험으로 한국시 100편을 암기하도록 하면 언어교육 따로 시키지 않아도 될 텐데…… 하하하

✖ '나쁜 놈'과 '정치인'

　필자는 2018년에 세종시 교육감 선거에 출마한 적이 있다. 그 해 어느 날 아내가 책을 한 권 사 가지고 와서 읽어 보라고 던져주었다. 평소에 책을 제법(?) 읽는 편이라 책 선물을 좋아하고, 책을 보내주는 사람들의 작품은 거의 다 읽는 편이다. 아내가 준 책 제목이 수상했다. 〈나쁜 남자가 당선된다〉(석수경 외 2인, 글통 간행)는 제목이었다. 선거에 이기기 위해서는 나쁜 남자가 되어야 한다는 말이다. 선거에 관한 이야기였는데, 제목치고는 황당했다. 내용은 다른 선거 관련 서적과 비슷했다. 그 책을 받아 들고 읽어보기는 했지만 책 제목이 항상 머리를 때렸다. "나보고 나쁜 남자가 되라는 말인가?" 하기야 필자가 조금 착하기(?)는 하다.

　필자가 즐겨 읽는 책 중의 하나가 『계림유사』라는 책이다. 송나라의 손목(孫穆)이라는 사람이 1103년 고려에 사신을 수행하고 왔다가 당시 고려의 조제, 풍토 등 약 360개의 어휘를 채록하여 정리한 책이다. 예를 들면 "天曰 漢捺(天하늘)을 '흔 날'이라고 한다"와 같이 서술해 놓은 것으로 우리말 고어와 중국어를 동시에 공부하기 좋다. 다만 현대의 발음이 아니고 북송 시대의 발음이라는 것과 고려어도 개성의 방언이 기록되었을 가능성이 많기 때문에 고려시대의 음성학에도 조예(造詣 : 학문이나 지식에 경험이 깊은 경지에 이른 정도)가 깊어야 한다. 아무튼 그 책에 보면 "高曰 那奔('높디'는 '니쁜'이라고 한다.)"이라는 문장이 있다. 필자의 눈에 확 들어오기에 적당한 글이었다. 그러니까 과거에는 '높은 사람'을 '나쁜 놈'이라고 불렀던 것이다.

원래 '놈'이라는 말이 일반적인 사람을 가리키던 말이라는 것은 훈민정음 서문을 통해서도 알 수 있다. "나라의 말씀이 중국과 달라서 문자가 서로 통하지 않는다. 그래서 자기의 뜻을 쉽게 펴지 못하는 놈이 많다."라고 했다. 여기서 '놈(者)'은 그냥 '사람'을 지칭하는 말인데, 요즘에 와서는 낮춤말로 변한 단어다. 말의 의미는 항상 변하는 것이기 때문에 그러한 것을 항상 염두에 두고 연구해야 하는 것이 어휘연구의 기본이다. 그러니까 예전에도 고관(高官 : 나쁜 놈)들이 높은 자리에 앉아서 백성들의 고혈을 짰던 모양이다. 그래서 지금은 그 의미가 정말로 '나쁘다(bad)'의 의미로 바뀌었다. 우리가 흔히 말하는 '꼰대'라는 말도 원래는 스페인어로 고관(高官, 백작=conde)을 이르는 말이었다. 백작들이 서민들을 못살게구니까 우리나라에 와서는 '나를 힘들게 하는 사람 혹은 괴롭히는 사람'이라는 의미로 쓰이게 되었고, 어미 변화의 과정을 거쳐 지금은 '꼰대'라고 부르고 있다. 이를 통해 볼 때 '나쁜 놈'의 어원과 '꼰대'의 어원이 어찌 이리 비슷할 수 있는가 놀라지 않을 수 없다.

한편 현대어에서 '정치인'이라는 말은 많이 하는데 왜 정치가라고는 하지 않을까? 원래 '가(家)'라는 접미사는 전문가에게만 붙이는 말이다. 문학가, 화가, 예술가, 건축가 등에서 보는 바와 같이 전문가에게 붙이는 것인데, 정치인은 전문가가 없다는 말인가? 하기야 정치는 아무나(?) 할 수 있는 것이라는 생각이 지배적이었을 때도 있었다. 과거에 돈 좀 있으면 '막걸리' 몇 잔 대접하고, 고무신 한 켤레 사 주고 표를 샀던 시절이 있었다. 그래서 고무신 선거, 막걸리 선거라고 했다. 지금은 전문가들이 많이 나서기는 하지만 아직도 정치가라는 표현을 하는 사람은 별로 없다. 그냥 정치인일 뿐이다. 요즘은 가짜 뉴스도 많고, 유튜브도 활성화되어 있어서 미디어의 전성시대가 아닌가 한다. 전문적인 정치가보다는 언론에 능숙하고 효과적으로 자신을 많이 알리는 사람이 선출되는 경우가 많다. 그래서 조금은 나쁜 남자가 당선되는 것이 맞는 말인 것 같기도 하다. 청문회를 보고 있노라면 화가 나는 것은 인지상정일 것이다. 어찌 그리 비리가 많은데 저기까지 올라갔나 싶기도 하고, 장관을 만들려면 중학교 시절부터 남들과 다르게 모범생으로 키워야 하는가 생각도 든다.

내친 김에 독자들에게 숙제나 내고 마무리하기로 하자.

어째서 시인에게는 '가(家)'라는 표현을 쓰지 않을까? 화가는 전문가인데, 시인은 전문가가 아닌가? 그냥 '시가(詩家)'라고 하면?

(※지난주 시인에 대한 필자의 의견 : 조선 시대 시(詩)는 여기(餘技 : 재주)라고 생각했고, 한문을 하는 사람은 누구나 즐기는 일이었기 때문에 굳이 전문가로 칭할 필요가 없었다.)

※노인 냄새와 암내

환갑이 넘은 지 꽤 지났지만 필자는 요즘 주말부부다. 지난주에는 건조대에 이불이 널려 있었다. 물론 새삼스러운 일은 아닌데 그날따라 집사람에게 "왜 이불을 빨았느냐?"고 물었다. 그런데 대답이 의외로 나를 놀라게 했다. 이불에서 '노인 냄새'가 나서 빨았다는 것이다. 가끔 몸에서 땀냄새가 난다고 씻고 오라는 말은 들었어도 노인 냄새가 난다는 것은 처음 들었기 때문이다. 뿐만 아니다. 필자가 앉았던 소파에서도 노인 냄새가 난다고 했다. 말은 안 했지만 사실은 상당히 충격을 받았다. 필자가 근무하는 학과에는 외국인 학생들이 많아서 그들에게 아버지 역할을 한다고 해서 살갑게 대하고 때로는 포옹도 해주곤 했는데, 아이들이 얼마나 고통스러웠을까 생각하니 부끄러움에 얼굴이 화끈 달아올랐다. "나한테서 노인 냄새라니……?" 부끄럽지만 학교에 가서 만나는 사람들에게 살며시 물어보았다. "나한테서 할배 냄새나니?"라고 물었더니 모두 아니라고 하면서 혹자는 엄청 크게 웃는다. 웃으면 안 되는 줄 알지만 너무 이상한 말을 해서 웃음밖에 나오지 않는단다. 그럼에도 불구하고 집에서는 냄새가 난다고 하니 걱정이다. 세상에는 향기도 많은데 하필이면 노인 냄새가 날까? 매일 머리 감고, 샤워하고, 만보 걷기하고 또 씻고 자는데도 몸에 땀냄새나 노인 냄새가 뱄는가 보다. 아마도 주말부부다 보니 옷을 자주 갈아입지 못해서 몸에 냄새가 뱄는지도 모르겠다. 그래도 노인 냄새라는 것은 엄청 기분 나쁘다.

냄새란 "1. 코로 맡을 수 있는 온갖 기운, 2. 어떠한 일을 알아차릴 수 있는 낌새나 어떤 일이 일어날 조짐을 비유적으로 이르는 말"이다. 어원은 자동사인 '나다'로, 이것에 사동 접미사 '-이-'가 붙어 '나이다→내다'가 되었고, 그 명사 파생형이 '내음'이 되었다. 오늘날 '꽃내음' 등에서 그 흔적을 볼 수 있다. 여기서 '내음' 뒤에 '모양새', '낌새' 등에 있는, 꼴을 뜻하는 접미사 '-새'가 붙어 '내음새'가 되었고, 이게 줄어든 게 '냄새'다. 노인 냄새는 노인에게서 나는 노인 특유의 체취를 의미하는 말이다. 중국에선 노인미(老人味)라, 일본에서는 가령취(加齡臭)라고도 하는데, 나이(齡) 먹어서(加) 나는 냄새(臭)란 뜻으로 굳이 설명을 하자면 묘하게 쏘는 냄새로 보면 된다. 노인들이 많이 왕래하는 곳(노인정, 양로원 등)에서 어렵지 않게 맡을 수 있고, 통풍이 안 되는 밀폐된 장소라면 그 배가 된다. 노인 냄새, 쉰내라고도 표현한다. 일부는 이를 노년층 비하의 용도로 사용하나, 나이를 먹으면 누구나 불가피하게 날 수밖에 없다.(이상 〈나무위키〉 참조) 그러니 때가 되면 어쩔 수 없이 몸에서 나는 것이 아닌가 한다. 하지만 누구나 자신의 몸에서 난다고 하면 기분 좋은 일은 아닐 것이다. 세월이 약이라는 말도 있지만, 이것은 세월이 독이 되는 것이다. 슬프지만 현실을 받아들여야 할 것 같다.

가끔 외국인 학생들을 상담하다 보면 약간 역한 냄새가 나는 아이들도 있다. 그냥 생리중이겠거니 하고 말지만 때로는 상당히 역한 냄새가 나는 경우도 있다. 이것을 '암내'라고 하는 것 같다. 겨드랑이에서 나는 고약한 냄새를 말하는데, 한자로 표현하자면 겨드랑이 액(腋)자를 써서 액취(腋臭)라고 한다. 겨드랑이, 사타구니를 비롯하여 여성의 경우 유두 등엔 통상의 땀샘인 에그린 샘 외에 아포그린 샘(대한신)이라 불리는 특수한 땀샘이 분포하는데, 남성의 경우도 겨드랑이, 서혜부, 수염이 나는 부위에 아포크린샘이 분포한다. 이 땀샘에서는 지방산이 함유된 땀이 분비되며, 배출 초엔

여느 땀냄새에 가까우나 성분인 지방산이 유기물질인지라 곧 균에 의한 분해가 발생하며 특유의 악취가 풍겨나게 된다. 쉽게 말해 썩은내. 암내가 지나치게 심하다면 액취증일 가능성이 높다.(위의 〈위키백과〉에서 인용함)

노인미(가령취)나 노인 냄새나 암내 등이 모두 향기와는 거리가 멀다. 하지만 인간이라면 누구나 겪을 수 있는 주변의 일이다. 향기와는 다르게 냄새라고 하면 뭔가 불편한 기운을 느끼게 된다. 가능하면 타인을 괴롭히는 일을 멀리 두고 싶은 소망이 있다.

오호 애재라! 흐르는 세월을 누가 당하랴?

❋ '~는대'와 '~는데'와 '~는 데'의 차이

우리말을 가르치다 보면 어미와 조사, 그리고 의존명사 등이 헷갈릴 때가 많다. 가르치는 사람이 헷갈릴 정도로 종류도 다양하다. 학생의 입장에서 보면 정말 이해하기 힘든 것도 많다. 그러니 일반인들이야 오죽하겠는가? 조사란 "체언(명사, 대명사, 수사)이나 부사, 어미 따위에 붙어 그 말과 다른 말과의 문법적 관계를 표시하거나 그 말의 뜻을 도와주는 품사를 말한다." 크게 격조사, 접속조사, 보조사로 나눈다. 그러니까 조사는 앞말에 붙어 문법적 성격을 나타내는 경우가 많다고 생각하면 쉽게 이해할 수 있다. 그래서 윗말에 붙여 쓴다. 한편 어미는 "용언 및 서술격 조사가 활용하여 변하는 부분이다." 예를 들면 '점잖으며', '점잖고', '점잖다' 등에서 '-(으)며', '-고', '-다' 따위를 말한다. 한편 의존명사는 '의미가 형식적이어서 말 아래에 기대어 쓰이는 명사'를 말한다. '것', '따름', '뿐', '데' 따위가 있다. 이러한 것들의 기본 지식이 없이 띄어쓰기를 하다 보면 각각 어미인지, 의존명사인지 구분이 되지 않아서 헷갈리는 경우가 많다. 그래서 오늘은 이러한 것에 대한 설명과 예문을 함께 살펴보기로 하자.

'-는대'와 '-는데'는 둘 다 가능한 표현이다. 그러나 그 의미나 기능에 있어서 차이가 있다. 어미의 활용의 예를 들면서 의존명사와 함께 실례를 살펴보자.

'-는대'는 주로 구어체로 쓰이는데 '해체'에 해당한다. 어떤 사실이 주어진 것으로 치고 그 사실에 대한 의문을 나타내는 종결어미다. 놀라거나 못마땅하게 여기는 뜻이 섞여 있다.(〈네이버 어학사전〉참조) '-는다고 해'가 줄어든 말이다. (〈표준국어대사전〉참조)

(예문) "이 많은 책을 언제 읽는대?"
(어떤 사실이 주어진 것으로 치고 그 사실에 대한 의문을 나타내는 종결어미로 쓰임)
"철수는 그곳에 안 가고 여기 있는대."
('-는다고 해'가 줄어든 말)

한편 '-는데'는

(예문) "나는 여기에 있는데 너는 왜 거기에 있니?"
(어떤 일을 설명하거나 묻거나 시키거나 제안하기 위해 상황을 미리 말할 때)
"잘 달리는데……"
(어떤 일을 감탄의 뜻을 넣어 서술함으로써 그에 대한 청자의 반응을 기다림)(종결어미)(이상 〈국립국어원〉온라인 가나다라에서 인용함)

그러니까 연결어미의 역할과 종결어미의 역할을 다 하고 있음을 알 수 있다.

위에서 보는 바와 같이 '-는대'와 '-는데'는 근본적으로 의미가 다르다. 그러므로 각각의 쓰임에 맞게 바르게 활용해야 한다. 다른 한편으로 주변에서 많이 틀리고 있는 것 중의 하나가 '-는 데'이다. 이것은 의존명사로 쓰인 경우를 말한다. '데'가 장소를 말하는 의존명사로 쓰일 경우 앞에 있는 수식어와 띄어 써야 한다. '데'는 "1. '곳'이나 '장소'를 뜻하는 말, 2. '일'이나 '것'의 뜻을 나타내는 말, 3. '경우'의 뜻을 나타내는 말"이다.

그러므로 '어떤 게', '이런 데'와 같이 띄어 써야 한다.

> (예문) "어디 가는 데 없니?"
> "먹는 데는 태호가 왕이지."
> "밥 하는 데 걸리는 시간"
> ('데'는 '곳, 장소', '시간' 등을 말한다.)

이상에서 보는 바와 같이 '-는대', '-는데', '-는 데' 등은 쓰임이 각각 다르다. 어미와 의존명사를 정확하게 구분하여 쓰면 그리 헷갈리지 않을 것으로 본다. 자꾸 읽고 또 읽다 보면 한국어의 길이 보일 것으로 생각한다.

❇ '다르다' 와 '틀리다' 의 차이

요즘 TV를 보면 우리말이 정말 국적을 잃고 있는 것 같다. 외국어나 외래어를 남발하고, 우리말이라 할지라도 문법이나 맞춤법에 맞지 않는 것도 많고 줄여쓰는 말도 지나치게 많다. 몇 번을 칼럼으로 썼음에도 불구하고 여전히 바뀌지 않은 것이 있다. 바로 '다르다' 와 '틀리다' 를 구분하지 않고 쓰는 것이다. 현대인들 80% 정도가 '다르다' 를 '틀리다' 라고 말하는 것을 본다. TV에 출연해서 말하는 사람들도 마찬가지다.

특히 젊은이들이 더 심한 것도 사실이다.

'다른 것' 은 다양한 것의 한 부분으로 틀린 것이 아니다. '틀린 것' 은 옳은 것의 상대어로 잘못된 것을 말한다. 나와 의견이 다르다고 해서 상대방의 의견이 틀렸다고 말하는 것은 옳지 않다. 다문화의 세계가 그렇다. 주로 동남아시아에서 온 이주여성들이 많아서 다양한 성격과 특징을 내재하고 살아간다. 그들만의 세계가 있고, 그것은 다양함으로 인정받아야 한다. 그럼에도 불구하고 나와 행동이 다르니까 '틀린 것' 으로 낙인찍어 버린다. 필자가 어려서 가래떡을 간장에 찍어 먹었더니 서울에서 온 4촌이 이상한 눈으로 보았다. 조청이나 설탕을 찍어 먹는 그들에게는 내가 이상하게 보였던 것이다. 복숭아를 소금에 찍어 먹는 베트남 여성이 우리에게는 이상하게 보일 수 있지만 그렇다고 그들의 문화가 틀린 것은 아니다.

대한민국이 오늘날 잘 살게 된 것은 어느 지도자의 역할도 중요했지만 우리 민족이 급하게 일을 처리하는 경향이 있음도 무시할 수 없다. 물론 이런 '빨리빨리 사고방식'이 삼풍백화점이 무너지고, 성수대교가 무너지는 참사를 만들어내기도 했지만 나름대로 고속성장을 하는 데 도움이 된 것은 부인할 수 없다. 요즘에 우즈베키스탄인들과 베트남 사람들을 자주 만난다. 터키 사람도 자주 만나는데 이들 모두 예외 없이 같은 면이 있다면 행동이 '느리다'는 것이다. 정말 느리다. 말로 표현할 수 없을 정도로 느리다. 우리나라 사람들 같았으면 두 달이면 끝냈을 일을 1년이 다 되도록 지지부진하게 끌고 있다. 때로는 답답하고 울화가 치밀기도 한다. 누가 아쉬운 것인지도 모른다. 필자는 50년이 훨씬 넘도록 쉼표 없이 인생을 살아왔으니 '천천히(만만디)' 돌아가는 그들과 어울리기가 쉬울 수는 없다. 한 번 메일을 보내면 한 참 걸려야 답신이 오고, 채근하면 채근한다고 투덜거린다. 중국 공상대학과 한국어교육 관련 MOU를 체결하는데 1년이 더 길렸다. 필자의 경우는 다문화가정의 여성들과 오랜(?) 세월 함께 생활하면서 이국적인 문화에 어느 정도 적응이 되어 있음에도 불구하고 답답하기는 마찬가지다. 그러니 외국인들과 교류하지 않은 일반 시민들이야 외국인들의 느려터짐에 얼마나 견디기 힘들지 이해가 간다. 특히 외국인 노동자를 고용한 사업가들의 고충도 이해할 수 있다. 그래서 문화가 '다른 것'이 아니라 '틀린 것'이라고 쉽게 말해 버리는 것이다.

한국 사회도 이제는 다양한 문화를 수용할 수 있는 준비를 해야 한다. '다른 것'과 '틀린 것'을 구별하고 나의 문화만 옳다고 주장하지 말고 타인의 문화도 수용할 수 있어야 한다. 어차피 사람들은 다양한 문화를 수용하면서 살아가야 한다. 인종이나 문화에 대한 차별을 금하는 제도적 장치를 만들어야 한다.(그렇다고 소아성애자나 노인성애자 등의 차별을 금하자는 차별금지법을 찬성하는 것은 아니다.) 정책적으로 문화적 다양성을 인정하는 근거를 마련하고 지나치게 과장해서 표현하는 현대인의 사고의 틀을 깨야 한다. 나만 옳고 다른 사람의 문화를 인정하지 않는 것은 오만함이다. '빨리빨리'에 익숙한 우리에게 외국인들은 놀랄 수밖에 없다. 천천히 해도 되는데 왜 그렇게 서두르냐고 한다. 그들이 봤을 때 우리를 '틀리다'고 할 수도 있다.

1+1을 3이라고 하면 틀린 것이지만, 너와 내가 생각이 다른 것은 다양성의 하나이지 '틀린 생각'이 아니다. 아름다운 우리말을 바르게 쓰는 습관을 기르도록 노력하는 한국인이 되었으면 좋겠다.

※단군의 비밀

오늘은 평소에 말하기 힘든 얘기를 해 보려고 한다. 우리 민족은 단군할아버지의 후손이라고 하면서 배달민족 혹은 단일민족임을 굉장히 강조한다. 그래서 단군에 대해 말하기가 껄끄러운 것이 사실이다. 순수한 학자의 입장에서 의견을 표명하는 것이니 단군 쪽의 종교인들은 그냥 언어학 전공한 사람의 말로 넘기고 읽어주면 좋겠다.

'칭키즈칸' 이라는 영화를 보면 갖은 고초를 겪은 테무진이 사람 모형의 큰 바위 사이에 들어가서 울부짖으며 누군가를 부른다. "텡그리!!, 텡그리!!"라고 계속 외치면서 신탁을 기다리는 모습이 가슴을 울린다. 그가 그렇게 만나고 싶어 했던 '텡그리' 신은 과연 어떤 신이었을까?

우리말을 비롯해서 알타이어권에 있는 단어 중에 '칸' 이나 '한' 은 뛰어난 위정자를 일컬을 때 사용하는 단어다. 말한, 마립간, 각간, 태대각간 등에 들어 있는 '간(한)' 이 칭키즈칸에 있는 '칸' 과 동일한 의미를 지닌다. 위대한 인물이 되기 위해서는 갖은 고초를 겪어야 하고 영적으로 타계에 다녀오기도 해야 한다. 그러한 통과의례를 겪어야만 그 시대의 지도자로 우뚝 서 후세의 추앙을 받는다.

'칭기츠칸' 이 그렇게 애타게 부르던 '텡그리' 신은 멀리 수메르어까지 올라간다. 물론 알타이어권 전역에 퍼져 있는 단어이기도 하다. 그 영화에서 텡그리는 '하늘신' 을 의미하는 것으로 나타나 있다. 그러나 좀 더 구체적으로 분석하면 'Tengri' 는 "튀르크 · 몽골 · 퉁구스계 주민들이 하늘 또는 신(神)을 지칭하는 용어이다. 북아시아에 사는 여러 민족들이 공통적으로 사용하는 단어로써 주로 신격화된 하늘, 즉 샤머니즘에서 최고신을 나타낸다.

북아시아 주민들은 원래 하늘을 지칭할 때 신격화된 하늘, 즉 신과 자연상태의 하늘을 나타낼 때는 다른 단어로 구분하여 사용하였다.(정재훈, 역사용어사전) 즉 우리와 동일한 언어권에 속하는 터키어에서도 텡그리라는 단어를 하늘신의 의미로 사용하고 있었던 것이다. 이 <u>텡그리가 '당고르'로 변하면서 우리나라에 와서는 당골, 단골, 단군으로 음차되어 사용되었다.</u> 우리의 옛문헌을 보아도 단군을 檀君과 壇君으로 표기하고 있음을 볼 때 단군이 우리 고유어가 아님을 알 수 있다. 사용한 글자가 두 종류임은 그것이 외래어를 한자로 표기한 가차문자임을 나타낸다.

결국 당고르는 당골(귀신을 섬겨 길흉을 점치고 굿을 하는 것을 업으로 하는 사람)로 바뀌었고, 다시 당골은 단골(늘 정해 놓고 거래를 하는 곳, 늘 정해 놓고 거래를 하는 손님)으로 변하였다. 당골님은 집에 자주 오는 귀한 손님이었기 때문이다. 아이를 낳거나, 병이 났을 때, 초상을 치를 때, 결혼을 할 때 등등 길흉화복의 많은 행사에 자주 오는 귀한 분이었다. 이러한 당골을 글자로 표기해야 하는데 국자(한글)가 없던 시절인지라 한자를 차용하여 표기하다 보니 학자에 따라서 혹자는 檀君이라 쓰고 혹자는 壇君이라고 썼다. 터키, 몽골 등 퉁구스어 계통의 언어가 우리나라에 들어오면서 하늘의 위대한 자손이 '하늘과 인간을 이어주는 위대한 인물(무당, 巫堂)'로 바뀌었다. 고대로 올라갈수록 제사장의 권위는 위정자와 일치한다. 제정일치의 시대였기에 제사장이 곧 위정자가 된다. 그래서 단군이 고조선을 세워서 초대 임금이 되었다. <u>단군은 실제로 제사장을 뜻하는 보통명사였다.</u> 흔히 단군이라고 하면 수염이 긴 우리의 조상할아버지를 연상하게 되는데 실상은 제사장(무당, 巫堂)이라는 단순한 명사였던 것이다.

동일한 발상으로 '화랑'이라는 단어를 생각해 보자. 유신시대 군사문화의 유산으로 우리는 화랑이라고 하면 젊은 군인집단을 생각한다. 교과서에 실려있는 화랑을 보면 '화랑 관창', '화랑 원술랑', '화랑 사담함', '화랑 김유신' 등 전쟁에 공훈을 세운 인물로 가득 차 있다. 그러나 실제로 신라에서 생불(?)로 추앙받았던 화랑은 남랑, 술랑, 안상, 영랑 등의 사선(四仙)이다. 이들이 놀다 가면 '사선대'라 칭하고, 영랑이 놀다 가면 '영랑호, 영랑재' 등으로 이름을 붙였다. 오늘날 을지로, 퇴계로, 율곡로 등과 같이 길에 성현의 이름을 붙여 그들을 기리는 것과 같이 신라시대에는 이 네 분의 화랑을 신선으로 섬겨 그 이름을 마을 이름에 붙였다. 이들은 살아있는 신선이었다. 신라에서는 미모의 남자를 취하여 화장을 하고 화랑이라 하여 그들을 받들었다. 이들은 주로 영적인 지도자(무당)였던 것이다. 도의를 닦고, 풍류를 즐기고 산수를 두루 다니며 놀아 이르지 않은 곳이 없을 정도로 유람을 하면서 영육간의 수양을 닦았던 인재들이다. 〈화랑세기〉에 의하면 신라의 유명인들은 거의 이 무리에서 나왔다고 한다.

우리 할머니들이 흔히 하던 욕 중에 "이 화랭이 새끼야!(이 화랑의 자식아! → 이 무당 새끼야!)"라는 욕이 있다. 이렇게 보면 화랑 또한 무당이다.

언어는 늘 변한다. 많은 독자들이 단군을 무당(제사장)이라고 하니 혼란스러워할 것으로 안다. 그럼에도 불구하고 우리말을 바로 알아야 하겠기에 이 글을 쓴다. 우리말을 바르게 알고 사용하는 자가 진정한 애국자이다.

※대구(對句)와 대꾸

대학 시절에 한시 이론을 배웠다. 설촌 김상홍 교수님의 명강의로 재미있게 배우면서 각종 규칙을 외웠던 기억이 있다. "동동강지미어우 재가회진문원……"하면서 뜻도 모르고 왼 것도 있고, "측측폭폭측(仄仄平平仄)" 하면서 평측법을 왼 적도 있다. 그때의 기억으로 어디 가서 한시 이론을 강의하라면 어렵지 않게 가르칠 수 있는 능력을 얻었다. 오언절구를 기준으로 해서 칠언절구로 확장하고 다시 오언율시에서 칠언율시로 확장해 나가는 방법을 익혔는데, 지금도 잊지 않고 또렷하게 기억한다. 그중에는 대우(대구)를 만드는 법도 있었다. 율시에서는 함련과 경련은 반드시 대구(對句)를 이루어야 한다는 것이 기본이다. 오랜만에 한시 이야기를 하자니 필자는 신이 나는데, 이 글을 읽는 독자는 "뭔 소리여?" 할지도 모르겠다. 아무튼 한시를 하나 예를 들고 설명하는 것이 나을 것 같아서 시를 한 수 적어 보기로 한다.

天高日月明(천고일월명) 하늘이 높으니 해와 달이 밝고
地厚草木生(지후초목생) 땅이 두터우니 풀과 나무가 자라도다.

위와 같이 앞뒤의 문장이 같은 리듬으로 이루게 하는 것을 대구(對句 혹은 대우법(對偶法), 대유법(對喩法), 병려법(駢麗法), 대치법(對峙法), 균형법(均衡法)이라고도 한다.)이라고 한다. 한시의 리듬을 맞추는 데는 대구만 한 것이 없다. 특히 율시에서는 반드시 대구를 이루어야 할 정도로 규정이 엄격하게 정해

져 있다. 이러한 것은 한국어 문장에서도 자주 볼 수 있다. 예를 들면

"콩 심은 데 콩 나고, 팥 심은 데 팥 난다."
위와 같은 문장이 바로 대구로 이루어진 것이다. 현대시에서는

"돌담에 속삭이는 햇살같이
풀 아래 웃음 짓는 샘물같이"

위와 같은 형식으로 나타난다. 그런데 문제는 한시에서의 대구법이 중
요한 시의 법칙인 것에 반해 우리말의 '대꾸'는 별로 바람직하지 않은 의
미를 담고 있다. 그 유래는 한시 작법에서 왔음은 두말할 나위 없다. 그럼
에도 불구하고 '대꾸'라는 말은 "남의 말을 듣고 그대로 받아들이지 아니
하고 그 자리에 자기의 의사를 나타냄. 또는 그 말"이 되어버렸다. 본뜻은
좋은 의미로 리듬을 타는 문장을 이루는데, 다시 우리말이 되면서 어조가
'대꾸'로 강해졌고, 그 의미도 주로 나쁜 뜻으로만 쓰인다. 예문을 보아도
"어른이 말씀하시는데 사사건건이 말대꾸냐?"(《표준국어대사전》예문 활용),
"차라리 가만히 있을 것이지 무슨 장한 일이라고 말대꾸는 말대꾸냐."(최
인호 〈처세술개론〉에서 재인용)와 같이 말대답하는 것으로만 쓰인다.

지나간 칼럼에서 필자는 한자어에 대한 문화적 사대주의라는 표현을 한
적이 있다. '늙은이＝노인(老人)', '계집＝여자(女子)'와 같은 단어들이 이
에 속하는데, 우리말로 하면 낮춰 부르는 것 같은 느낌이 들고 한자어로
하면 조금 높아 보이는 것(혹은 존경의 의미로 느끼는 것)이다. 이와 마찬가지
로 한자로 대구(對句)라고 하면 흰시의 풍격 있는 시작(詩作) 활동이 되는
데, 우리말로 '대꾸(對句)'라고 하면 '말대답하는 것'으로 주로 나쁜 뜻으
로 쓰이고 있다.

오랜 기간 한국어를 지도해 왔지만 이러한 것은 이미 굳어 있는 상태라 바꾸기가 어렵다. 인구에 회자되기 전에 우리말의 아름다운 면을 찾아서 보급했어야 하는데 아쉽다. 우리는 한자로 된 것은 우대하고 순우리말로 된 단어는 천시하는 경향이 있어 왔다. "고맙습니다."보다는 "감사합니다."가 더 정중한 표현으로 느끼는 사람들이 많음이 이를 증명한다. 이제는 문화적 사대주의에서 벗어날 때가 되었다.

�֎은행(銀行)과 돈

　돈은 항상 부족하게 되어 있나 보다. 월급으로 26만 원 받았던 초임 교사 시절에도 부족했고, 교단에 근 40년을 근무해 온 지금도 쓰다 보면 부족하다는 느낌을 지울 수가 없다. 물론 씀씀이가 커진 것도 사실이지만 살아오면서 항상 돈의 결핍을 느끼며 살아왔다. 매번 은행에서 융자 얻어 집을 사고 융자금 갚느라 정신없이 살아왔다. 그나마 우리 세대는 집이라도 장만했지만 지금 세대는 3포 세대라고 해서 다 포기하고 살아야 하는 것 같아 선배로서 미안하기도 하다.

　은행(銀行)은 "1. 금융기관의 하나 2. 어떤 때에 갑자기 필요해지거나 일반적으로 부족한 것 등을 모아서 등록하여 보관해 두었다가 필요할 때 이용할 수 있도록 편의를 도모하는 기관을 비유적으로 이르는 말"이다. 지금은 은행을 이용하지 않는 사람이 없을 정도로 모두가 이용하는 시설이 아닐까 한다. 지금은 스마트폰으로 은행 업무를 대신하지만 과거에는 적금을 들었다가 타는 재미도 있었고, 월급을 봉투로 받아서 돈을 세어 보는 재미도 있었다. 통장에 월급이 입금되면서부터 그런 재미는 지구상에서 사라져 버렸다. 월급날 교문 앞에서 기다렸다가 납치해 가던 선배들이 그립다. 돈을 모아 두는 곳이면 금고(金庫)나 금행(金行)이라고 하든지, 돈행 혹은 전행(錢行)이라고 하지 왜 굳이 은행(銀行)이라고 했을까 궁금하다. 우선 그 연원을 살펴보기로 한다. 청기문화 이후 화폐의 주류를 이루었던 것이 바로 은(銀)이다. 그러므로 금보다는 은이 화폐의 근본으로 여기게 되었고 돈을 다루는 기관을 은행이라고 불렀다. (이재운 외 〈알아두면 잘난 철 하기 딱 좋은 우리말 잡학사전〉) 그런데 왜 하필이면 은 뒤에 행(行)이라는 글자를 덧붙였을까 의문이 간다. 원래는 '은항' 이라고 발음해야 한다. 왜냐하면 '행(行)' 이라는 글자는 두 가지의 의미가 있다. 첫째는 우리가 흔히 아는 '다닐 행' 자이고, 다른 의미 중 하나는 '거리 항' 이라는 것이 있다. 서열을 말할 때도 '항' 이라고 발음한다. 우리가 가족의 서열을 말할 때 '항렬(行列)' 이라고 하는 것이 바로 이것이다. 필자는 항렬이 낮아서 고향에 가면 온통 아저씨들뿐이다. 이런저런 이유로 해서 은행은 원래의 발음이 '은항' 이라고 해야 맞는다. 즉 은(銀돈)을 주로 다루는 가게(行항)이기 때문이다. 그러나 사람들이 모두 은행이라고 부르다 보니 그것이 표준발음으로 굳었다. 한자로 銀行이라고 쓰니 생각 없는 사람들이 무심코 은행이라고 읽으니 그것이 표준어로 되었다.

한편 돈이라는 단어는 어원을 찾기가 상당히 어렵다. 돌고 돌아서 '돈' 이라고 하는 사람도 있고, 도(刀)에서 유래한 것으로 과거 칼처럼 생긴 명도전(明刀錢)에서 유래한 것이라는 설도 있다. 혹은 예쁜 돌(보석)을 화폐 대신 사용하던 시절에 '돌' 에서 유래했다고 하는 사람도 있다. 어차피 금도 흙에서 나오는 것이니 '돌〉돋〉돈' 의 변화를 거쳤다고 보는 학자도 있다.(서정범, 〈새국어어원사전〉) 과거에는 조개로 화폐를 대신한 적도 있다. 한자어 중에서 조개 패(貝) 자가 들어간 글자는 거의 돈과 관련이 있음이 이를 대변해 준다. 재화(財貨), 재물(財物), 화폐(貨幣) 등의 글자를 보면 모두 패(貝) 자가 들어 있음이 이를 대변한다.

돈으로 사용된 여러 가지의 예를 보면 패전(貝錢 : 조개 껍질 모양의 화폐), 구전(龜錢 : 땅처럼 든든하고 거북처럼 장수하고 상서롭고 귀한 재물이란 뜻으로 귀전 혹은 구전이라고 불렸으며 엽전에 거북이 모양이 그려져 있다.), 어전(魚錢 : 고기 모양을 본떠서 만든 돈), 천포전(泉布錢), 도전(刀錢), 백전(帛錢), 맥전(陌錢), 공방전(孔方錢)(정시유, 〈돈의 어원〉 참조) 등을 볼 때 다양한 것이 화폐를 대신하고 있었음을 알 수 있다. 모양을 본떠서 만든 이름도 있고, 쓰임새에 따라 붙인 이름도 있다. 공방전이라는 말은 둥근(圓) 모양으로 된 엽전의 가운데를 네모나게(方) 구멍을 뚫어 이르게 된 명칭이다.

화폐의 많은 이름들이 돈이라는 한 명칭으로 통일되어 부르게 된 것은 언중들의 힘이다. 다만 은행이라는 단어는 글자의 뜻으로 보아 '은항'이라고 읽는 것이 맞는데, 부르기 편하다고 해서 은행으로 된 것은 자못 유감이 아닐 수 없다. 돼지고기 볶음이 원래는 '저육(猪肉)볶음'인데, 언중들이 제육볶음이라 해서 표준어로 된 것과 같은 맥락으로 이해할 수밖에 없다.

※돼지 막창이 뭐여?

　이순신(1545~1598) 장군의 시조에 "한산섬 달 밝은 밤에 수루에 혼자 앉아 / 큰 칼 옆에 차고 깊은 시름하는 차에 / 어디서 일성호가는 남의 애를 끊나니"〈청구영언〉라는 것이 있다. 참으로 우국충절과 기개가 넘치는 시다. 이순신 장군의 기개와 전장에 들리는 피리소리(一聲胡笳)가 가슴을 여미게 한다. 종장에 유난히 우국의 정이 묻어난다. 여기서 많은 독자들이 '애'가 무엇인지 궁금할 것이다. 흔히 '애가 탄다', '애간장이 녹는다', '애를 썩인다' 등의 표현이 그것이다. 여기서 '애'라고 하는 것은 '창자'를 순우리말이다. 창자를 끊는 것 같은 아픔이 전해진다는 뜻이다. '애를 끊는 것 같은 아픔'이 있으니 우국의 충심이 이보다 강할 수는 없다. 오래 전의 칼럼에서 필자는 '양'에 대해서 언급한 적이 있다. 밥을 먹을 때 "양이 작아서 많이 못 먹는다."고 해야 맞지 "양이 적어요."라고 하면 틀린 문장이라고 했다. 제자들과 식당에 가면 필자는 종종 "양껏 먹어."라고 한다. 여기서 양은 '위장(밥통)'이라는 우리말이다. 각자 위장(밥통)의 크기만큼 먹으라는 말이다.

　흔히 하는 말 중에 '밸(배알)이 꼴리다'는 표현도 많이 쓰는 표현 중의 하나다. 북한에서는 '소의 작은창자'를 곱밸이라고 하고 우리 남한에서는 '곱창'이라고 한다. 여기서 '밸'도 창자를 의미한다. 사전을 찾아보면 '배알이 꼴리다＝비위에 거슬려 아니꼽다.'라고 나타나 있다. 하지만 배알은 비장이나 위장을 일컫는 말이 아니고 창자를 지칭하는 말임을 잊지 말아야 한다. 창자가 꼴리고 뒤틀린다는 말이다. 이는 다시 '환장(換腸)하겠네'

라는 말로도 쓰인다. 환장은 장(창자)이 뒤집힌다는 뜻이다. 서로 다른 듯 하면서 비슷한 용어인데 요즘은 조금 다른 의미로 쓰인다. '곱밸'이라는 말은 북한에서 사용하는 말로 '곱이 붙은 배알'을 말한다. 흔히 곱창이라 고 한다. 여기서 곱은 지방 덩어리를 의미한다. 구불구불해서 곱창이 아니 고 '곱이 많이 붙어있는 작은창자'다. 곱창을 보면 지방 덩어리가 많이 붙 어있는 것을 볼 수 있다. 이것을 곱이라고 한다. 이 물질이 굳어서 된 덩어 리를 곱이라고 한다. 눈곱(눈에서 나오는 진득진득한 액 혹은 그것이 말라붙은 것), 발곱(발톱 밑에 붙어 있는 때), 손곱(손톱 밑에 끼어 있는 때), 손꼽장난(소꿉놀이를 하며 노는 장난의 경기 방언) 등에 그 흔적이 남아있다. 이를 통해서 보면 곱밸 은 곱이 많이 붙어있는 창자라는 뜻이고, 우리나라의 곱창과 같은 말이라 는 것을 알 수 있다. 사전적으로 보면 배알이 꼴리는 것과 비위가 상하는 것이 비슷한 의미로 사용되고 있지만 사실상 배알은 작은창자이고, 비위 는 비장과 위장을 말하는 것이니 속뜻은 다르다고 보아야 한다. 우리말은 이와 같이 오장육부에 비유한 것이 많다. '담력이 좋다. 쓸개 빠진 놈' 등 과 같은 말도 결국은 쓸개가 용기와 관련이 있다는 말이다. '담력(膽力)'을 쓸개의 힘이라고 번역하는 사람은 없다. '겁이 없고 용감한 기운'이라고 풀어야 제맛이 난다. 아마도 한방(韓方)에 쓸개에 배짱과 관련된 역할을 하 는 기운이 있는 모양이다. '쓸개 빠진 놈'도 '정신을 차리지 못하고 줏대 없는 사람을 낮잡아 일컫는 말'이다. '하는 짓이 줏대가 없고 온당하지 못 한 사람을 비난하는 말'이다. 요즘 쓸개 제거 수술한 사람이 많은데 걱정 이다.

오늘은 창자 이야기로 시작했으니 계속해서 장기이야기로 진행해 보고 자 한다. '부아가 난다(노엽거나 분한 마음)'는 말에서 '부아'는 허파를 가리 키는 순우리말이다. 화가 나면 사람들은 화를 참으려고 숨을 한껏 들이미 신다. 그래서 허파가 커지는 것이다. '싹이 난다, 풀이 난다' 할 때 '난다' 는 말은 커진다는 뜻이다. 화(火)가 나면 화를 참으려고 숨을 크게 들이켜야 한다. 그것이 부아가 나는 것이다. 막창은 또 어디를 일컫는 말일까? 역시 사전에 의하면 소나 양 같이 되새김질하는 동물의 네 번째 위를 속되게 이르는 말로 양, 벌집위, 천엽에 이어 맨 마지막 위를 주로 고기로 이를 때 쓰는 말로 '홍창'이라고 한다. 결국 막창도 양고기(소의 위장)와 비슷한 부위인데, 제일 끝에 있는 네 번째 밥통의 고기인 것이다. 흔히 '막창'이라고 하면 제일 끝에 있는 창자를 생각하여 항문 부위로 착각하는 사람들이 많은데 전혀 그렇지 않다. 돼지는 되새김질을 하지 않기 때문에 막창이 없다.

순수한 우리말이 자꾸 변질되고 있음이 안타깝다. 언어는 성장하고 소멸하는 것이지만 그래도 그 의미를 바로 알고 사용하는 민족이 되어야 한다.

✽등목과 등멱

장마철에는 비가 와야 제맛이다. 띄엄띄엄 오는 소나기는 장마라고 할 수 없다. 바야흐로 장마철이 되었음에도 불구하고 비는 오지 않고 뜨거운 햇살만 등줄기에 땀을 만들고 있다. 어린 시절에 이맘때쯤 되면 하교하다 말고 발가벗고 개울에 들어가서 멱을 감곤 했다. 필자는 겁이 많아서 저수지에 뛰어들지 못했는데, 작은형이 억지로 집어 던져서 물속에서 허우적거리다가 잠수하면 뜨는 것을 배웠고, 그 후로는 물을 두려워하지 않고 남한강(섬강, 여강)까지 진출해서 수영을 하고 조개를 잡으며 놀았다.

'멱' 은 "냇물이나 강물에 몸을 담그고 씻거나 노는 행위"를 말한다. 필자 나름대로 정의를 한다면 팬티를 벗고 노는 것은 '멱' 이고, 수영복을 제대로 갖춰 입고 수영장에서 폼 나게 자유형, 배영 등을 즐기면 '수영' 이라고 할 수 있을 것 같다. 물론 수영의 사전적인 정의로는 "1. 물속에서 헤엄침, 2. 물속에서 헤엄치는 실력을 겨루는 운동 경기"를 말하지만 생활 속에서는 우리가 흔히 아는 정의로 말하는 것이 더 정겹다.

흔히 등목이라고 하는 것이 있다. 사전적으로는 "팔다리를 뻗고 바닥에 엎드린 사람의 등에 물을 끼얹어, 몸을 씻고 더위를 식혀 주는 일"을 말한다. 원래 한자로 목(沐)은 '머리 감는 것' 을 말하고, 욕(浴)은 '몸을 씻는 것' 을 말한다. 합치면 목욕이 된다. 즉 "머리 감고 몸을 씻는 일이 목욕이다." 그러니까 우리가 흔히 등목이라고 하는 말은 원래 바른 표현은 아니었다. 등에 물을 끼얹는데 머리 감을 목(沐)자를 쓰고 있으니 하는 말이다.

그래서 그것을 다시 '등물'이라고 표현하기도 한다. 등물이라는 말도 사전에는 "바닥에 엎드려서 허리에서부터 목까지를 물로 씻는 일"이라고 되어 있으니 등목과 같은 이음동의어(異音同義語)라고 할 수 있다. 또한 '목물'이라고도 한다. 목물은 "1. 바닥에 엎드려서 허리에서부터 목까지를 물로 씻는 일, 2. 사람의 목에까지 닿을 만한 깊은 물"을 말한다. 그러니까 등목, 등물, 목물이 모두 같은 의미를 지닌 이음동의어임을 알 수 있다. 필자가 이렇게 장황하게 설명하는 것은 다 이유가 있다. 그래서 나온 것이 등멱이라는 말이다. 앞에서 설명한 바와 같이 '멱'은 "냇물이나 강물에 몸을 담그고 씻거나 노는 행위"다. 그러므로 등에 물을 뿌리며 노는 행위에 가장 가까운 말은 '등멱'이라고 하는 것이 가장 어휘구조상 어울리는 단어다. 그럼에도 불구하고 등멱을 사전에서 찾으면 "1. '목물'의 비표준어 2. 목물(바닥에 엎드려서 허리에서부터 목까지를 물로 씻는 일)"이라고 되어 있다. 그러니까 표준어는 '목물'이고 등멱은 비표준어다. 그렇다면 등멱은 어찌다가 비표준어가 됐을까 궁금하다. 그것은 바로 남·북한의 언어 이질화에 의한 것이다. 즉 북한에서는 '등멱'이 문화어로 우리말의 표준어에 해당한다. 어휘의 구조상 '등멱'이라고 해서 하나도 틀릴 것이 없는데, 그저 북한에서 문화어로 규정하고 있으니 남한에서는 비표준어가 되었다고 본다. 물론 조금 과하게 표현한 것이 없지 않지만 그렇지 않다고 부정할 수도 없다. 예를 들면 우리가 어려서 즐겨 부르던 동요 중에 "동무 동무 내동무 / 미나리 밭에 앉았다."라는 노래를 기억할 것이다. 우리 어린 시절에는 동무라는 말을 참 많이 썼는데, 북한에서 계급을 없앤다고 모두 동무라고 부르니 우리 남한의 말과는 거리가 생겼고, 이로 인하여 학교에서 가르칠 수 없는 단어가 되고 말았다. 지금도 60대는 동무라고 하면 어린 시절의 추억을 생각하지만 동시에 북한 사람들이 즐겨 부르는 호칭임을 알고 있다.

얼마 전에 태영호 씨가 쓴 책 〈3층 서기실의 암호〉라는 글을 읽다가 "참으로 많이 달라졌구나!" 하는 것을 느꼈다. 우리는 다단계라고 하는 것을 북한에서는 '다계단'(태영호, 3층 서기실의 암호, 130쪽(이하 쪽수만 기입한다.))이라고 하고 '눅은 담배(싼 담배, 89쪽)', '인차(곧, 92쪽)', '가긍해 보였다(가련해 보였다, 382쪽)' 등과 같이 알 수 없는 단어들이 많이 보인다. 이질화된 단어들이 갈수록 많아지고 있다.

같은 말을 하는 같은 민족인데, 앞으로 한 세대만 더 지나가면 서로 대화가 통할 수 있을지 의문이다.

오호, 애재라!

❊ '마파람'과 'ㅎ종성 체언'

"마파람에 쇠불알 늘어지듯"이라는 말도 있다. 이와 같이 마파람이라는 단어는 우리 일상생활 속에 깊이 자리 잡고 있던 말이다. 마파람은 남풍(南風)을 말한다. 요즘은 한자어로 사용하다 보니 동풍이나 서풍을 순우리말로 이야기하면 못 알아듣는 경우도 많다. 학생들에게 "된바람이 불어온다."라는 말을 알려 주려면 한참 설명해야 한다. 왜냐하면 동풍은 '샛바람', 서풍은 '하늬바람(갈바람)', 북풍은 '된바람(높바람)', 남풍은 '마파람'이라고 설명한 후 그러므로 "된바람은 북풍을 말하는 것이다."라고 해야 하기 때문이다. 과거에 한 번 설명한 바가 있지만 중국 사람을 흔히 '떼놈'이라고 하는데, 이것은 잘못이다. '북쪽에서 온 사람들'이기 때문에 '되놈(주로 과거에 여진족을 이르던 말이다.)'이라고 해야 한다. 1·4후퇴 때 떼거지로 몰고 내려왔다고 해서 '떼놈'이라고 한다는 민간어원설로 발전하기는 했지만, 글자 그대로 민간어원일 뿐이지 정설은 아니다.

다른 바람을 말할 때는 그냥 '바람'이라고 하는데 유독 남풍을 말할 때는 '마파람'이라고 한다. 이에 관해 많은 사람들이 무슨 연유에서 그렇게 된 것인지 잘 몰라서 '마바람'이라고 쓰는 것도 보았다. 그래서 오늘은 '파람'이 된 연유에 대해 살펴보고자 한다. 우리말에는 과거에 'ㅎ' 곡용어, 혹은 'ㅎ종성체언'이라는 것이 존재했었다. 그 흔적이 지금까지 남아서 이렇게 된 것이다. 즉 'ㅎ종성체언'이라는 말은 명사와 명사가 만날 때 'ㅎ'이 덧들어가는 체언(명사, 대명사, 수사)을 말한다. '휘파람'이라고 하면 쉽게 이해할 수 있을 것이다. '휘＋ㅎ＋바람＝휘파람'의 형식으로 굳어진 상태가 지금까지 내려온 것이다. 이러한 것은 여러 군데서 볼 수 있다. 예를 들면 '살코기', '머리카락' 같은 단어에서 그 잔영을 볼 수가 있다. 사람들은 '머리카락'이라고 하면 하나도 이상하게 보지 않는다. '머리＋ㅎ＋가락＝머리카락'이라는 공식을 이해하기 이전에 뇌에서 그냥 '머리카락'으로 인식해 왔기 때문이다. 하지만 '엿가락', '국수 가락' 등과 비교해서 왜 갑자기 '카락'으로 변했는지 생각해 본 경우는 드물 것이다. 이러한 종류의 단어가 우리말에는 상당히 많다. 암, 수 등의 단어를 보자. '닭'이라는 단어와 합하면 '암＋ㅎ＋닭＝암탉'이 된다. 마찬가지로 '수＋ㅎ＋닭＝수탉'이 되는 것을 이해할 수 있다. 그러한 연유에서 '안팎'이나 '암캐' 등이 표준어이다.

다시 '마파람'으로 돌아가 보자. 〈성호사설〉이라는 책에 "남풍위지마즉경풍(南風爲之麻卽景風: 남풍은 '마'라고 하니 즉 따뜻한 바람(경풍)이다.)"이라고 했다. 여기서 말하는 '마'가 '마파람'을 말하는 것이다. 즉 우리말 '마'를 한자 '마(麻)'로 대신하여 쓴 것이고 여기에 'ㅎ' 종성이 되어 '마파람'으로 굳어졌다. 이런 'ㅎ' 종성을 가진 단어로 '나라ㅎ(國), 길ㅎ(道), 내ㅎ(川)' 등을 들 수 있다. (조항범, 〈우리말 어원이야기〉)
마파람이 다시 의미확장의 과정을 거치면 '앞바람'을 말하기도 한다. 왜냐하면 사람들은 따뜻한 남쪽을 바라보고 있는 경우가 많고, 여기서 '앞에서 부는 바람'의 뜻으로 바뀌게 된다. 그래서 한자로는 景風(경풍 : 따뜻한 바람)이라고 하고 凱風(개풍 : 즐기는 바람)이라고도 한다. 앞에서 살랑살랑 불어오는 바람은 즐기기에 좋았던 모양이다. 그래서 〈훈몽자회〉에서 남쪽을 '앒'이라 했고, 이것이 변하여 '앞'이 된 것이다. 동일한 의미에서 북(北)을 '뒤'라고 했다. 북은 다른 말로 '높'이라고도 한다.(조항범, 〈우리말 어원이야기〉) '된바람'이라고 하는 것은 '뒷바람'이 변한 것으로도 볼 수 있다. 이제 마무리해 보자. 동쪽에서 부는 바람은 '샛바람', 동쪽에서 뜨는 별은 '샛별'이라고 하듯이 동쪽의 우리말은 '새'임을 알 수 있다. 순수한 우리말이 한자어에 밀려나고 있지만 아직도 많은 어휘 속에 살아서 숨 쉬고 있음을 간과해서는 안 된다.

  일기예보 시간에 북동풍이라는 말 대신 '높새바람'이라는 말을 들을 날이 오기를 기대한다.

✱말, 말, 말

"라테는 말이야!"라고 시작하는 젊은이들의 은어가 있다. 젊은이들이 기성세대를 꼰대집단으로 매도할 때 즐겨 쓰는 용어인데, "나 때는 말이야."라고 하면서 젊은이들을 훈계하려고만 하는 기성세대를 비웃는 말이다.

"라테는 말이야. 최순실의 딸을 말 몇 필로 감옥에 넣고 중학교 졸업생으로 만들었어."
"라테는 말이야, 포르쉐(포르쉐의 상징이 '말'이다.)를 선물로 받았어."
"라테는 말이야. 말이 많으면 공산당이라고 했어."
"라테는 말이야, 참! 할 말이 없네."

그놈의 말이 문제다. 타고 다니는 말이든지, 입에서 나오는 말이든지 간에 말을 삼가야 한다. 최순실 국정논단 특별검사를 지내면서 말 세 필을 뇌물로 받았다고 하면서 올림픽에서 금메달을 따고 대학에 들어간 젊은이를 일사천리로 중졸자로 만들던 특별검사가 있다. 그가 어느 날 포르쉐라는 말을 가짜 수산업자로부터 받아 타고 다니다가 문제가 되니 렌트 비용을 냈다고 하고, 그래도 말이 많으니 특별검사를 사임했다. 특별검사를 사임하면 그만인가 보디. 그래서는 안 된디. 연합뉴스에 의히면 박영수 특별검사는 "포르쉐 무상제공 의혹에 대해서는 렌트비를 지급했다며 문제가 없다는 입장을 밝혔다. 하지만 경찰에 입건된 이모 검사를 김씨에게 소개해 준 것에 대한 도의적 책임을 지고 이날 특검에서 물러났다.(연합뉴스 7월 7일)" 박영수 특검은 2016년 10월 박 전 대통령의 '비선 실세' 최순실 씨의 태블릿PC 공개 보도로 국정농단 의혹이 커지면서 출범했다. 무소불위의 권력을 누리면서 국정농단이라는 미명 하에 어린 학생을 범죄자로 낙인찍어서 매장시키던 그가 범죄자가 제공한 말(포르쉐)을 타고 다녔고, 범죄자에게 검사를 소개해 주었다고 하니 참으로 기가 막힐 노릇이다. '내로남불'도 이런 내로남불이 없다.

흔히 진보라고 하면 높은 도덕성을 바탕으로 하고 있음을 자랑으로 여기는데, 미투 사건에 연루된 사람들을 보면 안○정, 박○순, 오○돈 등 진보계열의 인사들이다.

과거에 민주화운동 조금 했다고 평생 그것으로 먹고 살려고 하는가 보다. 광주에는 가 보지도 않은 사람들이 5·18 유공자로 둔갑하고, 그 당시에 어린아이였던 사람들도 유공자가 되어 있다. 어른들이 하면 무조건 "라테는 말이야!" 하면서 꼰대집단으로 몰아가던 사람들은 모두 어디 갔는가? '홍발정'이라고 목소리를 높이던 그 많던 여성 단체는 모두 어디로 갔는가?

고작 변명이라고 하는 것이 '특별검사'는 국가공무원이 아니기 때문에 김영란법에 적용을 받지 않는다고 하면서 면피할 생각만 하고 있다. 국가로부터 특별 채용되어 '전가의 보도'를 휘두르던 사람이 어찌 국가공무원이 아니란 말인가? 국민권익위원회는 '가짜 수산업자'로부터 고급 외제 렌터카, 수산물 등을 받은 의혹이 제기된 박영수 전 특별검사에 대해 '공직자'에 해당한다는 결론을 내렸다. 권익위는 "(특검은) 청탁금지법 제2조 제2호 가목의 '다른 법률에 따라 공무원으로 인정된 사람'으로서 '공직자 등'으로 보는 것이 타당하다"며 5가지 판단 근거를 내세웠다.

권익위는 특검이 검사와 같거나 준용되는 직무·권한·의무를 지니는 점, 임용·자격·직무 범위·보수·신분보장 등에 있어 검사나 판사에 준

하도록 규정하는 점, 벌칙 적용 시엔 공무원으로 의제되는 점 등을 종합적으로 고려했다고 밝혔다.(〈세계일보〉 7월 17일 자 참조)

자신의 명예는 소중하고 젊은이의 명예는 소중하지 않은지 되묻고 싶다. 국정농단이라는 미명 하에 박근혜 전 대통령은 징역 20년, 최순실은 18년, 이재용 부회장은 2년 6개월의 형을 선고받고 복역했다. 가장 불쌍한 것은 올림픽에서 금메달을 따고도 대학 입학 자격이 취소되어 중졸이 된 정유라이다. 포르쉐의 가격이 얼마나 되는지 우리 같은 서민은 잘 모른다. 말의 가격도 알 수가 없다. 다만 언론에서 포르쉐든 승마용 말이든 엄청나게 비싸다는 것을 알려줘서 일반인들이 범접하기는 어려운 것들이라는 것만 알고 있다. 또한 가격이 문제가 아니다. 단 한 푼이라도 범죄라도부터 받았거나, 범죄자에게 검사를 소개했다는 것만으로도 죄가 넘치고도 남는다. 단순히 면피하기 위해서 '특별검사'는 공무원 신분이 아니다 라고 변명하는 그의 얼굴에 포르쉐 마크를 낙인으로 찍어주고 싶다.

공자는 "정치는 바르게 하는 것이다(政者 正也)."라고 했다. 이름이 바르지 않으면 기본이 흔들리게 된다. 그래서 이름을 바르게 해야 한다.(正名) 임금은 임금답고, 신하는 신하답고, 아버지는 아버지답고, 자식은 자식다운 세상(君君臣臣父父子子)이 바른 세상이다. 검사는 검사답고, 정치인은 정치인다운 세상이 그립다.

✳ '며느리'와 '사위'

　요즘 친구들 애기를 들어 보면 흥미로운 사실을 발견하게 된다. 딸네 집에 가면 편한데 아들 집에 가면 불편하다는 것이다. 그래도 전화기 바탕화면에 들어 있는 사진은 손주(손자와 손녀를 함께 이르는 말)들이다. 친손주든 외손주든 구별이 없어진 것도 과거와 다르다. 과거에는 친손주만 손자 취급을 했는데, 요즘은 오히려 외손주 사진을 올려 놓은 친구들도 많다. 안타깝게도 필자는 아직 손주가 없다.(투덜투덜) 외손녀를 매일 유치원에 데려다주는 막냇동생이 마냥 부러울 따름이다. 어째서 딸네 집은 편한데 아들 집은 불편한 것인가 모르겠다. 아마도 시가(媤家)의 권위가 과거와 다르고 친정(親庭)의 개념이 지난날과 달라졌기 때문이리라.

　과거에는 며느리에 대한 표현으로 좋은 것이 별로 없었다. 며느리밥풀꽃, 며느리발톱 등을 보아도 며느리의 의미가 그리 좋지는 않았던 것 같다. '며늘/미늘' 등의 단어가 '남편에 더부살이하여 기생(寄生)한다' 는 의미가 들어 있다고 보는 견해도 많다. 한편 15세기의 문헌에 '메나리' 라는 것도 나타나 있는데, 이것은 '메＋나리' 라고 해서 '메(제삿밥)를 나르는 사람' 이라는 뜻으로 보는 견해도 있다.(백문식, 〈우리말의 뿌리를 찾아서〉) 옛문헌을 보면 "며늘(자부(子婦) : 며늘이 두외야(〈월인천강지곡 36〉)"라고 나타나 있다. "며"와 '늘' 의 합성어로 보는 견해가 있다. 여기서 '며늘' 은 "며＝머, 믄＝머슴의 먼' 과 같이 어근이 사람을 나타내는 말이고 '늘' 은 '나, 너, 누' 와 같은 어근으로 보는 견해도 있다.(서정범, 〈새국어어원사전〉) 여러 가지 어원이 있지만 아직도 정설은 없다. 다만 '며느리' 라는 단어가 현대어에서는 썩 좋은 의미와 결합되지 않은 것으로 보아 아들에게 '기생하는 사람'이라는 것도 그리 무시할 것은 아니라는 생각을 한다.

한편 '사위'라는 말은 과거 '데릴사위'라는 말에서 그 어원을 찾을 수 있다. 데릴사위는 데리고 온 사위를 의미한다. 한자로는 예서(預壻), 초서(招壻) 등으로 쓰였다. 데릴사위나 더불사위는 최근에 이르게 된 말이며, 이보다 앞서 '민사위'나 '두린사회'라는 말이 쓰였다. '민사위'는 민며느리와 같이 '밀다(미리 정하다)'라는 동사에서 관형사형으로 쓰인 것이다. 그러므로 '민사위'란 '미리 정해놓은 사위'라는 뜻이다. '두린사회'는 '두린+사회'의 형식으로 된 합성어다. '두린'은 '두리다(데리다)'의 어근이 관형사형으로 변한 것으로 '처가에서 데리고 온 사위 (혹은 처가에서 거느린 사위)'라는 뜻인데, 18세기 이후의 문헌에는 보이지 않는다.(조항범, 우리말 어원이야기))

〈계림유사〉에 의하면 '사회(沙會) 壻(서)'라고 나타나 있고, 〈훈몽자회〉에도 '사회(壻)'라고 나타나 있으니 과거에는 사회라고 불렀던 것이 맞다고 본다. 여기서 '회(會)'는 '사나히(男)(〈훈몽자회 17), 갓나히(女)(〈훈몽자회〉25), 안해(妻), 〈한청문감〉, 〈소학언해〉)' 등에 나타나는 '히, 해'와 같이 사람의 의미가 있다고 본다.(서정범, 〈새국어어원사전〉에서 발췌함) 이는 '한족(漢族)'의 '한(漢)'이 사람을 뜻하는 말에서 유래한 것과 같다고 본다. 우리가 '무뢰한(無賴漢)'이라고 할 때 쓰는 '한'자는 사람을 의미한다. 또한 악한(惡漢), 괴한(怪漢)이라고 할 때도 같은 글자를 쓰는 것으로 보아 '한(漢)'이라는 글자에 사람이라는 의미가 있고, '한족(漢族)'은 자신들은 '사람의 자손'이고 다른 민족은 미개한 민족이라는 의미로 스스로 이름을 그렇게 지었다고 본다. 또한 '해'도 사람이라는 의미를 지닌 단어였음은 과거 우리 선조들의 이름에서두 확인할 수 있다. 탈해(脫解)나 남해(南解), 첨헤(沾解)등의 이름에 나타나 있는 '해(解)'가 바로 사람이라는 의미다. 아마도 발해(渤海)라고 했을 때의 '해'도 사람을 뜻하는 우리말이 아니었을까 추측한다. 그러므로 '사회(沙會)'라는 단어는 '사＋회'의 합성어인데, '사'는 '살다, 사람' 등의 어근이고, '회(해)'는 '사나히, 갓나히, 남해' 등에서 보이는 '사람을 의미하는 접미사'로 본다. 그렇다면 '사위'라는 말은 결국 '같이 사는 사람'이라는 의미를 지니고 있다고 본다. 사위는 백년손님이라고 했는데 요즘은 아들이나 다를 바가 없는 식구가 되었다.

'아들은 며느리의 남자'라는 우스갯소리가 현실이 되고 있는 실정인데, 그런 소리를 들을지언정 우리의 아들들이 손주나 많이 낳아주었으면 원이 없겠다. 우리나라의 인구가 자꾸 줄어들고 있어서 걱정이 태산이다.

※ '모꼬지' 와 '모내기'

1970년대의 학번들은 대학에 재학 중이던 시절에 농활(농촌봉사활동)이라는 것을 자주 갔다. 필자도 여러 번 갔던 기억이 있다. 여름방학 때, 안면도로 농활을 갔었는데, 지금은 어디가 어딘지 알아볼 수 없을 정도로 변했다. 성남시 여수동으로 모내기 봉사활동을 가기도 했다. 그곳도 지금은 논이라고는 하나도 없을 정도로 변하고 말았다. 어느 집에 가서 모를 찧고 (거기서는 '찐다'고 표현했지만 '찧다'가 맞는 말이다.-모판에서 뽑아 한 움큼으로 만들어서 모내기하기 좋도록 묶는 작업을 말한다.), 다시 그것을 지게에 지고 논으로 옮겨 적당한 간격을 두고 던져 놓는다. 그러면 다른 일꾼들이 줄을 띄우면서 노래를 부르며 한 줄씩 심어나가는 것을 모내기라고 한다.

흔히 '모'라고 하면 벼의 모를 생각하지만 고추모, 고구마모, 꽃모 등 널리 쓰이고 있는 말이다. 한자어 묘(苗)에서 왔다고 하지만 고유어일 수도 있다.〈두시언해〉 초간본에 "모(秧) 삽앙(揷秧)은 모심기라."(서정범, 〈새국어어원사전〉)고 되어 있는 것으로 보아 오래전부터 '모'라고 발음했던 것임을 알 수 있다.

일본어 'me(芽)'도 우리말이 건너가서 된 것으로 보는 이도 있다. 그러니까 묘(苗)와 모(秧)는 같은 어원을 가지고 발생한 것으로 보아도 무방하다. 한자어로 된 단어는 묘종(苗種), 묘목(苗木)과 같은 것이 있는데, 주로 이린 싹을 이르고 있음을 알 수 있다. 위에서 실펴 본 바와 같이 '모'로 된 것이 벼의 어린 싹을 가리킬 때 주로 쓰지만, 나물이나 꽃의 어린 싹을 이를 때도 많이 쓰고 있다. 다만 한 단어로 쓰일 때는 '벼의 묘'만을 지칭하고 있음을 기억해야 한다. 다른 단어와 합성어가 될 때는 위에서 살핀 바와 같이 고추모, 오이모 등으로 농작물의 이름을 앞에 명시하고 있어야 한다.

모내기라 함은 "모를 못자리에서 논으로 옮겨 심는 일"을 말한다. 예문으로는

모내기하는 옆집의 봉죽을 들고 나니 하루해가 다 갔다.(다음 국어사전 예문에서 인용함)

알맞게 내린 비로 올해는 물걱정 없이 모내기를 할 수 있겠네.(이재운 외, 〈알아두면 잘난 척하기 딱 좋은 우리말 잡학사전〉)

한편 '모꼬지'라는 단어가 있다. 그 뜻은 "놀이, 잔치와 같은 일로 여러 사람이 모임"이라는 말이다. 그러므로 '모꼬지하다'는 말은 "놀이나 잔치와 같은 일로 모이다."라는 뜻의 순우리말이다. 한때는 MT라는 말 대신에 많이 쓰이곤 했는데, 요즘은 별로 사용하지 않는 것 같다. 왜냐하면 MT는 공식적인 수련 모임이므로 '사사로운 모임인 모꼬지'와는 의미가 다르다는 의견이 개진됐기 때문이다. 16세기에는 '몯ᄀᆞ지'였다. 아마도 '모이다'와 '갖추다'의 합성어가 아닌가 한다. 그러다가 '못거지'로 변하고, 다시 '못고지'로 되었다가 '모꼬지'로 굳은 형태(홍윤표, 〈살아있는 우리말의 역사〉)로 보는 견해가 있다.

다른 학설로는 모내기의 다른 표현이 '모꼬지'가 아니었을까 하는 민간어원설도 있다. 즉 '모꽂이'를 하려면 '품앗이(마을 공동체에서 힘든 일을 서로 거들어 주면서 서로 간에 품을 지고 갚고 하는 일)'를 한다. 그렇게 하려면 많은 마을 사람들이 모여야 하고 이를 통해 서로의 힘든 일을 돌아가면서 할 수 있기 때문이다. 여기서 유래한 것이 '모꽂이〉모꼬지'가 아닐까 하는 의견도 있다. 일반적으로 '모꼬지'라고 하면 '놀이나 잔치 등으로 모이는 일'

을 생각하지만 농본국가인 우리나라에서는 농사를 짓는 일이 가장 큰 일이고 가장 중요한 마을의 행사였을 것임은 당연하다. 그러므로 모꼬지하여 모를 찧고 내는 것이 봄철의 일상이었을 것이다. 처음에는 모내기를 위해 '모두가 모이는 행사'를 일컫다가 세월이 가면서 '모두가 모이는 일'을 의미하고 다시 '잔치나 행사 등으로 모이는 일'로 의미가 확장되었다고 보는 것도 타당하다고 본다.

어떻게 변화했든 간에 '모꼬지'라는 단어가 다시 세상에 많이 쓰이는 날을 보고 싶다.

신종 코로나바이러스 감염증(COVID-19)로 인해 만남이 어렵게 되었고, 모꼬지가 어색한 시대가 되었다.

✖ '미신(迷信)'과 '민속(民俗)'

어린 시절에 빨간 색연필로 이름을 쓰면 어른들이 "너 죽는다."고 해서 못쓰게 했다. 왜 그런지도 모르고 그 후로는 사람 이름을 쓸 때 붉은색은 절대로 쓰지 않았고, 지금도 외국 학생들이 붉은색으로 자기 이름을 쓰면 "한국에서는 붉은색으로 이름을 쓰는 것을 좋아하지 않아."라고 하면서 검은색으로 쓸 것을 권한다. 나중에 들은 얘기지만 이것도 맞는 말인지 모르고 여기에 옮겨 본다.

6 · 25 때 전사자의 이름을 빨간색으로 써서 통보했다고 한다.(이에 대해서는 아직 확인하지는 못했다.) 그래서 붉은색 글씨는 죽음을 상징하는 색이 되었고, 산 사람은 쓰지 않는 것이 되었다고 한다. 또 하나는 중국인들이 유난히 붉은색을 좋아해서 자기들이 독차지하려고 다른 사람들에게는 사용할 수 없는 속설을 만들어냈다고 한다. 자금성이나 옛날 황제들이 입었던 자색옷 등을 통해서 알 수 있다고 한다.

〈정의란 무엇인가?〉라는 책이 생각난다. 어디까지가 정의인지 정의하기가 어렵다는 것이 마이클 샐던 교수의 말이다. 즉 원가 100원짜리 물건을 200원에 팔면 잘 판 것이고, 500원에 팔면 더 잘 판 것이고, 10,000원에 팔면 사기인가? 그렇다면 9,999원에 팔면 사기가 아닌가? 참으로 어려운 이야기다. 정의의 경계를 딱히 정할 수가 없다. 결국 세상에는 정답이 없는 모양이다.

대장동 얘기도 그렇고, 손바닥 왕(王)자 얘기도 그렇고 세상이 정말 어디까지가 진실이고, 어디까지가 가짜인지 알 수가 없다. 유튜버들은 쓸데없이 자극적인 용어로 사람들의 눈과 귀를 어지럽히고 있다. "뭐가 끝장났다."는 등의 말이나 "박살내야 한다."는 등의 전투적인 말을 함부로 사용한다. 정말로 박살(몽둥이로 때려죽임)내라면 과연 그렇게 할 수 있는 사람이 몇 명이나 될까?

미신(迷信)이란 말은 "1. 비과학적이고 비합리적으로 여겨지는 믿음. 또는 그런 믿음을 가지는 것. 2. 과학적·합리적 근거가 없는 것을 맹목적으로 믿음. 또는 그런 일"을 일컫는 말이다. 한편 민속(民俗)이라는 말은 "민간 생활과 결부된 신앙, 습관, 전설, 기술, 전승문화 따위를 통틀어 이르는 말"이다. 참으로 여기서도 그 경계가 모호하다. 삼신할머니한테 비손하는 행위는 민속인가, 미신인가? 첫 월급 탔다고 부모님께 빨간 내복 사다 드리는 것은 또 무엇인가? 왜 하필이면 빨간 내복을 사다 드려야 하는가? 필자가 좋아하는 가수 장민호 군도 트로트 경선에 나갈 때 "빨간 빤쓰(?) 입고 나갔다."고 자백(?)한 적이 있다. 그만큼 생활 속에 이런저런 생각들이 뿌리내리고 있다. 어디까지 미신이고, 어디까지 민속인지 구분하기 참으로 어렵다. 사실 필자도 방학하는 날이면 산에 들어가 닷새 동안 금식하고 내려오는데, 그동안은 수염을 깎지 않는다. 이유는 없다. 아마도 게을러서 그럴 것이다. 하지만 더부룩한 모습을 보고 사람들은 뭔가 도사 같다고 하기도 한다. 금식을 하면서 귀찮아서 깎지 않는 것이 남들에게는 뭔가 수양하기 위해서 절제하는 것으로 보이는가 보다. 이러다 세월이 흐르고 나면 사람들은 그럴 것이다. "금식할 때는 수염 깎으면 안 되는 것이야." 라고 굳어버릴 수도 있다.

세상을 살아주는 것이 정말 어렵다. 모두가 자신들의 생각만으로 판단하고, 또한 스스로 판단하려고 하면 명확한 기준이 없다. 있을 수도 없을 수도 없는 것이 세상의 잣대다. 늘 하는 얘기지만 미국을 발견한 사람은 콜럼버스라고 하는 것은 서양인들의 생각인데, 우리네 동양 사람들도 그렇게 말하면서 진실인 양 호도하고 있다. 미국은 원주민(아메리카 인디언도 틀린 말이다)들이 살던 곳인데, 왜 콜럼버스가 발견한 것인가? 비과학적인 것을 다 미신이라고 하고, 민간 생활에 결부된 정통 사상은 민속이라고 한다면 그것도 경계가 애매하다. 〈정의란 무엇인가?〉를 열 번 읽어도 정답은 없는 얘기다. 다만 정책은 없고 남의 말꼬리만 물고 늘어지는 세태(世態)가 안타까울 따름이다.

시험 보는 날 미역국 먹으면 정말 떨어질까?

❖한국어와 번역문

신문 기사를 읽다 보면 우리말인데도 불구하고 뭔가 이상한 느낌을 받는 문장들이 많다. 우리말을 오래 강의하다 보니 주변에서 틀리게 말하는 것을 보면 바로 몸에 반응이 온다. 물론 의미가 다른 고사성어를 사용하는 사람이나, 말도 안 되는 영어를 문장 속에 넣어 쓰는 경우도 마찬가지다. 완전히 우리말이 되어 버린 외래어는 말할 것도 없지만 우리말이 존재하는데, 어려운 영어를 섞어서 쓰는 사람들을 보면 화가 나기도 한다. 이런 경우는 바로 귀에 거슬리기 때문에 바로 알 수 있지만, 어느 때부터인가 사람들이 평상시에 쓰는 말(문장)들도 영어의 표현형식을 따라가는 것이 많다. 특히 수동태나 피동형의 문장이 많아진 것이 그 예라 할 수 있다. 우리말은 수동태나 피동형의 문장이 발달하지는 않았다. 능동형의 문장으로 표기하는 것이 보통이고, 말을 할 때는 항상 상대방의 입장에서 하는 것이 상례다.

지나치게 외국어식으로 표현된 문장 몇 개를 예문을 보면서 살펴보자.

①미군은 아프카니스탄의 모든 환경을 파괴시켰다.
②당뇨병은 식이요법으로 고쳐질 수 있는 병이다.
③공격의 찬스가 주어지면 기민하게 행동해야 한다.

위의 세 가지 예문을 보면 지나치게 영어의 번역투임을 볼 수가 있다. 우선 ①의 문장을 보면 '시키다'라는 사역형의 문장이 어울리지 않는다.

그리고 '모든'이라는 관형어가 지나치게 확대되었다. '모든 환경을 파괴하였다'면 남아있는 것이 하나도 없어야 하는데, 과연 그 정도로 파괴하였는가 의문이 가고, 다음으로 '파괴시킨 것'이 아니라 '파괴한 것'이다. 그러므로 위의 문장 ①은 "미군은 아프카니스탄의 많은 환경을 파괴하였다."라고 쓰는 것이 바람직하다. 다음으로 ②번의 문장을 보면 '고쳐질 수 있는 병'이라는 말이 지나치게 피동적이다. 병을 고치는 것도 사람의 일이다. 특히 식이요법으로 가능하다고 하는 말이기 때문에 이럴 경우는 일반적인 서술형의 문장으로 만들면 듣거나 읽기에도 훨씬 편하다.

  "당뇨병은 식이요법으로 고칠 수 있는 병이다."라고 표현하는 것이 좋다. 다음으로 ③번의 문장을 보자. 요즘은 '찬스(chance)'라는 말을 많이 쓰기는 하지만 우리말로 '기회'라고 하는 것이 문맥상 보기에 좋다. 그리고 '공격의 기회가 주어지면'이라는 표현은 지나치게 피동적이다. 사실 공격의 기회는 스스로 만드는 것이다. 그러므로 '주어진다'는 표현을 바꿔야 한다.

  "공격의 기회가 생기면 기민하게 행동해야 한다."라고 표현하는 것이 좋다.

  요즘은 자동차 없는 집이 없을 정도로 승용차가 많다. 그러다 보니 주차 공간이 부족해서 힘들어하는 사람들을 자주 본다. 그래서 "가로수 밑에 주차 시키고 왔어."라고 하는 것을 들었다. 자신이 주차한 것인데, 누구를 시켜서 '주차 시켰다.'고 하는지 모르겠다. 그냥 "가로수 밑에 주차하고 왔어."라고 해도 좋은데, 왜 굳이 '주차 시켰다.'고 표현하는 것일까?

  우리말은 쓰기도 편하고 다양한 표현법이 발달한 언어인데 요즘은 외국어 번역투의 표현으로 혼란스러워지는 경우가 비일비재하다. 이제는 한국어의 말글살이를 우리 민족의 문화 수준에 어울리게 바르게 표현했으면 하는 소망이 있다.

※보랏빛 엽서와 핑크빛 향기

오늘은 제목을 써 놓고 보니 무슨 봄날의 시를 쓰는 것 같은 기분이 든다. 그러나 사실 필자도 정신없어서 헤매던 것들이다. 우리말에서 사이시옷의 규정은 참으로 어렵다. 언제는 붙이고 언제는 필요 없는 것인지 정말로 헷갈린다. 특히 한자어의 규정에는 발음까지 어렵게 하는 것이 있어서 더욱 구분하기 힘들다.

작년 이맘때에도 이에 대해서 글을 쓰기는 했지만 오늘 다시금 글을 쓰지 않을 수 없는 상황이 되었다.

한참 다른 글을 쓰고 있는데, 퇴직하고 색소폰으로 취미생활을 하시는 큰형님의 전화가 왔다. "내가 지금 임영웅의 보라빛 엽서를 악보로 만들고 있는데 보랏빛이 맞는지 보라빛이 맞는지 알려달라."는 말씀이었다. 세상에 모두 '보라빛'으로 나와 있기 때문이란다. 아무 생각 없이 "보라빛이 맞아요."라고 하고 하던 일을 계속하는데, 다른 대학에서 한국어를 가르치고 있는 아내가 "무슨 소리야? 보랏빛이 맞는 거야."라고 훈수를 둔다. 그냥 생각 없이 대답한 잘못도 있지만 흔히 틀릴 수 있는 것이라 아차 하는 생각이 들었다. 다시 형님한테 전화를 걸어 "여차여차 해서 보랏빛이 맞습니다."라고 했더니, "벌써 출력했는데……"라고 말끝을 흐린다. 아이고, 좀 생각 좀 하고 대답할 걸 그랬나 보다. 세상 사람들에게는 필자가 대답하면 그것이 한국어의 맞춤법이 된다는 것을 몰랐다.

우리말의 사이시옷은 정말로 헷갈린다. 더군다나 유행하는 노래에서 맞춤법이 틀린 것이 나오면 모든 사람들이 다 틀리게 된다. 필자가 좋아하는 '바램' 이라는 노래도 '바람' 이라고 써야 한다고 얼마 전에 언급한 적이 있다. '보라빛 엽서' 도 그렇다. 아마 대부분의 악보에 이렇게 쓰여 있는 모양이다. 그러니 사람들이 그것이 맞는 줄 알고 있을 것이다.

서론이 조금 길었는데, 사이시옷의 규정에 대해 자세히 적어보기로 한다.

1. 띄어쓰기를 하지 않는 합성어에서 '사이시옷' 을 첨가한다.(예 : 고깃국, 북엇국, 등굣길 등)
2. 한자어는 다음의 6가지를 제외하고 사이시옷을 쓰지 않는다.(곳간, 셋방, 찻간, 툇간, 횟수를 제외하고는 '소수점, 허점, 초점, 이점, 대가' 등과 같이 써야 한다.)
3. 발음이 'ㄴ' 혹은 'ㄴㄴ' 으로 소리나면 사이시옷을 적용한다.(예 : 콧날, 아랫니, 툇마루 등)
4. 외국어와 한글의 결합에는 사이시옷을 적용하지 않는다.(예 : 핑크빛, 핏자집)
5. 순우리말과 한자어의 결합에서 '앞말이 모음으로 끝나는 경우' 에 사이시옷을 붙인다.(예 : 귓병, 샛강, 머릿방, 햇수, 콧병 등)
6. 뒷말의 첫소리에 'ㄴ, ㅁ' 앞에서 'ㄴ' 소리가 덧나는 경우에도 사이시옷을 붙인다.(예 : 곗날, 제삿날, 훗날, 양칫물 등)
7. '순우리말+순우리말' 이면 앞말이 모음으로 끝나는 경우 사이시옷을 붙인다.(예: 고랫재, 댓가지, 못자리, 보랏빛 등)

사이시옷에 관한 규정은 참으로 어렵다. 한자어와 한자어의 관계에서 더욱 그렇고, 순우리말의 경우는 뒷말이 '된소리' 로 발음되거나 앞의 말 받침을 'ㄴ' 으로 발음하는 경우(5번의 예)에 어려워하는 것으로 보인다. 그러니까 보랏빛이 되는 경우는 순우리말의 결합에서 뒷말이 된소리로 발음되기 때문에 사이시옷이 들어간다고 생각하면 쉽고, 핑크빛의 경우는 영어와 우리말이 합성된 것이기 때문에 사이시옷이 들어가지 않는다. 그러므로 핑큿빛이라고 쓰지 않는다. 그런 면에서 핏자집도 피잣집이라고 쓰면 안 되는 것이다.

이런 글을 쓰다 보면 많은 독자들로부터 항의 문자를 받는다. 왜 그렇게 어려운 규정을 만들어서 헷갈리게 하느냐는 것이다. 그냥 쓰게 내버려 두면 되는 것을 왜 굳이 규범을 만들어서 틀리게 하느냐는 말이다. 등굣길 장맛비, 장밋빛 등의 규정에서 많이 혼동하는 것 같다. 그럼에도 불구하고 규범은 지켜야 한다. 그러려니 하지 말고 조금 신경 써서 공부하면 더욱 우리말의 아름다움을 사랑하게 될 것이다.

❋보헤미안과 집시와 인디언

이번 글은 비슷한 내용으로 오래전에 기고했던 것인데, 아직도 많은 사람들이 '성급한 일반화의 오류'에 빠져서 헤매는 것 같아서 강조하는 의미로 보강해서 다시 쓴다.

아침에 친구가 〈보헤미안 렙소디〉라는 음악을 보내면서 마치 자신이 보헤미안인 듯이 썼다. 보헤미안이란 누구를 말하는가? 보헤미아 지방에 거주하는 사람들이다. 그렇다면 보헤미아 사람들은 모두가 집시처럼 방랑 생활을 즐기며 살고 있다는 말인가?

몇 년 전에 보헤미아 지방에 다녀왔지만 그곳 사람들이 그렇게 방랑을 하는 사람들이라는 것은 찾아볼 수 없었다. 우선 보헤미아 지방은 '중부 유럽에 있었던 역사상의 국가로 현재는 체코의 서부에 해당하는 지방'이다. 엘베강의 상류 지역에 위치한다. 이곳에 사는 사람들을 '보헤미안'이라고 한다. 그런데 우리가 일반적으로 보헤미안이라고 할 때는 춤과 노래를 즐기며 이곳저곳을 떠돌아다니는 집시라고 생각한다. 현재에는 자유분방한 생활을 하는 사람들을 일컫는 말이 되었다.(〈다음백과〉 참조) 그래서 그들을 '집시'라고 부르기도 한다.

보헤미아 지방에서 방랑 생활을 하며 노래를 즐기던 사람들을 집시라고 부르게 된 것은 프랑스 사람들 때문이다. 프랑스 사람들은 그들(방랑 생활을 하며 춤과 노래를 즐기는 사람들)이 마치 이집트 사람(Egyptian)처럼 생겼다고 생각했다. 그래서 그들을 일컬을 때 '이집시안'이라고 했는데, 앞의 'E'가 묵음으로 잘 들리지 않으니 결국 '집시안'이 되었고, 이것이 다시 변하여 '집시'가 된 것이다. 보헤미아 지방에서 노래와 춤을 즐기며 방랑 생활을 하던 사람들은 보헤미아 사람들이 아니고 이집트 사람도 아니고 실제로는 인도의 펀잡 지방 출신 사람들이었다. 주로 인도 북부 지역에서 기원한 코카서스 인종들이다.(이재운 외 〈알아두면 잘난 척하기 딱 좋은 우리말 잡학사전〉) 그러니까 이들이 보헤미아 지방까지 진출하여 그곳에서 방랑 생활을 즐기며 살았던 것이니 정확하게 말하자면 인디언이다. 그런데 더 이상한 것은 인디언들은 미국에도 있다. 콜럼버스가 미국 땅이 인도인 줄 알고 그곳에 사는 사람들을 'Indian(인도 사람)'이라고 부른 것이 유래가 되어 우리와 비슷한 민족이 아메리카 인디언으로 탈바꿈하였다.

오호! 통재라 이게 무슨 해괴한 일이란 말인가? 보헤미아(체코)사람은 집시가 되고, 인도 사람은 이집트 사람이 되었고, 미국에 사는 황인종들은 인도 사람이 되었으니 이 역사를 누구에게 어떻게 설명해야 하는가? 정작 보헤미아 사람들은 정착해서 잘 살고 있는데, 이들이 마치 유랑 생활을 하는 것처럼 되었고, 콜럼버스가 고국으로 포로로 잡아가서 동물원에서 사육하던 사람들은 인도 사람이 되었다. 역사가 뒤죽박죽인데도 불구하고 사람들은 고칠 생각을 하지 않는다. 왜냐하면 역사는 승리자가 쓰는 것이고, 승리자는 자기들의 입장에서 모든 것을 해석하기 때문에 식민지의 역사에는 관심이 없다. 힘 있는 프랑스 사람들이 인도 사람을 이집트 사람이라고 하면 그것이 답이 되는 것이다. 지금도 초등학교 시험에 "미국을 발견한 사람이 누구냐?"는 문제가 나오면 답을 '콜럼버스'라고 써야 한다. 유럽인의 시각(승리자의 시각)으로 세계사를 바라보기 때문이다. 앞에서도 말한 바와 같이 콜럼버스가 미국에 당도했을 당시에는 이미 원주민들이 살고 있었다. 그들이 그 땅이 주인이고 콜럼버스는 침략자에 불과했지만 유럽인의 시각으로는 사람같이 생긴 동물들이 살고 있는 곳에 처음으로 콜씨가 도착한 것일 뿐이다.

오호 애재라! 경제적으로나 군사적으로 강하지 않으면 남이 알려 주는 대로 배워야 한다. 그것이 답이기 때문이다. 우리의 시각으로는 하나도 맞는 것이 없는데, 그들이 그렇게 말했기 때문에 그것이 답이 되었다. 한때는 일본인의 시각으로 우리나라를 본 적도 있었다. 이제는 우리의 시각으로 우리의 역사를 보고 세계사를 보아야 한다.

성급한 일반화의 오류에 빠진 세계인들을 우리는 바로 잡아주어야 한다. 그러기 위해서는 국력이 강해져야 한다는 것은 말할 나위 없다.

❋ "안녕히 돌아가세요!"와 존대법

신종 코로나바이러스 감염증(COVID-19)로 세기가 바뀌고 있는 것을 실감하면서 세월을 보내고 있다. 이젠 동영상 수업도 제법 익숙해졌고, 줌(Zoom)으로 하는 수업도 어느 정도 적응이 되어 간다. 오늘은 동영상으로 강의를 하는데, 갑자기 답답함을 느꼈다. 한국어의 화용론(대화 중심의 문법)을 이야기해야 하는데, 상대를 앞에 놓고 서로 이야기하면서 수업을 하면 쉬운데, 혼자 컴퓨터 화면만 보고 이야기하려니 답답함은 이루 말할 수 없다. 할 수 없이 과거에 실수했던 이야기와 틀리기 쉬운 우리말 대화법을 혼자 중얼거릴 수밖에 없었다.

예전에 사람들이 많이 모여서 잔칫집 분위기로 즐겼던 금산 인삼축제가 언제였던가 그립기만 하다. 하루는 서천에서 노인들이 버스 두 대를 타고 금산 인삼축제를 구경하고 귀가하는 길이었다. 필자와 친분이 있는 어르신께서 잘 다녀가노라고 전화를 하셔서 "잠깐만 기다리시라."고 하고는 차를 몰고 배웅하러 달려갔다. 금산에서 만든 인삼 음료 네 상자를 싣고 가서, 버스 한 대에 두 상자씩 올려드리고 간단하게 인사를 하고 내려왔다. 그런데 문제는 마지막 인사였다. 한국어를 전공한 사람이니 틀리지는 않았을 것인데, 어르신들의 불편한 표정에 뒤통수가 근질거렸다. 평소에 존경하던 이른이 마을 주민들을 모시고 왔으니 당연히 어른으로 존경받을 만한 분들이 오셨고, 그래서 인사를 한다는 것이 "즐겁게 마무리하시고 편안히 돌아가시길 바랍니다."라고 하고는 버스에서 내려왔다. 그런데, 뒤에서 어느 분이 "허허 나보고 돌아가시라는군. 죽으라는거 아냐?"라고 하는 소리가 들리는 것 같았기 때문이다. 참으로 난감한 상황이었다.

　우리말은 복합어가 될 때 의미가 바뀌는 것이 많다. 상황에 따라서 전혀 다른 뜻으로 쓰는 것들이 있다. 예를 들면 '춘추'라고 하면 일반적으로 '봄·가을'을 일컫는 말이지만, "자네 춘부장 춘추가 어떻게 되시는가?"라고 하면 이때는 '나이'를 말하는 것이기 때문에 본래의 의미와는 거리가 멀다. '연세'라는 말보다 더 높은 의미로 '춘추'라는 단어를 사용한다. 비슷한 예로 '밤낮'이라는 말도 일반적으로는 '밤과 낮'을 말하지만, "너는 밤낮 컴퓨터 게임만 하니?"라고 할 때는 '늘, 항상'이라는 뜻으로 쓰인 것이다. 이와 같이 상황에 따라 의미가 바뀌는 복합어가 하나둘이 아니다. '돌아가다'라는 말이 '돌아서 가다(回去)'라고 할 때는 별 탈이 없지만 '사망하다'의 의미로 쓰일 때는 조심해서 사용해야 한다. 노인들을 앞에 두고 "편안히 돌아가시라"고 했으니 다른 면에서는 "편안히 죽으라"는 뜻으로도 해석할 수 있다. 오호 통재라! 이미 버스에서는 내려왔고, 노인들의 혀를 차는 듯한 소리가 뒤통수를 간지럽게 했다. 다시 올라가서 돌아가라는 말이 '귀가'를 의미한다고 이야기하기에도 때는 늦었다. 차라리 "안전하게 귀가하시길 기원합니다."라고 했으면 아무 탈이 없었을 텐데 안타까운 일이었다. 이럴 땐 정말 한자를 사용하는 것이 편했는데 후회스럽기만 하다.

　이야기를 시작한 김에 틀리기 쉬운 우리말 존대법도 조금 살펴보는 것이 좋을 것 같다. 우리말의 존대법은 가장 뒤에 나오는 서술어에 존칭 선어말어미 '-(으)시-'를 붙이면 된다. "잘 먹고, 잘 놀다 안녕히 가십시오."라고 하면 썩 잘 된 표현인데 어른들이 이런 표현을 들으면 언짢다고 한다. 익숙하지 않기 때문이다. 다만 주어가 두 개일 때는 두 군데 다 '-(으)

시-'를 붙여야 한다.

　"아버지는 신문을 보시고, 어머니는 음악을 들으신다."와 같이 쓴다. 그러나 주어가 하나일 때는 한 번만 쓴다. "아버지는 신문을 보면서 음악을 들으신다."라고 하면 된다. 그런데 이런 것에 익숙하지 않아서 "신문을 보시면서 음악을 들으신다"와 같이 표현하는 사람들이 많다. 굳이 그럴 필요가 없다. 맨 뒤에 나오는 서술에만 '-(으)시-'를 붙이면 된다는 것을 생각하면 존대법이 그리 어려운 것만은 아니다.

✖부드럽게 표현하기 (완곡어법)

우리말은 참으로 존대어가 잘 발달해 있다. 그러다 보니 반말하는 것을 가지고 다투게 된다. 노인이라고 해서 젊은이들한테 함부로 반말을 할 수도 없다. "나이가 깡패"라는 말이 있다.

60고개를 넘으면서 젊은이들에게는 친근감의 표시로 반말을 섞기도 하는데, 이런 표현을 하면 아내는 바로 지시사항(?)을 내린다. 아무리 젊은 사람들이라 할지라도 반말하면 싫어하니 무조건 존대어를 쓰라는 것이다. "아, 테스형! 세상이 왜 이래?" 하는 훈아 형님의 하소연이 바로 오늘의 우리를 대변해 주는 것 같다. 오랜 세월 교단에 있다 보니 모두가 제자 같고, 자식 같다. 그러니 친한 척하고 반말 좀 하면 어떨까 하지만 듣는 사람들은 그것이 아닌가 보다. 요즘은 카페를 가더라고 경어를 쓴다. 그러니 다툴 일은 적어지는 것 같다. 사실 필자는 이런 말로 인한 다툼은 한 번도 없었다. 다만 주변에서 다툼이 일어날까 봐 미리 약(?)을 치는 것이다.

화용론이라는 말이 있다. 화용론(話用論. Pragmatics 또는 어용론)은 의사소통 시의 발화에 대한 언어론이다. 화자와 청자의 관계에 따라 언어 사용이 어떻게 바뀌는지, 화자의 의도와 발화의 의미는 어떻게 다를 수 있는지 등에 대한 연구도 다룬다.(위키백과 재인용) 우리말에서는 화용론이 참 중요하다. 왜냐하면 어법에 어긋나는 표현이 많기 때문이다. "문 닫고 들어와.", "꼼짝말고 손 들어.", "물은 셀프입니다." 등이 사실상 어법을 따지면 바른 표현이 아니다. 그럼에도 불구하고 한국인들은 다 알아듣는다. 다만 이제

막 한국어를 배우는 학생들은 "꼼짝 않고 어떻게 손을 들어요?" 하고 반문한다. 사실 꼼짝 안 하고 손을 들 수는 없지만 말하는 사람이나 듣는 사람이 모두 "손 들고 꼼짝 마!"로 인식한다.

그런가 하면 부드럽게 표현하려고 어휘를 가려서 쓰기도 하고, 표현을 달리하기도 한다. 그런 것을 우리는 완곡어법(Euphemism)이라고 한다. 같은 말인데도 듣기가 거북스러운 말이 있는가 하면 듣기 좋은 말이 있다. 듣는 사람의 감정이 상하지 않도록 모나지 않고 부드러운 말을 쓰는 것을 이르는 말이다.(김종선, 〈울산여성신문〉 재인용) 흔히 변소를 일컬어 '화장실'이라고 하든지, '해우소'라고 하는 것이 이에 해당한다. 필자가 보기에는 이러한 완곡어법이 가장 잘 발달한 나라가 우리나라가 아닌가 한다. '해고'라는 표현 대신 '구조조정'이라고 한다. 필자도 2005년 학교의 구조조정으로 애를 먹은 적이 있다. 물론 해고되지는 않았지만 많은 학과를 통폐합하면서 힘든 과정을 겪기도 했다.

우리는 상점에 갔을 때 이런 완곡어법을 잘 구사한다. "맘에 드는 물건이 없어요."라고 하면 점원이 상처를 받을까 봐 "한 번 둘러보고 올게요."라고 하며 다른 곳으로 이동한다. 이것이 바로 완곡어법의 대표적인 경우다. 이렇게 완곡어법을 씀으로 해서 상대방에 대한 배려를 하는 것이다. 날이 갈수록 완곡어법보다는 직설적인 표현이 많아지는 것 같아서 불편하다. 특히 정치의 계절이 다가와서 그런지 상대방에 대한 배려는 없고, 무조건 상처를 줘서 흔들어 떨어뜨리고자 하는 기색이 역력하다.

완곡어법은 고사하고 은어나 비속어 등이 난무하는 것을 볼 때 한국어를 전공한 사람으로서 가슴이 아프다. 상대방에 대한 배려, 나그네에 대한 친절, 약한 사람에 대한 보살핌 등이 우리 민족의 좋은 점인데, 정치판에서 2등은 없다는 말이 있다 보니 무조건 1등 하려고 상대방을 비방하고 '아니면 말고 식의 폭로전'이 연일 계속되고 있다. 논리적으로 상대방을 설득시키든지 아니면 감성적으로 다가가든지 하면 좋을 것을 군이 얼굴

붉히는 상황까지 연출하는 것을 보면 필자가 우리말 공부를 잘못 가르치고 있는 것 같아서 가슴이 아프다. 비방과 음해는 이제 사라져야 한다. 사실만 보도해야 한다. 요즘 유튜브를 보면 "큰일 났다. ○○은 이제 끝났다." 등의 표현으로 낚시질(?)을 하는 것을 많이 본다. 처음에는 호기심에서 보게 되지만 날이 갈수록 신뢰할 수 없다는 생각으로 더 이상 보지 않게 되는 것도 사실이다. 화용론은 의미론의 한 분야이다. 우리가 말하는 것은 시간과 장소에 따라 언제든지 다른 의미를 지닐 수 있다. 가능하면 상대방을 배려하는 표현을 쓰는 습관을 갖는 것이 필요하다. 그래서 필자는 늘 아내에게 이렇게 말한다.

"아이고! 옷이 작아졌네." 사실은 옷이 작아진 것이 아니라 아내가 살이 찐 것인데……

❈부인(夫人)과 부인(婦人)의 유래 찾기

아주 오래전에 '땡전 뉴스'라는 것이 있었다. KBS 9시 뉴스를 시작할 때 "땡땡땡! 전두환 대통령은…"하고 시작했기 때문에 붙은 별칭이다. 그래도 그때는 집값이 오르거나 기름값이 오르는 것 같은 이야기는 없었다. 경제를 모르기 때문에 경제는 전문가에게 맡긴다는 것이 그분의 정책이었던 모양이다. 그래서 그런지 그가 집권한 동안에는 집값이 별로 오르지 않았는데, 요즘은 집 사기, 결혼하기, 취업하기 등을 포기하는 이른바 3포 세대라는 단어가 등장하였다. 슬픈 현실이다. 그 당시에는 우리 세대가 제일 불쌍하다고 생각했는데, 돌아보니 그것이 아닌 것 같아 미안스럽기도 하다. 우리 아버지(선친) 세대는 일제강점기와 6·25를 겪어야 했고, 우리는 살기 위해 앞만 보고 달려왔고, 지금 세대는 하고 싶어도 못하는 '포기 세대'가 되었다.

이 '땡전 뉴스'를 시작으로 우리말 중에 이상하게 변질된 것이 하나 있다. 그것은 바로 '영부인(令夫人)'이라는 개념이다. '남의 부인을 높여 부를 때' 사용하는 말이 '영부인'이다. 그런데 그 시절에는 대통령의 부인을 영부인으로 부르는 것으로 오해한 사람들이 많고 지금도 그렇게 생각하고 있는 것 같아서 안타깝다. 요즘은 사전에 "지체 높은 사람의 부인을 높여 부르는 말"이라고 나타나 있다. 예문으로는, "역대 대통령의 <u>영부인</u>의 위상과 역할은 시대에 따라 변해 왔다."〈고려대 한국어대사전〉, "다른 사람의 부인을 높여 이르는 말인 <u>영부인</u>이 한 개인에게 특수화되어 쓰이는 현상은 잘못된 것이다."〈고려대 한국어대사전〉와 같다.

지금은 '영부인(令夫人)'이 마치 '대통령의 부인'만을 지칭하는 것처럼 되어 버렸다. 원래의 의미는 퇴색하고 이상하게 변질된 것이다.

부인(夫人)이라는 단어는 '남의 아내를 높여 부르는 말'이고, 부인(婦人)이라는 말은 '결혼한 여자'를 일컫는다. 물론 남의 부인이 되려면 결혼해야 하는 것이 당연하지만 한자로 썼을 때 각각의 의미는 다르다. 이에 대한 글로 가장 오래된 것으로는 〈주례(周禮)〉라는 책이 있다. 그 책에 의하면 '천자가 임명한 제후의 아내는 부인(夫人), 제후가 임명하는 대부의 아내는 유인(孺人)이며, 그 아래의 무사집단을 구성하는 사(士 : 선비라는 뜻 외에 무사, 군사라는 의미도 있음)의 아내는 부인(婦人)이며, 벼슬이 없는 서민의 아내는 처'(妻)이다.(이재운 외 〈알아두면 잘난 척하기 딱 좋은 우리말 잡학사전〉에서 발췌함) 그러므로 부인(夫人)과 부인(婦人)은 의미상 상당한 차이가 있다. 그러다가 나중에 황실에서도 부인(夫人)이라는 용어를 통용하게 되었다. 그것이 조선시대에 이르러서는 정1품과 종1품 관리의 아내는 정경부인(貞敬夫人), 정2품과 종2품의 아내는 정부인(貞夫人), 정3품의 아내는 숙부인(淑夫人), 종3품의 아내는 숙인(淑人)으로 분화되었다. 4품의 아내는 영인(令人), 5품의 아내는 공인(恭人), 6품의 아내는 의인(宜人), 7품의 아내는 안인(安人), 8품의 아내는 단인(端人), 9품의 아내는 유인(孺人)이다.(위의 책 참조)

그러니까 우리가 지방을 쓸 때 '현비유인 ○○○ 씨(顯妣孺人 ○○○ 氏)'라고 쓰는 것은 돌아가신 분을 예우하여 9품의 아내로 진급(?)시켜 주는 것이다. 품계 중에서 가장 낮은 것을 부여하여 지방에 쓰다 보니 요즘에 와서는 일반적인 호칭(?)처럼 되었다.

과거에 선비의 아내를 가리키던 부인(婦人)과 서민의 아내를 지칭하던 처(妻)가 지금은 자신의 아내를 낮추어 부르는 것처럼 바뀌고 말았다. 언어라는 것은 변하기 마련이지만 그 원래의 의미를 알고 있어야 실수를 하지 않는다. 결혼한 여인을 칭할 때는 부인(婦人)만 쓰는 것이 맞고, 부인(夫人)은 직급을 이르는 말인 만큼 현대사회에서는 사용하지 않는 것이 바람직하다고 본다.

　다만 영부인(令夫人)은 '다른 사람의 아내를 높여 부르는 말'이니 바르게
사용하도록 해야겠다.

❈부채와 에어컨(air-conditioner)

날씨가 더워도 너무 덥다. 오늘은 매미란 놈의 심술 때문에 새벽 5시 반에 기상했다. 열대야로 인해 거의 밤잠을 설쳤는데 이 철없는 매미가 결국 단잠을 깨우고 말았다. 그냥 일어나 주변 공원에 가서 '만 보 걷기'로 하루를 시작했다. 더워서 육천 보밖에 못 걷고 들어왔지만 찬물로 샤워하고 나니 개운하기는 하다. 혈압도 130 정도로 안정되고, 당뇨 수치도 108이니 이 정도면 만족스럽다. 매미 덕분(?)에 일찍 일어나기는 했지만 하루 종일 졸릴 것 같은 예감이 든다. 쥘부채(접었다 폈다 하게 만든 부채)를 펴서 힘껏 흔들면 시원하기는 하지만 금방 또 더워진다. 에어컨을 틀기에는 이르고, 선풍기 바람은 싫고 할 수 없이 또 부채를 흔들어 댈 수밖에……

부채는 "손으로 흔들어 바람을 일으키는 물건"을 말한다. 대오리로 살을 하고 종이나 헝겊 따위를 발라서 자루를 붙여 만든다. 태극선, 미선, 합죽선, 부들부채, 까치선 등이 있다. 이 부채라는 말은 신라시대부터 써 왔던 말이다. 송나라 사람이 쓴 〈계림유사〉(1103)라는 책에 보면 '孛采'라는 것이 나오는데, 우리말로 읽으면 '패채'나 '발채'가 될 것이나 중국식으로 발음하면 우리의 '부채'와 발음이 비슷할 것이다. 이 〈계림유사〉라는 책은 우리말(신라어)을 중국어(한자의 음)로 표기한 것이니, 부채로 보아 무방하다. 한 예로 아들을 '丫怛(아달)'이라고 표기하는 것과 같은 방법이다. 예전의 부채는 깃털로 만들었다. 그래서 한자로도 부채 扇(선) 자에 깃털 羽(우) 자가 들어가 있다. 15세기에는 '부채'와 '부체'가 같이 쓰였다. 서정범(《새국어어원사전》)은 '부채'는 '부'와 '채'의 합성어로 보았다. '부'는 '불'의 말음(ㄹ)탈락형으로 고어에서 바람을 뜻하고, '불다(吹)'의 명사형으로 보았다. 그리고 '채'는 명사로서 파리채, 골프채, 의 '채'와 같이 도구를 이르는 말이라고 보았다. 한편 조항범(《우리말 어원이야기》)은 동사 어간 '붗-(부치다)'에 명사를 만드는 접미사 '애'가 결합된 파생어로 보기도 하지만 15세기 표기에 '붖게(당시 표기로는 붓게)'로 나타나야 정상인데, 이런 모습이 보이지 않아서 의심스럽다면서 또 다른 설을 주장하였다. 즉 동사의 어간 '붗-(부치다)'과 명사 '채(鞭)'가 결합된 합성어로 보기도 하였다. 필자가 보기에는 '바람을 일으키는 채'라는 의미로 본다면 '붗＋채'에서 말음(ㅊ)이 탈락한 현상으로 보는 것이 가장 적당하다고 생각한다. 한동안은 '부채'와 '부체'가 함께 쓰이다가 20세기 초 〈조선어사전〉(1920)이 편찬되면서 '부채'가 표준어로 선정되었다.(조항범, 〈위의 책〉)

한편 '에어컨'은 콩글리시(konglish)의 대표적인 것이다. '파이팅'이나 '런닝머신' 등과 같이 본토에서는 사용하지 않는 말인데, 우리나라에서만 쓰는 영어도 아닌 것 같은 영어다. 올여름도 엄청나게 더워서 전력 수요가 역대 최고치를 넘을 것이라고 예상하고 있다. 필자가 볼 때도 그렇다. 실내는 어디를 가든지 항상 시원한 바람이 불어 와서 백화점이나 서점에 가서 서성이는 것도 피서의 한 방법이다. 필자도 어제 대형 서점에 가서 보들레르의 〈악의 꽃〉이라는 책을 찾으면서 일부러 이곳저곳 다니며 필요한 책이 더 없나 두리번거렸다.

미국에서는 'fighting'이라고 하면 '싸우는'이라는 의미기 때문에 혼자서 독립적으로 쓰일 수 없다. 그런데 우리나라에서는 뭔가 힘을 내자고 할 때 "파이팅!"이라고 외치곤 한다. 요즘은 외국인들도 이것을 따라 한다고 하니 웃지 못할 촌극이 벌어지고 있다. 역시 국력이 강해야 한다. 마찬가지로 '런닝머신'도 '기계처럼 뛰는 인간'을 뜻한다. 육백만 불(弗＝달러)의

사나이처럼 달리는 사람을 말하는데, 우리는 뜀뛰기 틀을 이렇게 부른다. '에어컨' 역시 'Air Conditioner'라고 해야 바른 말이다. 그럼에도 불구하고 우리는 '리모콘(remocon=remote control)'처럼 마구 줄여서 표기하는 것이 습관화되었다. 현재 에어컨은 "실내 공기의 온도 및 습도 따위를 조절하는 기계 장치"라고 등재되어 있다. 비표준어로는 '에어콘'이라고 나타나 있으니 완전히 외래어로 굳어진 형태라고 하겠다. 콩글리시가 표준어가 되고 있는 것이다.

현대 사회는 줄여서 표기하는 것이 대세임은 인정하지만 뜻을 알 수 없을 정도로 줄이다 보면 다시 주석을 달아야 하는 번거로움이 생길 것이다. 지나치게 긴 것이 아니라면 서로 소통할 수 있는 용어를 사용하는 것이 바람직하다고 본다.

❖불초(不肖)와 빈승(貧僧)

오랜만에 한자놀이나 해야겠다. 우리말에는 한자어에서 유래한 것이 많다. 명사는 80% 정도나 된다. 요즘은 외래어가 많아서 조금 낮아졌을지는 모르지만 그만큼 한자어가 우리말에 끼친 영향은 크다. 과거 태능중학교에 근무하던 시절의 이야기다. 아침마다 교사들을 모아놓고 조회라는 것을 했다. 필자는 학생부에 근무하는 터라 본 교무실에서 멀리 떨어져 있어서 아침마다 불만이 많았다. 맨날 같은 얘기만 하면서 굳이 왜 조회를 해서 교사들을 불편하게 하는지 모르겠다는 생각이었다. 하루는 연구부장이 발표할 시간인데 갑자기 "불초 소생이 보기에는……"이라고 하면서 발언을 시작했다. 순간 참지 못하고 웃어버리고 말았다. 몇몇 나이 드신 분들도 나를 따라 웃었는데, 다른 젊은 교사들은 무슨 일인지, 왜 웃는지 모르는 모양이었다. 불초(不肖)라는 단어는 "아버지에게 아들이 하는 말"이다. '아니 불(不)에 닮을 초(肖)' 자를 쓴다. 아들은 아버지를 닮아야 하는데, 아버지를 닮지 못해서 불효하다는 뜻이다. 즉 아버지를 본받지 못하고 어리석은 자식이라는 뜻으로 쓰며, 아버지에게 자신을 낮추어 표현할 때 쓰는 말이다. 연구부장은 나이가 지긋하고, 필자는 당시 20대 중반이었고, 대부분의 교사들이 30대 정도였는데, 이들을 보고 아버지라고 부르니 얼마나 우스운 일인가? 그래서 참지 못하고 크게 웃어 버렸고, 나이 드신 원로 교사들은 그 의미를 알고 함께 웃어 주었다.

이 말은 원래 〈맹자(孟子)〉 '만장편'에 나오는 말이다. 중국 고대의 성인이었던 요임금이나 순임금, 그리고 우임금 등은 자신의 자식들이 부족한 것을 알고 왕위를 물려주지 않았다고 한다. 거기에 나와 있는 원문을 보면 다음과 같다. "丹朱之不肖 舜之子亦不肖 舜之相堯 禹之相舜也 歷年多 施澤於民久((요임금의 아들) 단주는 불초하고, 순임금의 아들 또한 불초하다. 순임금이 요임금은 도운 것과 우임금이 순임금을 도운 것은 오래되었고, 요임금과 순임금은 오래도록 백성에게 은혜를 베풀었다.)"(장진한, 〈신문 속 언어지식〉 재인용)고 하였다. 여기서 단주는 요임금의 아들이고, 순임금의 아들은 이름이 나오지 않았지만 아버지만 못하다는 것을 알 수 있다. 그 뜻을 불초(不肖 : 아버지를 닮지 못하다)라고 하였다. 요즘은 젊은이가 어른을 닮지 못해서 미안하다는 의미로 쓰는 것 같다. 그래서 부하직원이 상사에게 쓰는 것도 가끔 보기는 하였지만 바람직한 표현은 아니다. 특히 나이 많은 사람이 젊은이에게 하는 말은 더욱 아니다. 늙은(?) 연구부장이 젊은 교사들에게 "불초 소생이……"라고 시작한 것은 아마도 웃자고 한 말이었을 것이다. 딱딱한 교무회의에서 조금 편안한 마음으로 말하자고 한 것인데, 알아듣는 사람이 많지 않아서 더욱 문제가 아니었나 싶다.

비슷한 용어로 사용하는 것이 스님들이 사용하는 용어 중에서 '빈승(貧僧)'이라는 단어가 있다. 영어 표현에서도 가난한 사람을 표현할 때 'as poor as church mouse'라고 한다. 가난해서 먹을 것도 없는 곳이 교회인데, 그곳에 사는 쥐는 얼마나 불쌍한 동물일까? 요즘은 교회가 대형교회가 많아서 남 주기는 아까워서 아들에게 세습하는 곳도 많다. 참으로 안타까운 일이다. 세습이 다 나쁘다는 것은 아니지만 그릇은 작은데 바닷물을 담으려고 하는 곳이 있어서 탈이다. 불초(不肖)하면 그 그릇에 맞는 곳을 찾아야 한다. 스님도 마찬가지로 탁발을 하면서 지내다 보면 가난할 수밖에 없다. 그래서 오죽하면 "가을 중 쏘다니듯 한다."는 속담이 있다. 추운 겨울을 지내기 위해서는 가을철에 부지런히 탁발을 해야 한다. 그래서 스님이 자신을 칭할 때 '빈승(貧僧 : 가난한 중)'이라고 한다. 나중에는 빈승이

스님 자신을 지칭하는 1인칭으로 정착되었다. 그래서 가끔 〈삼국유사〉에서 1인칭으로 '빈승'을 쓰는 것을 볼 수 있다. 그 책을 쓴 분이 '일연스님'이기 때문이다. 스님이 습관적으로 1인칭으로 '빈승'을 썼다고 해서 그 인물이 반드시 스님이었던 것은 아니다. 문장을 보면 "빈승화랑지도 단지향가불한범패(貧僧花郎之徒 但知鄕歌不閑梵唄 : 저(빈승)는 화랑의 무리인지라 다만 향가만 알 뿐이요, 범패는 알지 못합니다.)"라고 한 것이 이를 말해준다.

불초(不肖)나 빈승(貧僧)이나 1인칭으로 쓰이는 것은 같은데, 사용하는 것은 상황에 따라 다르다. 그러므로 생활할 때 적합한 언어를 사용하는 것이 중요하다.

❈비누 이야기

　나이가 예순 살이 넘으면 조심해야 할 것이 참 많다. 말이 많아서 꼰대소리 듣기도 하고, 먹다가 흘리기도 하고, 입 주변에 음식이 묻어 있는 것도 모르고 먹어 추접스럽기도 하다. 그만큼 감각이 무뎌진 것이 아닌가 한다. 조심해야 할 것 중 대표적인 것이 냄새가 아닐까 한다. 입냄새는 말할 것도 없고, 노인 냄새가 주변인들을 괴롭게 하기도 한다. 아침에 일어나면 양치질 먼저 하는 것도 지긋지긋한 입냄새 때문이고, 사람들 주변에 가까이 가는 것을 꺼리게 되는 것도 늙은이(?) 냄새 때문이다. 그러다 보니 용도에 따라 쓰는 비누도 많다. 부끄러운 고백이지만 필자에게도 노인 냄새가 난다고 해서 여기저기 물어 봤더니 어느 목사님이 비누를 하나 소개해 줬다. 그러다 보니 집에서 목욕할 때 사용하는 비누가 서너 종류나 된다. 사실 어렸을 때는 겨비누(쌀을 찧을 때 나오는 고운 가루로 만든 빨랫비누)로 머리를 감았다. 빨랫비누로 사용하던 것인데, 비싼 세숫비누로는 얼굴만 씻고, 머리는 쌀겨로 만든 빨랫비누로 감았던 것이다. 그런데 지금은 발가락을 씻을 때는 무좀비누(피부과에서 1만 원 주고 구입)를 쓰고, 사타구니와 겨드랑이, 귀밑을 닦을 때는 노인 냄새 제거하는 비누(이 또한 비싸게 구입했던 것 같다.), 그리고 다른 곳은 세숫비누로 쓰고, 머리 감을 때는 샴푸로 감는다. 예전엔 상상도 못한 일들이 벌어지고 있다. 비누 덕분인지 몰라도 요즘은 냄새난다는 소리는 별로 듣지 않고 산다.

　오랜 세월 비누는 우리와 함께 해 왔지만 지금처럼 이렇게 종류가 다양하지는 않았다. 필자의 어린 시절 기억에도 겨비누와 세숫비누밖에는 떠오르는 것이 없다. 이런 비누가 사실은 굉장히 긴 역사를 가지고 있다. 서양에서는 BC. 2800년에 쓰인 점토판에도 등장한다. 점토판에 의하면 "솥에 동물의 기름과 재를 썩어서 끓인다."고 되어 있다.(https://7july30.tistory.com/2에서 재인용함) 위의 글에 의하면 "기원전 600년 경에 페니키아인들이 기름과 재를 끓인 다음 수분을 날리고 고체로 만들어 사용했다"고 한다. 이것이 비누의 역사다.

　우리나라에서는 아주 오래전부터 쌀뜨물로 세수를 하면 피부에 좋다고 하였다. 실제로 쌀뜨물로 세수하는 모습을 많이 보며 자랐다. 이 쌀뜨물이 결국은 비누의 역할을 했던 것이라고 할 수 있다. 쌀겨를 작은 주머니에 담아 문지르기도 하였고, 콩깍지 삶은 물에 세수를 하기도 하였다. 이런저런 모든 것들이 비누의 한 면을 보여주는 것이다. 실제로 비누의 역사를 살펴 보면 신라시대부터 있었던 것으로 보인다. 조항범에 의하면 "비누는 16세기 '순천 김씨 묘출토간찰'에 '비노'라는 단어가 처음 보인다."고 했다. 사전에도 비누의 옛말로 '비노'가 올라가 있다. 다른 말로는 조두(澡豆 :씻을 조, 콩 두 : 녹두나 팥 따위를 갈아서 만든 가루비누)와 같은 것이라고 할 수 있다.

　우리가 지금 사용하고 있는 비누와 같이 고체로 만든 것은 1653년 하멜이 가지고 온 것이라고 한다.(손진호, 〈지금 우리말글〉) 아마도 하멜이 가지고 온 비누가 우리가 쓰던 비노와 쓰임새가 비슷해서 그렇게 부르다가 후에 비누로 사전에 등재된 것이라고 볼 수 있다. 1882년 청나라와의 무역협정 이후 본격적으로 지금과 같은 형태의 비누를 사용하기 시작했다고 보는 것이 적당하다.

　한편 우리나라의 양반가에서는 곡물가루를 내어 세수를 했는데 이것을 비루(飛陋)라고 했다. 아마도 여기서 비누라는 말이 나왔을 것이라고 하는 설이 있다. '더러움을 날려 버린다'는 뜻으로 비루라고 했다. 그러나 한자로 '비로(飛露)'라고 쓴 것이 있는 것으로 보아 '가차문자'임을 알 수 있다. 〈가례도감〉외 대부분의 책에는 '비루(飛酒)'라고 쓰여 있고, 〈한국한자어사전〉에는 차차어로 비누를 의미하며, 비로(飛露)라고도 쓴다고 되어 있다.

종합해 보면 비누는 오래전부터 사용한 우리말 조두(澡豆)를 말하는 것인데, 하멜 이후 비누라는 말로 바뀌면서 '더러운 것을 날려 버린다' 의미로 '비루(飛酒)'라고 하기도 하고, '비노'라고도 하였다가 비누로 정착했다고 본다.

※ '비싸다' 와 에누리

초등학교에 재학하던 시절에 고 서영춘 씨의 노래 〈기차놀이〉가 유행했던 적이 있었다. 제목은 가물가물하지만 가사는 잘 기억한다. 그런데, 친구들이 그 노래를 부를 때면 뭔가 이상한 내용이 있었다. "시골영감 처음 타는 기차놀이에, 차표 파는 아가씨와 승강이하네, 이 세상에 메누리 없는 장사 어딨어?" 하는 부분이었다. 물론 어린 시절이었기 때문에 그냥 친구 따라 부르기는 했지만 "세상에 며느리 없는 장사"가 왜 없겠는가? 총각이 장사할 수도 있고, 결혼을 했어도 아들이 장가를 안 갔으면 며느리가 없을 텐데, 어쩌자고 저런 말이 다 나왔을까 하고 혼자 고민했던 적이 있다. 세월이 한참 흐르고 나서야 '메누리'가 아니고 '에누리' 였다는 것을 알았다. 물건을 팔 때 이미 깎아 줄 요량으로 더 불러 놓고 조금 깎아주면서 생색을 낸다는 말이다.

지금이야 대중교통 타고 다니기를 권장하지만 과거에는 돈 있으면 자가용 타고, 과시하기를 좋아했다. 비싼 것이면 무엇이든 다 좋다는 의식을 갖고 살았다. 또한 외제면 무조건 좋다고 생각했다. 현대인은 참으로 좋은 세상에 살고 있다. 이제는 한국산이 얼마나 좋은 것인지 세계 사람들이 다 안다. 가격도 싸고 물건의 질도 좋다. 비싼 외국의 유명 제품과 비교해서 뒤질 것이 하나도 없다. 그렇다면 '비싸다'는 말은 어디서 왔을까 생각해 보는 것도 좋을 것이다. 원래 '비싸다'는 말은 '상품값이 너무 높다'는 뜻이 아니었다. 중세국어나 근대국어의 얼마 동안은 약간 다른 의미를 갖고 있었다. 15세기 문헌에는 '빗ᄉ다'로 나오고, 16세기 문헌에는 '빗ᄊ다'로 나타나 있다. 그러니까 원래 시작은 '빗ᄉ다'에서 유래하였다고 보아야 한다. '빗ᄉ다'는 '빗'과 'ᄉ다'가 결합된 어형이다. '빗'의 의미는 값(價)과 빚(債)의 두 가지 의미를 담고 있는데, 중세국어에서는 주로 '값'의 뜻으로 쓰였다. 예를 들면 '빗다다'는 '값싸다'의 뜻으로, '빗디우다'는 '값을 낮추다'의 의미였으니 일반적으로 '빗'이라 하면 주로 '값'을 뜻하였다. 그러던 것이 근대에 접어들면서 '값'의 의미가 남아 있는 것은 '비싸다'에만 남아 있고, 대부분의 경우 '빚'으로 바뀌어 채무의 뜻만 강하게 남아 있다.(이상 조항범의 〈우리말 어원이야기〉에서 요약 정리함) '비싸다'의 원래의 의미는 "그만한 가격이 있다"는 의미였다. '싸다'라는 말은 현대어에서는 '적당하다, 그럴 가치가 있다는 의미'로 쓰는 경우가 있다. 예를 들면 "그 놈은 맞아도 싸다."라고 했을 때 그 의미를 찾을 수 있다. 그러니까 원래 '비싸다'의 의미는 '그 물건의 질에 비해 가격이 적당하다'라는 뜻이었는데, 현대어에 오면서 '가격이 높다'로 바뀌게 되었다. 지금은 완전히 '가격이 지나치게 높다'라는 뜻으로 굳어져 있다.

다음으로 "세상에 에누리 없는 장사가 어디 있냐?"는 말이다. 내용상으로 보면 물건을 팔 때 깎아주는 일을 일컫는 것처럼 들린다. "세상에 깎아주지 않는 장사가 어디 있느냐?"라고 알아듣는 사람이 많다. 사실 '에누리'라는 단어는 '물건을 팔 때 받을 값보다 더 많이 부르는 것'을 뜻한다. 고객이 깎을 줄 미리 알고 그만큼 가격을 보태서 말하는 것이 '에누리'다. 미리 깎을 것에 대비해서 많이 붙이는 것이 현대에 와서는 '어떤 말을 더 보태거나 축소시켜 이야기하는 것'을 가리키는 말로 사용되고 있다.(다음 사전) '에누리'의 옛말은 '에히다(어히다)'에서 비롯되었다. '어히다'는 '베어내다(割), 잘라내다'의 뜻이다. '어히다〉어이다'로 변했다가 다시 '에다〉에이다'로 변했다. '에+누리(덩어리)=에누리(잘라낼 것을 알고 미리 떼

어낸 덩어리?)'로 완성되었다. 고객이 잘라낼 것을 미리 알고 덧붙여 부르는 가격이다. 가격을 덧붙인 줄 알고 있으니 조금만 깎아달라고 흥정하는 중에 나오는 말이 '에누리 없는 장사 없다'로 정착한 것이다. 요즘은 QR코드로 읽고 흥정할 기회도 없이 카드에서 돈이 빠져나간다. 이제는 '에누리'라는 말도 기억 속에서 사라져 가고 있다.

언어는 늘 변하는 것이지만 요즘은 변하는 속도가 지나치게 빠르다. 노인들은 현대어에 익숙하지 못해서 아이들과 세대 차를 느낀다. 소통하기 위해서 가능하면 표준어를 썼으면 좋겠다.

�֎섣달, 설, 살

우리말을 공부한 지 꽤 오래(?)되었지만 아직도 어려운 것이 한국어라는 말에는 이의를 달지 않는다. 한글(글자)은 쉽지만 한국어(말, 언어)는 어렵다. 외국인들은 한글을 쉽게 배우니까 한국어도 쉬운 줄 알고 덤볐다가 조사니 어머니 하는 용어에서부터 힘들어하고, 존대법에 이르게 되면 정신을 차리지 못한다.

사실 한국인도 존대법을 잘 모르는 사람들이 많은 것도 사실이다. 그래서 학생들에게 어원을 찾아가면서 하나하나 분석해 주면 쉽게 이해하고, 한자어를 익히게 하면 더 빨리 우리말 어휘를 익히는 모습을 보아왔다. 그래서 오늘도 우리말의 어원을 찾아보면서 '섣달'부터 의미를 살펴보고자 한다.

섣달 그믐을 일컬어 '까치설'이라고 한다. 이에 관해서는 과거에 'ᄋ찬설(이른설)'에서 유래했다고 정리해 놓은 것이 있으니 여기선 생략하기로 하고, 섣달의 개념부터 알아보기로 한다.

'섣달'은 '설이 드는 달'이라는 것에서 유래했다.(이재운 외, 〈알아두면 잘난 척하기 딱 좋은 우리말 잡학사전〉) 이에 관해서는 많은 유래와 이야기가 전하지만 필자의 견해로는 갑자년 갑자월 갑자일에서 유래한 것이라고 본다. 이것이 무슨 말인고 하면 과거에는 12월에 설날이 들어 있었던 것이 맞다. 왜냐하면 동지가 '새로운 해'의 시작이었기 때문이다.

동양에는 자신의 생년에 맞는 띠가 있다. 올해는 '소띠해'이다. 그중에 흰 소의 해라고 하지만 색깔의 개념은 후에 삽입한 것이고 중요한 것은

'소의 해'라는 것이다. 바로 이 해가 바뀌는 시점이 '동지'이기 때문에 음력 설날이 들어가 있는 달이 섣달이 맞다. 양력으로 1월 1일 생이 소띠인가 아닌가에 대해서도 과거에 논한 바가 있다. 실제로 띠는 동지에 시작하기 때문에 양력 1월 1일 생은 보통 그 띠에 해당하게 된다. 혹자는 음력 1월 1일이 띠의 시작이라고 하지만 그것은 아니다. 전술한 바와 같이 갑자년 갑자월 갑자일은 동지에 비롯되었기 때문이다. 그러니까 설이 드는 달 (설달에서 'ㄷ'으로 받침이 변한 것)에서 섣달이 생겨났다.

그렇다면 설과 살은 어원이 어떻게 될까 생각해 보자. 사실 '설'이나 '살'은 같은 어원을 갖고 있다 우리말은 모음의 변화로 약간의 의미변화를 주는 것이 많다. 예를 들면 '남다'와 '넘다', '늙다'와 '낡다' 등과 같다. 남는 것이 넘는 것이고, 늙은 것이나 낡은 것이나 어원은 같은데 약간의 의미의 변화를 주는 것이다. 사물이 오래된 것은 '낡은 것'이고 사람이 오래되면 '늙은 사람'이 된다. 이와 같이 '살'과 '설'은 동일한 어원을 지니고 있다. 그렇다면 그 시작은 무엇일까?

우선 '설'은 '정월 초하루'를 일컫는 말이다. 우리나라뿐만 아니라 동양 최대의 명절이라고도 할 수 있다. 물론 입춘을 제일로 삼는 나라도 있지만, 중국이나 베트남 등에서는 아직도 설이 최대의 명절임을 알 수 있다. 한자로 원단(元旦)이라고 한다. 〈삼강행실도〉에 "설이어든 가을에 못올 적에"라는 구절이 보인다. 여기서 설은 '새해 아침(단旦)'의 뜻이다. 또한 '나이(세歲)'를 의미하는 것으로 〈월인석보, 1459〉에 "그 아기 닐굽 설 머거 아비 보라 니거지라."라는 글에서 나타난다. 그러니까 '설'의 뜻에는 '원단(元旦)'과 '나이(歲)'의 의미가 다 들어 있다. 그러다가 앞에서 이야기한 바와 같이 모음의 변이가 일어나서 '설'과 '살'로 분화되었다. '살'이 원래의 의미는 '태양'의 뜻이 있었다. '햇살'을 보면 그것을 알 수 있다. 일본어의 'sara(空, 天)'의 어원이 우리말 '살'에 있다고 한다.(서정범, 〈새국어

어원사전》) 그러므로 '살'도 어원은 '해'에서 비롯되었다고 본다. 우리가 '닷새(五日)', '엿새(六日)'의 '새'는 '사이'가 준말이고, "살〉사리〉사이〉새"로 변화(서정범, 〈위의 책〉)하여 지금에 이른 것이다.

참고로 "설을 쇠다."에서 '쇠다'의 어간 '쇠'도 비슷한 어원을 지니고 있다. '쇠다'는 "설, 생일, 명절 같은 기념일을 맞이하여 지내다."라는 의미가 있다.

민간어원설도 많이 있지만 문헌을 근거로 따지고 보면 '섣달, 설, 살, 쇠다' 등의 모두 동일한 어원을 지니고 있다. 태양이나 햇살 등에서 비롯되어 우리말의 새해, 나이 등으로 모음변이를 겪고 이루어진 말들임을 알 수 있다.

❊술 이야기

『한서(漢書)』〈식화지(食貨志)〉에 의하면 "술은 모든 약 중에서 가장 좋은 것(酒百藥之長)"이다. 그런가 하면 이옥봉의 한시에는 "(그리움은) 술로도 고칠 수 없고 약으로도 치료할 수 없는 것(酒不能療藥不治)"이라 했다. 사랑에 빠진 여인의 그리움은 고칠 수 없으나 보통의 정신적 고뇌는 술로 고칠 수 있는 모양이다. 그러니까 '온갖 약 중에서 으뜸'이라고 한 것이 아닐까 한다.

우리 조상은 예로부터 술을 즐겨 왔고, 술을 엄청나게 사랑한 민족이다. 그래서 국중대회에는 항상 술을 마시며 밤새도록 놀았다(國中大會 晝夜飲酒, 飲酒歌舞 晝夜無休). 그러니까 세계 술시장에서 성공하려면 한국의 시음회에서 호평을 받아야 한다는 말이 있을 정도다. 이태백도 그의 시에서 "석 잔 술은 대도와 통하고, 말 술은 자연과 하나가 된다(三盃通大道 斗酒合自然)."고 했다. 하기야 말 술을 마시고 자연과 하나가 되지 않을 사람이 어디 있겠는가? 길을 가다 보면 아스팔트가 벌떡 일어나서 자연과 하나가 되는 것이지.

필자와 같은 사람을 일컬을 때는 '과맥전대취(過麥田大醉 : 밀밭을 지나가도 크게 취하는 사람)'라고 한다. 체질적으로 술을 마시면 온몸에 얼룩이 생기고 기럽고 졸려 앉아있을 수도 없을 징도다. 그래서 술을 마시는 자리에 가면 항상 뒷정리 담당이었다. 대학 다닐 때부터 지금까지 친구들 다 집에 간 다음에 집에 갔고, 지금도 술친구들은 대리운전 부르지 않아도 되기 때문에 술좌석에 필자와 동반하는 것을 좋아한다.

술은 과거에는 '수블' 혹은 '술'이라고 했다. 일본어에서 술을 뜻하는 'sasa'나 'sake'가 우리말 '술'의 어근(sas : 숟)이 넘어가서 된 것이다.(서정범, 〈새국어어원사전〉) '수블'의 '블'도 '술'의 뜻을 지니고 있다. 일설에 의하면 '수＋블(水＋火)＝수블=〉술'로 된 것으로 술을 마시면 몸에서 화기가 나기 때문이라고 한다. 그러나 이러한 설은 그리 근거가 있는 것이라고 보기에는 미흡하다. 계림유사라는 아주 오래된 책(송나라 사람이 신라의 말을 중국식으로 표기한 책)에 의하면 '술＝소패(蘇孛)'이라고 해서 신라 때부터 '술'이라고 써 왔음을 알 수 있다.

조선관역어에서도 '數本二(수블의 중국식 발음 표기)'라고 했으니(서정범 〈위의 책〉) 수블이라고 했던 것이 '수울'로 변했다가 '술'로 정착한 것이라고 본다. 이러한 형식은 '셔블=〉서블=〉서울'로 변하는 과정과 비슷하다. 다만 컴퓨터로 순경음비읍(ㅸ)을 표기하는 것이 어려워 '블'로 표기했을 뿐이다.

필자와는 반대로 술을 엄청나게 많이 마시는 사람을 '부줏술'이라고 한다. 집안 내력이 있어 아무리 부어 마셔도 취하지 않는 사람을 이를 때 쓰는 말이다. '고주망태'라는 말은 "술을 많이 마시어 정신을 차릴 수 없이 취한 상태"를 말하는 것으로 부줏술과는 다르다.(참고로 '부좃술'이라는 말이 있는데, 이것은 '부조로 보내는 술'을 말한다.) 이는 '고조'와 '망태'의 합성어이다. 흔히 고주망태라고 하니까 고주(高酒)정도로 생각하고 있는데, 이것은 잘못된 것이다. '고조'란 '술을 거르거나 짜는 틀'을 말하고, '망태'는 '망태기의 준말'로 가는 새끼나 노로 엮어서 만든 그릇을 이르는 말이다. 술단지 위에 술을 짜기 위해 올려놓은 망태이기 때문에 언제나 술에 절어 있게 마련이다. 그래서 '술에 절어 있는 사람을 일컬을 때 쓰는 말'이 되었다.

보통 50년대에 태어난 사람들은 집집마다 마루 밑에 술단지가 있던 것을 기억할 것이다. 아니면 툇마루에 누룩과 함께 물을 버무려서 술을 담그는 단지가 있었던 것을 보았을 것이다. 그 속에 대나무로 만든 망태를 깊이 밀어 넣고 그 속에 술이 고이면 떠 마시는 모습을 많이 보았다. 그것이 고주망태라고 생각하면 비슷하다. 증조할머니께서 먹을 것(간식)이 없으니 가끔 '지게미(모주를 짜내고 남은 찌꺼기, 흔히 술찌게미라고 했다.)'에 설탕을 타서 주셨던 기억이 있다. 설탕 덕분에 맛있게 먹기는 했지만 나중에는 술기운으로 흐느적거리다 나뭇간에서 잠들곤 했다. 닭들도 그것을 먹으면 비틀거리는 모습이 꼭 술 취한 사람과 같았다.

　술은 적당히 먹으면 약이지만 술잔 속에 빠져 죽은 사람이 태평양에 빠져 죽은 사람보다 많다는 것을 항상 기억해야 한다.

❋ '시금치' 이야기 (우리 말 속의 중국어)

어린 시절에 즐겨 보던 만화영화가 있다. 〈뽀빠이〉(Popeye-파파이 : 휘둥그 래진 눈, 퉁방울 눈, 미국 만화 주인공인 선원)라는 제목의 만화인데, 늘 올리브 (Olive - 뽀빠이의 연인, 허영심이 많은 여인, 원래의 이름은 올리브 오일)를 구해주는 역할을 한다. 부루터스(Brutus - 선원으로 뽀빠이의 연적. 매번 올리브를 납치하여 뽀빠이를 괴롭히지만 시금치를 먹은 뽀빠이에게 당하기만 하는 덩치만 큰 미련퉁이)의 심술로 매번 올리브가 곤욕을 당할 즈음이면 뽀빠이가 시금치 통조림을 먹고 힘이 장사가 되어 깔끔하게 일을 마무리하는 영화다.

어린 시절에는 왜 뽀빠이가 시금치를 먹으면 힘이 장사가 되는지 알지 못했다. 당시 아이들이 <u>채소</u>를 잘 안 먹으니까 만화를 통해서 <u>채소</u>를 먹을 수 있게 만든 것이라는 말을 듣고는 대중문화의 힘을 실감하게 되었다. 실 제로 그 만화가 나온 이후로 시금치가 잘 팔리기 시작했다고 한다. 요즘에 어린아이들이 김밥을 먹을 때 시금치만 빼놓고 먹는 것을 보면 그 만화를 지금도 방영하였으면 하는 소망을 갖기도 했다.

시금치는 원래 명아줏과의 한해살이(혹은 두해살이) 풀이다. 크기는 30~60cm로 뿌리는 붉다. 그래서 중국에서는 이것을 적근채(赤根菜)라고 했다. 이 적근채라는 말을 중국어로 발음하면 '시근채'로 들리는 모양이 다. 그래서 황해도에서는 지금도 '시근채'라고 한다. 물론 우리말에서는 방언으로 취급하고 시금치를 표준어로 하였다. 붉은 뿌리 채소를 중국에 서 적근채(赤根菜)라고 하고 그것이 그대로 우리나라에 유입되어 '시금치'

로 굳은 것이다. 〈훈몽자회〉에도 '시근채'로 나타나 있고, 〈물보소채物譜蔬菜〉에는 '시근취'라고 되어 있으며, 〈박중중(朴重中)〉에는 '시근채'로 나타나 있다. 한자음의 'ㅈ'이 국어에서 'ㅅ'으로 발음되는 경우가 종종 있는데, '시금치'가 그 대표적인 예라고 보면 된다.

이와 같이 우리말에는 중국어 발음이 그대로 우리말에 수용된 것이 적지 않다. 이에 관해서는 과거에 한 번 서술한 적이 있기에 이번에는 예만 몇 개 적어 보는 것으로 대신하려고 한다.

우선 우리가 가장 많이 쓰는 것 중에 하나가 '다홍' 색이다. "이왕이면 다홍치마(동가홍상同價紅裳)"라는 숙어가 있는데, 이때 '다홍(大紅)'은 중국어 '따홍'을 그대로 우리말에 반영한 것이다. 정훈의 시 '동백'에도 "백설이 눈부신/ 하늘 한 모서리 / 다홍으로 / 불이 붙는다. // 차가울사록 / 사모치는 정화(情火) // 그 뉘를 사모하기에 / 이 깊은 겨울에 애태워 피는가"라는 구절이 있다. 이때에도 다홍색이 나오는데, 학창 시절에는 정확하게 무슨 색인지 잘 알지 못했다. 다만 "장작이 붉게 타오르는 듯한 색"이 아닐까 상상하기만 했다.

사전을 찾아보면 다홍색은 "밝은 빨강, 밝고 붉은빛"이라고 되어 있고, 다홍치마는 "짙고 산뜻한 붉은빛 치마, 위의 절반은 희고, 아래의 절반은 붉게 칠한 연"이라고 나타나 있다. 그러니까 '다홍색'은 '밝은 빨강'이라고 생각하면 무리가 없다고 본다. 어려서 상상했던 '짙은 빨강'은 조금 무리였던 것 같기도 하다. 하기야 한국인들은 색깔에 대한 관념이 서양과 달라서, 서양에서 옷을 수입할 때 주문했던 색깔과 한국에서 만들어 보낸 옷의 색깔이 달라서 초창기에는 많은 실수가 있었다고 들었다.

마찬가지로 중국어가 그대로 우리말에 반영된 것으로는 '토시'가 있다. '토시'는 "추위를 막기 위하여 팔뚝에 끼는 것, 저고리 소매처럼 생겨 한

쪽은 좁고 다른 쪽은 넓다. 일할 때 소매를 가뜬하게 하고 그것이 해지거나 더러워지는 것을 방지하기 위해 소매 위에 덧끼는 물건, 사냥꾼들이 매를 팔에 앉혀서 가지고 다니기 위하여 팔뚝에 끼는 물건"이라고 되어 있는데, 이것도 중국어 '투수(套袖)'의 발음을 그대로 우리말에 적용한 것이다.

우리말은 순수한 우리말로 된 것, 한자어로 된 것, 한자어에서 유래하여 우리말로 된 것, 외래어(외국어에서 들어와 우리말로 된 것) 등 다양하다. 그 어원을 상고하면서 기억하면 훨씬 그 의미를 쉽게 익힐 수 있다.

❇ '심금(心琴)'과 '지음(知音)'

필자는 어려서부터 기타를 즐겼다. 물론 프로 음악가처럼 잘 치는 것은 아니나 그냥 악보를 보면서 혼자 흥얼거리며 하루 종일 즐길 정도는 된다. 어린 시절에 어니언스의 '편지'라는 노래를 엄청 좋아했고, 홍민의 구수한 목소리도 참 좋아했다. 요즘 청년들이 BTS를 좋아하는 것과 별반 다르지 않을 것이다. 이렇게 음악은 향수를 불러일으키기도 하고, 사람의 마음을 울리며 영감을 주는가 하면 마음의 평온을 주기도 한다.

가슴을 울리는 노래를 들으면 흔히 "심금을 울린다."고 한다. 심금을 울린다는 뜻은 "다른 사람의 감동적인 행적을 보거나 듣거나 읽을 때 걷잡을 수 없이 일어나는 마음의 울림"을 일컫는다. 이 '심금(心琴)'이라는 단어는 불경에서 유래한 말이다.

『불경』에 보면 〈거문고의 비유〉가 있다. 부처님의 제자 중에 스로오나라는 사람이 있었는데 그는 고행을 통해 깨달음에 이르고자 했다. 그러나 고행을 통한 수행을 아무리 열심히 해도 깨달음의 길이 보이지 않자 스로오나는 서서히 지치기 시작했고 덩달아 마음이 조급해졌다. 이를 본 부처님이 그에게 '거문고의 비유'를 설했다. "스로오나야, 거문고를 타본 일이 있느냐?" "예." "거문고의 줄이 팽팽해야 소리가 곱더냐?" "아닙니다." "그렇다. 스로오나야, 거문고의 줄은 지나치게 팽팽하지도, 늘어지지도 않아야 고운 소리가 난다. 그렇듯 수행이 너무 강하면 들뜨게 되고 너무 약하면 게을러진다. 수행은 알맞게 해야 몸과 마음이 어울려 좋은 결과를 얻는 것이니라." 마음의 거문고인 심금(心琴)을 울린다는 말이 바로 이 일화

에서 비롯되었다.(이재운 외, 〈우리말 1000〉에서 재인용)

예문으로는

    ♣ 특히 신원이 확인된 한국전·베트남전 전사자 등의 5만 4457개 묘소 앞에는 고인에 대한 애틋한 정이 묻어나는 추모석이 적지 않아 보는 이의 심금을 울린다.
    ♣ 우경은 남다른 시풍으로 심금을 울리는 시를 썼다.

등과 같이 쓸 수 있다.

한편 거문고와 관련된 것으로는 지음(知音)이라는 단어도 있다. 물론 중국에 거문고가 있었던 것은 아니나 악기의 일종이므로 동일하게 보면 된다. 특히 유명한 이야기로는 '백아절현(伯牙絕絃)'이라는 고사가 있다. 여기서 유래한 것이 '지음(知音)'이라는 말이 있다. 사전적인 뜻으로는 "1. 음악의 곡조를 잘 앎, 2. 새나 짐승의 소리를 가려 잘 알아들음, 3. 마음이 서로 통하는 친한 벗을 이르는 말"이다. 그중 우리는 자기를 알아주는 벗으로 많이 인용하고 있다. 그 유래를 먼저 보자.

「백아는 거문고를 잘 연주했고 종자기(鍾子期)는 (백아의 연주를) 잘 감상했다. 백아가 거문고를 탈 때 그 뜻이 높은 산에 있으면 종자기는 "훌륭하다. 우뚝 솟은 그 느낌이 태산 같구나."라고 했고, 그 뜻이 흐르는 물에 있으면 종자기는 "멋있다. 넘칠 듯이 흘러가는 그 느낌은 마치 강과 같군."이라고 했다. 백아가 뜻하는 바를 종자기는 다 알아맞혔다. 종자기가 죽자 백아는 더이상 세상에 자기를 알아주는 사람(知音)이 없다고 말하고 거문고를 부수고 줄을 끊고 종신토록 연주하지 않았다.(伯牙善鼓琴, 鍾子期善聽. 伯牙鼓琴, 志在高山, 鍾子期曰, 善哉. 峨峨兮若泰山. 志在流水. 鍾子期曰, 善哉. 洋洋兮若江河. 伯牙所念, 鍾子期必得之. 子期死, 伯牙謂世再無知音, 乃破琴絕絃, 終身不復鼓.)」《열자(列子)

〈탕문(湯問)〉》

여기에서 '서로 마음을 알아주는 막역한 친구'를 뜻하는 '지음(知音)'도 유래했다.(김성일, 〈고사성어대사전〉에서 재인용)

예문으로는

♧ 태호와 나는 지음이다.
♧ 오랜만에 지음을 만나게 되어 감개무량합니다.

와 같이 쓸 수 있다.

가끔 사람들은 막역한 친구를 '막연한 친구'라고 하기도 한다. 막역한 친구는 '뜻을 거스릴 수 없는 좋은 친구'인데 비해, '막연한 친구'는 '갈피를 잡을 수 없이 아득하거나 어렴풋한 친구(?)'를 일컫는 말이다.

살면서 심금을 울리는 지음이 하나쯤은 있어야 살맛이 나지 않을까?

※십팔번(十八番)과 뽀록

사람들은 누구나 좋아하는 노래가 한 곡씩은 있다. 이것을 일반적으로 '십팔번'이라고 한다. "네 노래 십팔번이 뭐야?"라고 하거나, "그건 내 노래 십팔번인데……"라고 하듯이 자기 애창곡을 말할 때 이런 표현을 써 왔다. 그것을 다른 말로 하면 '장기'라고도 할 수도 있다. 예전에는 이 말을 참으로 많이 사용해 왔는데, 지금은 다행스럽게 서서히 사라져 가는 편이다. 한 세대 전만 해도 노래할 때면 반드시 십팔번을 찾았다.

이 '십팔번'이란 단어는 일본어에서 유래한 것이다. 17세기 무렵, 일본 '가부키' 배우 중 이치가와 단주로라는 사람이 자신의 가문에서 내려온 기예 중 크게 성공한 18가지 기예를 정리했는데, 그것을 '가부키 십팔번'이라고 했다.(이재운 외, 〈알아두면 잘난 척하기 딱 좋은 우리말 잡학사전〉) 이렇게 십팔번은 그 가문의 대표적인 희극을 가리키는 말이었는데, 이것을 확대 해석하면서 우리가 가장 잘하는 노래나 장기 등을 일컬어 그렇게 부르게 되었다. 이것이 우리나라에 유입되면서 '애창곡'이나 '잘 부르는 노래' 등의 의미로 쓰이게 되었고 '장기(長技)'라는 뜻으로 쓰이기도 하였다. 그래서 국어사전에는 "자신이 갈고닦아서 가장 잘하거나 자랑으로 여기는 재주를 속되게 이르는 말"이라고 정의되어 있다. 일본어로는 '가부키주하치방(歌舞伎十八番)'이라고 한다. 가능하면 '애창곡'이라고 하면 좋겠다.

우리말 중에는 일본어에서 유래한 것도 참으로 많다. 위와 같이 일본어가 한자화하면서 바뀐 것도 있고, 일본식 한자어가 그대로 우리나라에 정

착한 것도 많다. 혜존(惠存)이니 철학(哲學)이니, 가봉(假縫)과 같은 단어들은 일본식 한자어가 그대로 한국식 발음으로 굳어진 것들이다. 그런가 하면 일본식 한자어의 발음이 한국으로 들어오면서 변하여 정착했는데, 그 의미가 조금 바뀐 것도 있다. 그중 하나가 우리 젊은이들이 많이 쓰고 있는 '뽀록'이라는 말이다. 과거에도 많이 들어 왔지만 지금까지도 변함없이 사용되고 있는 것으로 보아 한국어로 착각하고 있는 것이 아닌가 한다. 아마도 한국어의 속어쯤으로 생각하는 독자들도 많을 것이다. 뭔가 일을 진행하다가 잘못되어 들통이 났을 때 "뽀록났다."는 표현을 많이 한다. 원래 그 단어는 한국어에서도 많이 사용되고 있는 '남루'(襤褸 누더기 람(襤), 남루할 루(褸))다. 이것을 일본식으로 뽀록(ボロック(襤褸 남루한 옷, 누더기 옷))이라고 한다. 남루한 옷을 입으면 구멍이 숭숭 뚫려서 속이 다 들여다 보인다.

요즘 젊은이들이 즐겨 입는 청바지를 생각하면 쉽게 이해할 수 있다. 그러니까 바지에 구멍이 뚫려서 속이 훤히 들여다 보이니까 이것이 변하여 '들통나다'라는 의미로 변하였고, 다시 우리말 사전에는 "속된 말로 '밖으로 드러나거나 알려지다'."로 올라가게 되었다. 원래 '남루하다'는 단어는 다른 의미로 쓰이고, 일본을 통해서 들어온 '뽀록나다'는 '들통나다'의 의미로 바뀌게 된 것이다. 그러니까 얼핏 들으면 '뽀록나다'는 우리말처럼 들릴 수 있다. "너 때문에 뽀록났잖아!"라고 쓰는 것과 같다.

언어란 참으로 재미있는 과정을 거치면서 성장한다. 저육(猪肉)이라는 돼지고기가 '제육볶음'으로 변하는 것을 보면 쉽게 이해할 수 있다. 저육(猪肉)의 '저(猪)'자가 한자로 '제(諸)'자와 유사하게 생겼다. 그러니까 많은 사람들이 '저육'을 '제육'이라고 발음하게 되었고, 그것을 그대로 메뉴판에 적용하여 '제육볶음'이라는 반찬이 탄생하게 된 것이다. 원래는 저육볶음이라고 해야 하는데, 서울 사는 교양있는 사람들이 그렇게 부르다 보니 그것이 굳어진 것이다. 상식적으로 저팔계라고 부르지 '제팔계'라고 부르는 사람은 없다. 이 저팔계의 저(猪)자가 돼지라는 뜻임은 말할 나위가 없다.

일본어를 받아들이면서 그대로 받아 사용한 것도 있고, 의미를 생각하여 바꾼 것도 있고, 일본식 한자어를 그대로 차용한 것도 있다. 많은 것이 아직 정리되지 않은 상태로 인구에 회자되고 있으니 가슴 아픈 일이 아닐 수 없다. 하루빨리 일본식 어휘를 정리해서 우리말을 바로 잡아야 한다.

※ '써비스(service)' 와 '스텐(stain)'

1980년 대의 아재 개그부터 시작해 보자.

교사 : 학생 여러분! 군만두가 영어로 뭔지 아시나요?
학생 : ????
교사 : 군만두는 영어로 "써비스"라고 합니다.
학생들 : 우하하하하

실제로 필자가 예전에 수업 시간에 많이 써먹은 아재 개그다.

미국에서는 전혀 쓰지 않는 말들이 우리나라에 와서 이상하게 바뀐 것들이 많다. 그중에서 대표적인 것이 '써비스' 가 아닐까 한다. 공짜로 주는 것이라는 의미를 담고 있다. 때로는 덤으로 주는 것을 말하기도 한다. 과거에는 "덤은 좀 없슈?"라고 하면, 판매하는 사람들이 알아서 조금 더 주었다. 그것을 덤이라고 하는데, 중국집(이것도 이상하다. 중국음식점이라고 하지 않고 꼭 중국집이라고 한다. 일식집은 일본집이라고 하지 않는다.)에 짜장면, 짬뽕, 탕수육 등을 주문하면 의례 군만두를 덤으로 더 가지고 왔다. 그래서 군만두를 "써비스"라 부르게 되었다. 사실은 군만두도 아니고 기름에 튀긴 만두(흔히 야끼 만두라고 했다)였는데, 그것도 이상하게 군만두로 변신했다. 공짜로 가져다 주는 것이면 영어로 'free'라고 해야 맞는다. 언제부터인가 한국에 와서 영어가 한국식으로 변질되기 시작했다. 말도 안 되는 '파이팅(fighting)=〔싸우는〕이라는 형용사' 가 일상 용어가 되어 미국으로 수출(?)

되는 기현상을 발휘하기도 하였다. 참으로 놀라운 한국인들이다. 요즘 인터넷 상에서는 '횟팅'이라고 쓴다. 줄이기도 잘하고 변형시키기도 잘하는데 원어의 의미와 너무 멀어진 것이 탈이다. 그래서 영어도 아니고 우리말도 아닌 어정쩡한 단어가 되고 있는 것들이 지나치게 많다.

그중 하나가 '스텐(stain)'이다. 어려서 어머니에게도 많이 들었고, 주변의 어른들에게 무지하게 많은 들어왔던 단어가 바로 스텐 제품이다.

어머니 : 야! 꼭 스텐으로 사 와. 녹 안 쓰는 거야.
나 : 예, 어머니
나(점원에게) : 스텐 냄비 하나 주세요.
점원 : 예, 스텐 냄비 여기 있습니다.

여기서 스텐(stain)은 '스테인리스(stailess)'를 말한다. 스텐은 본래 "변색되다, 얼룩지다, 녹슬다"라는 뜻인데, 우리는 뒤집어서 '녹슬지 않는 것'의 의미로 사용해 왔다. 제대로 표현하려면 'stainless still(녹슬지 않는 쇠)'이라고 써야 할 것이다. 그럼에도 불구하고 '녹슬지 않는 강철'이란 말을 '녹'이라는 단어에 함축시키고 있으니 얼마나 축약을 잘하는 민족인가?
사전을 찾아보면 스텐이라는 단어는 "1. '스테인리스강(stainless鋼)'의 비표준어. 2. 스테인리스강(stainless鋼)(니켈, 크롬 등을 많이 포함하고 있어 쉽게 녹슬지 않는 강철)"이라고 표기되어 있으니 비표준어이기는 하지만 일반인들은 거의 모두 '녹슬지 않는 강철'이라고 인식하고 있음을 알 수 있다. 영어 사전에는 틀림없이 "a soiled or discolored appearance"라고 되어 있으니 우리가 생각하고 있는 스텐과는 정반대의 의미임을 알 수 있다.
우리말 중에 외래어라는 것이 있는데, 이것은 적당한 한국어가 없을 때 외국어를 그대로 사용하는 것을 말한다. 텔레비전, 오디오, 컴퓨터 등이 여기에 속한다. 외국어는 글자 그대로 외국 말이다. 우리나라에 없는 단어를 외국어로 그대로 쓰려면 바른 표기나 의미에 맞는 것으로 써야 한다. 말도 안 되는 것을 단순한 지식으로 줄여 쓰거나 함부로 쓰다 보면 정말로 국적 없는 단어만 양산하게 되니 지금이라도 바르지 않은 표현이나 표기는 바로 잡아야 한다.

※어머니, 아버지, 어버이

'어머니'라는 단어는 세상에서 가장 아름다운 말이다. 하느님이 천사를 대신해서 어머니를 보냈다는 말도 있다. 자식을 위해서라면 무엇이든지 할 수 있는 분이 바로 어머니다. 그 이름만으로도 가슴이 설레고 그리움으로 벅차오른다. 세상의 언어를 두루 살펴보면 어머니에 관한 단어는 대부분이 〔m〕계열로 비슷하다. 우선 어머니를 필두로 〔엄마, 마미, 맘, 마더〕 등이고, 아버지는 〔p〕계열이 많다. 아버지를 비롯해서 〔파더, 빠삐, 파, 파파〕 등으로 치어(稚語)는 거의 비슷하다고 본다.

참으로 이상한 일이다. 세상의 언어가 원래는 하나였다는 '바벨탑 기원설'이 맞는가 보다. 세상의 언어가 원래는 하나였는데, 사람들이 바벨탑을 쌓으면서 하늘에 오르려 하니 하나님이 이들의 언어를 혼란스럽게 해서 지금처럼 언어가 다양하게 되었다는 것이 바벨탑 기원설이다.

우리말에서 어머니는 우선 '어미 모(母)'(《훈몽자회》), '어마 모(母)'(《청구영언》), '어마니(母)'(《염불보권문》), '어마님(母)'(《월인천강지곡》) 등과 같이 다양한 형태로 전해 온다. 여기에 나오는 후행어들이 '미, 마, 마네, 마니, 마님, 머님, 머니' 등으로 이것을 나누면 '어 + 머니 = 어머니'의 형태임을 알 수 있다.(서정범, 《새국어어원사전》) 일본어에서도 'me'가 여자를 뜻하는 명사다. 현대어 사전에는 "1. 자기를 낳은 여성을 가리키거나 부르는 말, 2. 자기의 어머니와 나이가 비슷한 여자를 친근하게 가리키거나 부르는 말, 3. 극진히 보살펴 주는 사람을 비유적으로 이르는 말"이라고 나타나 있다. 대부분의 필자 연배의 사람들은 친구의 어머니를 부를 때도 "어머니!"라고 부르는 것이 이상하지 않을 것이다. 친구와 나를 동일시하기 때문에 친구의 어머니가 나의 어머니가 된다. 이제는 그분들도 대부분이 하늘에 계시기 때문에 '불러도 대답 없는 이름'이 되고 말았다.

아버지는 '아버'와 '지'의 합성어다. 옛문헌에는 '아비 父'(《훈몽자회》), '아바(아비)'(염불보권문), '아바님(아버님)'(《용비어천가》), '아버님'(계축일기) 등으로 나타나 있다. 위의 용례로 볼 때 '아바＋지＝아버지'라는 것을 알 수 있다. 지금도 이북 방언에서는 '아바지(아바이)'라고 하는 것을 보면 쉽게 이해할 수 있을 것이다. 여기서 '지'는 사람을 가리키는 인칭어이다. 예를 들면 '거지(거러지)'에 나타난 '지'와 의미가 같고, 후대에는 '치'로 변한 것도 있다. 예를 들면 '이지, 그치, 저치'할 때의 '치'가 사람을 일컫고 있음은 누구나 알고 있는 사실이다.

유아어인 '아빠'나 '엄마'는 'ㅂ'과 'ㅁ'이 첨가된 것으로 '아바〉압바〉아빠'와 같은 과정으로 거쳤다고 본다. '엄마' 또한 '어마〉엄마'로 변한 것이다. 다만 현대에는 유아어(치어)와 성인의 언어가 구별이 되지 않고 있다. 나이가 많은 어른들도 친정어머니는 "엄마!"라고 부르고 시어머니는 "어머님!"이라고 부르는 경향이 있다. 즉 나이가 많아도 치어를 그대로 사용하는 것이 이상하지 않은 시대가 되었다는 말이다. 가능하면 언어의 의미를 그대로 살려 쓰는 것이 바람직하지만 시대의 흐름이 노유의 구별이 없어지고 있으니 이에 관해서는 필자도 뭐라 할 말이 없다.

어버이는 '아버지와 어머니'를 동시에 지칭할 때 쓰는 말이다. 옛말에는 '어버시(어버이)'(《부모은중경》), '어버싀'(《월인천강지곡》), '어비'(《용비어천가》), '아바(父)'(《악학궤범》) 등으로 나타나 있다. 처용가의 '아바'는 주로 아버지를 의미한다. 원래는 '어버시'라 이르던 것인데, '엇(父)＋버시(가시

버시 : 부부)'로 분석할 수 있다.

흔히 쓰는 우리말을 옛문헌을 통해 어원을 분석해 보았다. 사실 필자가
주장하는 것이 다 옳다고 보지는 않는다. 다만 많은 문헌에 나타나 있는
것을 근거로 하였기 때문에 일리는 있다고 본다.
언제나 그리운 어머니! 분명 천사가 사람 몸을 빌려 내려오신 분이다.

언제나 그리운 어머니!

❈약관의 선수와 묘령(?)의 할머니

예전에 민속씨름이 유행했던 적이 있다. 나이가 지긋한 사람들은 이만기를 씨름 선수로 알고 있는데, 젊은이들은 연예인인 줄 안다. 씨름도 잘하고 말솜씨도 좋으니 다방면에 재능이 있는 다재다능한 교수이다. 당시에 젊은 씨름꾼이 또 있었는데, 그 이름이 강호동이다. 그 젊은 친구가 참으로 생기발랄하게 씨름판을 휘젓고 다녔던 것으로 기억한다. 그런데 강호동만 나오면 해설자가 약관의 나이에 참으로 훌륭한 선수가 나왔다고 했었다. 그 해설자는 젊은 사람만 나오면 '약관'의 나이라고 했다. 약관(弱冠)이란 남자 나이 스무 살을 달리 말하는 것으로 〈예기(禮記)〉 《곡례편》에서 공자가 "스무 살에 관례를 한다."고 한 것에서 유래한 말이다. 그러므로 약관은 스무 살만을 가리키는 것이지 그 외의 나이는 따로 부르는 말이 있다. 예컨대, 여자 나이 15세는 계년(筓年)이라고 한다. 보통 여자들은 14세가 되면 초경을 하고 그다음 해에 어른이 되는 성인식(?)을 하는데 그때 비녀를 꽂아 준다. 그래서 그때를 '비녀(비녀 계筓) 꽂는 해'라고 해서 '계년(筓年)'이라고 한다. 남자는 스무 살이 되어야 관을 쓸 수 있지만 여자는 15세가 되면 어른이 되는 것이다. 여자는 7년마다 성징의 변화가 있어 '남녀칠세부동석(男女七歲同席)'이라는 말이 나왔고, 남자는 8년마다 성징의 변화가 있다. 그래서 남자 나이 열여섯 살(16세)을 이팔청춘(2×8=16)이라고 부르기도 한다.

요즘 TV에서 농담으로 하는 말이겠지만 '묘령의 남자'라는 표현도 자주 듣는다. 역시 보통은 젊은 남성을 일컫는 표현으로 볼 수 있겠는데, 사실상 묘령의 남자는 있을 수 없다. '묘령(妙齡)'은 '스무 살 안팎의 여자 나이'를 일컫는 말이다. 방년(芳年)과도 비슷하다. 묘령은 '(얼굴이) 예쁜 나이, 젊은 나이, 꽃띠(?) 여인' 등과 같이 젊고 아름답다는 뜻을 지니고 있는데, 사람들은 '묘(妙)하다'에 방점을 찍어서 '정체를 알 수 없는 나이'를 의미하는 것으로 착각하고 있다. 그러니 거기에 '묘령의 남성'이라고 하면 터무니없는 말이 된다. 또한 방년은 글자 그대로 '꽃다운(꽃다울 방芳) 나이'를 말한다. 스무 살 전후의 여자들은 '묘령의 처녀'라고 하는 것이 더 어울릴 것이다. 왜냐하면 여인이라고 하면 좀 더 성숙한 의미가 있기 때문이다. 마치 서정주의 〈국화 옆에서〉처럼 '천둥과 번개를 이기고 피어난 한 송이 국화꽃 같은 원숙한 여인'의 의미가 강하다. 그러므로 '묘령의 여인'보다는 '묘령의 처녀(아가씨)'로 표현하는 것이 바람직하다. 그러나 요즘은 매스컴의 영향으로 '묘령'이라는 단어가 '나이를 측정할 수 없는' 쪽으로 기울고 있다. 그러다 보니 묘령의 할머니, 묘령의 할아버지 등과 같은 표현이 화면에 등장하기도 한다. 물론 남자에게도 약관이란 표현 대신 묘랑(妙郞)이라고 하기도 한다. 그러나 약관에 밀려 거의 사용하지 않는 사어(死語)가 되어 버렸다.

공자는 〈논어(論語)〉《위정(爲政)》편에서 다음과 같이 말했다.

"나는 열다섯에 학문에 뜻을 두었고, 서른 살에 섰으며, 마흔 살에 미혹되지 않았고, 쉰 살에 천명을 알았으며, 예순 살에 귀가 순했고, 일흔 살에 마음이 하고자 하는 바를 따랐지만 법도에 넘지 않았다."(吾十有五而志于學 三十而立 四十而不惑 五十而知天命 六十而耳順 七十而從心所欲不踰矩)

그래서 이것이 나이를 칭하는 기본으로 활용되어 마흔 살을 불혹(不惑), 쉰 살을 지천명, 예순 살을 이순이라고 부르게 되었다.

틀린 표현을 하는 것보다는 하지 않는 것이 낫다. 우리나라에서 나이를 표현하는 것은 띠로 이야기하는 방법과 위와 같이 한자어로 대신하는 방법이 있다. 한자어의 뜻을 잘 모르면 순우리말로 하는 것도 좋은 방법이다. 예컨대 불혹은 마흔 살을 의미하는 것이지 40대를 뜻하지는 않는다.

　그런데 요즘은 참으로 이상한 나이가 있다. 마흔 살까지는 보통 순 한글로 잘하는데, 쉰 살이 넘으면 표현법이 달라진다. 예를 들면 '쉰한 살'은 '오십(50) 하나'라고 표현하고, '예순두 살'은 '6학년 2반'이라고 한다. 참으로 유머와 위트가 있는 민족이다.

❊얄짤없지 말입니다

대학교수를 하면 재미있는 점이 많다. 연령층이 다양한 것이 그중 하나다. 막 고등학교를 졸업한 귀염둥이부터 제대한 복학생, 공부에 한이 맺혀 늦게 입학한 고령자 등 다양하다. 대학원의 경우는 더욱 심하다. 막 대학을 졸업한 20대 초반의 여학생에서부터 퇴직을 앞둔 교장이나 타 대학 교수들까지 엄청나게 다양하다. 그래도 배움에는 너나없이 부지런히 하는 모습이 보기 좋다. 대부분의 학생들은 필자에게 '합쇼체(아주높임)'를 사용해서 언어생활을 하는데, 복학한 예비역 학생들은 여전히 군대 용어를 써서 아이들을 오염(?)시킬 때가 있다. 아직 군에 다녀오지 않은 학생들도 그런 말투가 재미있는지 따라 하는 경우가 많다. 그중 제일 심한 것이 '얄짤없다' 라는 말과 문장 끝에 항상 "~~지 말입니다."하고 말을 맺은 것이다. 도대체 '얄짤없다' 가 무슨 말이냐고 하면 대부분은 대충 본인이 알고 있는 어휘를 총동원하여 풀이하기도 한다. 우선 제일 많이 풀어내는 말이 "봐 주지 않는다."는 의미로 설명한다. 때로는 "어쩔 수 없다."는 말을 대신하기도 한다. 그렇다면 이 말이 사전에 등재된 말일까 해서 찾아보았다. 사전에는 등재되지 않았고 〈오픈사전〉에는 "1. 남의 일이나 사정을 전혀 고려하지 않는다는 뜻. 2. 어림도 없다는 뜻의 신조어"라고 나타나 있다. 결론적으로 표준말은 아니라는 말이다. 그럼에도 불구하고 이 말은 우리나라 사람 거의 다 쓰고 있는 것 같다.

아무리 애원해도 <u>얄짤없어</u>.

한 번 더 그러면 아무리 사과해도 <u>얄짤없으니</u> 알아서 해.(⟨고려대
한국어사전⟩)

한 번만 더 그래 봐. 더는 <u>얄짤없어</u>(국립국어원, ⟨우리말샘⟩)

　이상과 같이 많은 사람들이 쓰고 있는 말이지만 사전에 등재되지 않은
이상 표준어가 아니므로 자제하는 것이 좋다고 본다. 그래도 우리말이니
어원이라도 살펴보는 것이 좋을 것 같아서 근원을 찾아보려고 한다. 필자
의 어린 시절에는 '일절(一切)없다'라는 표현을 많이 썼다. 아마도 여기서
유래한 것이 아닌가 한다. 한때 유행했던 '응답하라 1988'이라는 드라마
가 있었다. 그 속에서 어느 여학생이 늘 입에 달고 다니는 말이 "웬 열?"이
었다. 따지고 보면 "웬 일이니?"하는 것에서 '일'이 '열'로 바뀐 것으로
유추해 본다. 마찬가지로 '일절 없다(아주, 전혀, 절대로 없다)'라는 말에서
'모음변이(일=〉얄)'와 '경음화, 모음변이(절=〉짤)' 현상이 일어나서 그렇게
된 것으로 본다. 흔히 '행위를 그치게 하거나 어떤 일을 하지 않을 때'에
쓰는 말에 '없다'를 붙여서 '절대로 안 된다'는 말을 강조한 것으로 본다.
장난삼아 치어(稚語 : 어린아이의 말)를 쓰던 것이 온 국민의 용어로 바뀐 것
이다. 아마도 60대가 넘은 기성세대도 이런 표현을 아직 쓰고 있을 것으
로 생각한다. 필자가 어린 시절에 듣던 말이고, 필자의 친구들도 아직도
이 말을 사용하는 것을 흔히 듣는다.

　또 하나 앞에서 예로 든 것과 같이 말끝마다 "~~지 말입니다."라고 마
무리하는 습관이 유행처럼 번진 적이 있다. 아마도 〈태양의 후예〉라는 드
라마 이후인 것으로 생각한다. 필자가 군에 있던 시절까지만 해도 언어생
활은 무조건 '다·나·까'로 끝나야 한다고 배웠고, 그렇게 사용했다. 그
래서 말끝마다 "그렇습니다. 했습니까? 했나?"등으로 마무리했었다. 그
러던 것을 2016년에 '말투개선지침'을 내려 공식적으로는 '다·나·까'

를 쓰되 내무반에서는 "~~요"를 써도 된다고 했다.(손진호, 〈지금 우리말글〉) 그런데 〈태양의 후예〉라는 방송 이후 우리 학생들도 늘 "~~지 말입니다."를 입에 달고 다녔다. 제대한 지 얼마 안 된 녀석들은 사석에서 이런 표현을 과감하게(?) 쓰곤 했다. '다 · 나 · 까'를 쓰는 것을 고치라고 하면 그것은 금방 고치는데 이상하게 "~지 말입니다."는 잘 고쳐지지 않았다. 당연히 어법에 어긋난 표현임에도 불구하고 많은 젊은이들이 사용하고 있어서 걱정이다.

과거에 "~~하시게요."라는 말이 잘못되었다는 글을 쓴 적이 있다. 그럼에도 불구하고 요즘은 그것이 아주 표준어처럼 쓰이고 있다. 참으로 안타깝다. "앞에 가시게요.", "먼저 가시게요." 등등의 언어생활이 바른 표현인 줄 아는 사람들이 너무나 많다.

오호 애재라! 아무리 변하는 것이 언어라고 하지만 그래도 우리 민족의 얼이 서려 있는 말인데 바른 언어생활을 하면 얼마나 좋을까 하고 혼자 생각해 본다.

❋어르고 달래다

우리말을 가르치다 보면 의외의 내용에 놀라는 사람들이 많다. 외국인들은 오히려 자연스럽게 받아들이는데, 한국인들은 단어의 어원이 생각하지도 않았던 것에서 비롯되었음에 놀라는 모양이다. 오늘의 제목에 들어있는 말이 그렇다. 예전에 다른 칼럼에서 성폭력, 성폭행, 성추행 등에 대해서 다룬 적이 있다. 각각 개념의 차이를 자질별로 분석해서 그 의미를 명확하게 하고자 하는 뜻에서 쓴 글이다. 그 후로 학생들은 성추행과 성폭행의 개념에서 헷갈리는 일은 없었다. 이러한 문제는 완곡어법 때문에 발생하였다. 변소를 해우소라 부르는 것이 바로 완곡어법의 대표적인 예라고 할 수 있다. 과거에도 이러한 예는 많다.

경기가 하락하니까 이를 '마이너스 성장'이라는 말로 포장해서 내보내는 것이 그 대표적이었다. 강간이라는 말이 듣기에 거북하다고 해서 '성폭행'이라고 부르는 것도 완곡어법의 한 예이다. 그러다 보니 이젠 강간이라는 말은 거의 사라지고 '성폭행'이라는 단어가 그 자리를 대신하게 되었다.

며칠 전에 '어르다'라는 말을 SNS로 나눔을 했는데, 의외로 질문도 많이 들어오고 반응도 좋았다. 그래서 오늘은 오해하기 쉬운 우리말의 어원을 찾아서 분석해 보기로 한다. 향가 중에 〈서동요〉라는 것이 있다. '선화공주와 백제 무왕의 사랑이야기'라고 하면 로맨스로 들리겠지만 사실은 선화공주가 예쁘다는 소문을 듣고 서동이 아이들이 좋아하는 노래를 만들어 소문을 먼저 내는 이야기다. 그 노래가 서울(경주)에 널리 퍼져 결국은 신라 왕의 귀에 들어갔고, 왕은 공주가 혼인도 하지 않고 남자와 사통했다는 이유로 궁궐에서 쫓아내게 된다. 그래서 쫓겨난 선화공주를 서동이 쫓아가 만나게 되고 둘이 결혼했다는 이야기다. 그 노래를 보면

　　선화공주님은
　　남 몰래 어러두고
　　서동이를
　　밤에 몰래 안고 간대요

　위의 글 중에 '남 몰래 어러두고'라는 말은 한자로 하면 '사통(私通)한다'는 말이다. 즉 "남들 몰래 서동이와 정을 통하고 있다."는 말이니 임금이 좋아할 리가 없다. 여기서 유래한 것이 '어르다'이다. 흔히 '어르고 달래다'라고 하면 "몸을 움직여 주거나 또는 무엇을 보여 주거나 들려주어서, 어린아이를 달래거나 기쁘게 하여 주다."로 알고 있다. 혹은 "사람이나 짐승을 놀리며 장난하다, 어떤 일을 하도록 사람을 구슬리다."정도로 이해하고 있다. 그러나 그 시작은 성적인 교류를 하는 것에서 비롯되었다.
　우리말로 '계집어르다'라는 말은 '장가들다(장인집에 들어가다. 예전엔 데릴사위제도로 사위가 장인집에 들어갔기 때문에 장가 드는 것이다.)'라는 뜻이고, '남진어르다'라는 말은 '시집가다(여자가 시댁에 들어가다.-여자가 혼인하여 남의 아내가 되다.)'라는 뜻이며, '겨집어리'라는 말은 '다른 여자와 정을 통하다'는 뜻이다. 이 말들을 자세히 살펴 보면 '어르다'라는 말이 '혼인하다'라는 말로 알기 쉬운데, 사실은 '성행위를 하다'라는 말이다. '얼레리 꼴레리'도 여기서 나왔다는 것은 더 이상의 설명이 필요 없을 것이다.

　이렇게 '어르다'에서 파생된 단어가 '어른(나이가 들어서 아이를 낳을 수 있는

사람, 성행위를 할 수 있는 사람)'이다. '아름답다'는 '어른답다'에서 파생된 말로 "성숙하여 아이를 낳을 수 있다."의 의미였다. 그래서 '아름답다'라는 표현은 어린아이에게는 쓸 수 없는 말이다.

우리나라는 신라를 지나 고려시대까지 성적(性的)으로 상당히 자유스러웠다. 그러나 조선시대에 유학의 영향으로 성은 음성적으로 활동해야 하는 부끄러운 일이 되었다. 요즘은 장관이 되기 위해서는 중학생 때부터 관리를 해야 한다. 도덕적이나 학문적으로 부끄러움이 없는 사람이 되어야만 청문회를 넘을 수 있기 때문이다. 충청남도, 서울, 부산 등 우리나라의 대도시 수장들이 "남 몰래 어르다"가 한 방에 날아갔다. 성은 고귀한 것이지만 때론 멸문의 화가 될 수도 있음을 명심해야 한다. 어르고 나서 달래기 전에 자신의 관리를 철저히 하는 편이 훨씬 좋다.

※코비드-19와 언택트

‘코비드-19’로 많은 것이 변했다. 세기가 바뀌고 있는 것이 눈에 보일 정도로 빠르게 변하고 있다. 어떤 이는 ‘코비드-19’가 맞는다고 하는데 방송에서는 계속 ‘코로나-19’라고 하고 있으니 정식 명칭이 무엇인지도 모르겠다. 한때는 ‘우한폐렴’이라고 했다가 지역 명칭이 들어간 것은 좋지 않다고 하여 코로나-19로 바꾸고 다시 코비드-19(코로나-19 바이러스 감염증)로 수정한 것으로 알고 있다. ‘아프리카 돼지열병’은 그대로 있는데, ‘우한폐렴’은 많이도 바뀌었다. 이름만 바뀐 것이 아니라 변이종도 많이 나왔다. 델타, 람다, 감마 등 뒤에 접미사처럼 새로운 것이 붙어서 나타나고 있으니 신의 창조작업은 아직도 진행 중(?)인가 보다. 사실 언어학을 하는 입장에서는 왜 이런 이름을 붙이는지 알고 싶다. 물론 조금씩 다른 모습을 보이기 때문에 이름을 바꾸기는 하겠지만 왜 하필이면 알파, 베타, 감마 등의 용어를 사용하고 어떤 경우에 람다를 쓰고, 어떤 경우에 감마를 쓰는지 정도는 알려주었으면 좋겠다. 나만 그런지 몰라도 이름을 지을 때는 항상 뭔가 이유가 있기 때문이다. 그렇다면 그 이유를 조금은 백성들에게 알려주는 것도 좋지 않을까 한다.

코로나-19(코비드-19가 맞는 것 같지만 모두가 ‘코로나’라고 하니 그렇게 부르기로 하겠다.)로 인해 가장 많이, 그리고 가장 빠르게 바뀌는 것이 학교다. 그중 하나는 교실의 부재가 가능한 세상이 되었다는 것이다. 참으로 아이들이 보고 싶다. 아니 만나고 싶다. 줌(Zoom)을 통해서 얼굴을 보는 경우도 있지만 우리 학교는 LMS라는 시스템으로 줌보다 비대면 수업이 많다. 그래서 세상에 코로나-19 이후 가장 많이 알려진 단어가 '언택트'라는 말이다. 무슨 뜻인지 금방 알 수 있을 정도로 익숙하다. 필자도 '비대면'에 해당하는 단어라는 것을 느낌으로 알 수 있다. 하지만 학문을 하는 사람은 느낌으로만 하는 것이 아니다. 실제로 사전을 찾아 보고 사실 관계를 확인하고 글을 써야 한다. 영어사전을 열어서 'untact'를 쳐 보았다. 사전에 없는 단어였다. 이건 또 무슨 말인가? 공식적으로 사전에 등재되지도 않은 단어를 기자들이 만들어서 썼단 말인가? 영어사전에는 당연히 없고 다시 한국어사전을 찾아 보니 최근에 올라온 것이 있다. "언택트 : un-contact, 사람을 직접 만나지 않고 물품을 구매하거나 서비스 따위를 받는 일"이라고 나타나 있다. 역시 '언택트'라는 단어는 콩글리시(Korean English = Konglish : 한국식으로 잘못 발음하거나 비문법적으로 사용하는 영어를 속되게 이르는 말)였다.

　우리 민족은 참으로 창의력이 대단한 사람들이다. 외국어를 들여와서 한국어로 변질시키는데 탁월한 재능이 있다. 외국에서는 사용하지 않는 말도 우리나라를 거쳐 가면 세계어가 되기도 한다. 언제가 한 번 서술한 적이 있는데, 대표적인 경우가 'Fighting'이라는 단어다. 본토에서는 형용사로 쓸 뿐이지 독립어로 쓸 수 없는데, 우리나라에 와서 '파이팅, 화이팅, 홧팅, 팟팅' 등으로 발전하여 다시 외국으로 수출하고 있다. 요즘은 외국인들도 '파이팅'이라는 단어를 경기 중에 많이 사용한다고 하니 얼마나 대단한 민족인지 실감할 것이다. 태권도처럼 원래 한국어였던 것이 외국에 가서 외래어(차려, 경례 등)로 자리잡는 경우도 있지만 외국어가 한국에 와서 의미 변화를 겪고 다시 외국에 수출되는 것은 대단한 발전이다. 그만큼 우리의 국력(경제력)이 강해졌다는 말이다. 문제는 한국인들이 사용하는 콩글리시가 진짜 영어인 줄 알고 본토에 가서 사용했다가 창피당할 수 있다는 것이다.

한국인의 정체성을 찾을 수 있는 가장 빠른 길은 한국어를 정확하게 사용하는 것이다. 외국어를 사용할 때는 역시 외국어의 어법에 맞게 사용해야 혼란스럽지 않다. 지나치게 외국어 사용을 많이 하다 보면 오류가 나오게 마련이다. 아름다운 우리말을 즐겨 사용하는 자랑스런 한국인이 되자. 비대면 시대가 얼른 지나가고 만나서 얼굴을 보며 정담을 나누었으면 좋겠다.

※김여사女史 이야기

인터넷에 보면 '천하무적 김여사 시리즈'라는 것이 있다. 운전을 엉망으로 하거나 주위를 의식하지 않고 행동하는 사람을 일컬어 '김여사'라고 한다. 한때는 김치녀나 된장녀 같은 단어들이 유행했고, 지금은 부동산과 관련된 어휘들이 세상을 지배하고 있다. 어떤 만화에는 고급 승용차를 가진 남자보다 '내(LH)○○'에 다니는 사람을 더 높이(?) 평가하는 것으로 나오기도 했다. 세태를 풍자하는 면에서 동일한 발상이지만 뭔가 아쉬움이 많이 남는 말들이다. 요즘은 강아지를 '댕댕이'라고 부르는 사람이 많다. '멍멍이'와 비슷하게 생긴 글자로 바꾸어서 부르는 언어유희라고 해야겠다. 비빔면을 '네넴띤'이라고 해서 동남아에서 유명해지기도 하였다. 사람들은 언어로 삶을 재미있게 풍자하기도 하고 즐거움을 선사하기도 한다. 그런 면에서 김여사 시리즈는 아직도 현재진행형이라고 할 수 있다. 이 김여사라는 말은 언어의 유희와는 조금 다른 점에서 시작하였다. 비슷하게 생긴 단어로 풍자하는 것이 아니고 여성의 직업을 일컫던 말인데, 현대 사회로 오면서 의미가 계속 변하고 있다.

원래 여사(女史)라는 말은 주나라 때부터 있었다. 굉장히 유래가 오래된 단어다. 주나라가 창업한 시기는 기원전 1122년 전후라고 한다. 그때부터 왕실의 관직에 여사(女史)를 두었다. 그러다가 일제강점기(1910년 이후)를 지나면서 그 의미가 바뀌어 일반 여성에 대한 존칭으로 쓰이기 시작했다. 그러니까 그 당시에는 '여사님'이라고 많이 불러왔다. 아직도 애매한 경우에는 여사님이라는 호칭을 많이 쓰는 것으로 안다. 잘 모르는 사이나 어렵게 불러야 할 때 여사님이라고 하는 것을 자주 보았다.

그렇다면 중국에서는 무슨 의미로 쓰였을까? 일단 사전에 의하면 "고대 중국에서 왕후(王后)의 예지(醴肢)를 관장하는 여자 벼슬아치를 말한다." '예지(醴肢)'란 단술 례(醴)에 사지 지(肢)자로 황제의 술과 일상생활을 관장하는 벼슬을 말한다. 그중에서 '성생활'을 빼놓을 수 없다. 그래서 이것이 나중에는 황제와 동침할 비빈들의 순서를 정해주는 일로 확대되었다. 고문헌에 의하면

여사(女史)는 비빈들에게 금, 은, 동 등으로 만든 반지를 끼게 하여 황제나 왕을 모실 순서를 정했고, 생리 중인 여성은 양 볼에 붉은색을 칠하게 하는 등 비빈들의 건강 상태나 행동을 관찰하고 기록하여 실질적인 궁중 권력을 행사했다.

라고 되어 있으니 여사의 역할을 짐작할 수 있다. 비빈들에게는 상당한 권위가 있었을 것이고, 황제에게도 중요한 인물이었음은 확실하다. 그러나 이러한 의미가 점차로 낮아지기 시작하여 조선시대를 지나면서 그 의미를 완전히 잃고 말았다. 다만 일본에서 결혼한 여인들의 성씨 뒤에 붙여서 존칭어처럼 쓰이게 된 것이다. 우리나라에는 일본에서 사용하던 것이 그대로 들어와 쓰이게 되었다. 그러니까 처음에는 결혼한 여성에 대한 존칭의 의미로 쓰이게 되었고, 나중에는 나이 많은 여성에 대한 높임의 호칭으로 활용되었다. 우리나라에는 흔한 것이 김씨이기 때문에 김여사가 일반화되었다. 그러나 청나라 말엽부터 그 의미는 상당히 변했으니 여성들을 성적 의미만 강조되어 술집의 포주나 창녀 정도의 뜻으로 바뀌었다. 그래서 지각 있는 여인들은 여사의 의미를 바꾸고자 해서 한자를 여사(女士)로 바꾸기도 하였다. 아마도 선비적인 면을 부각시키고자 한 것이 아닌가 한다. 그러나 이미 여사(女史)라는 말이 사전에 등재되었고, '결혼한 여자

를 높이는 말'로 일상화되어 있던 터라 쉽게 바꾸지는 못했다.

　김여사 시리즈가 계속해서 나오는 한 여사(女史)라는 의미는 바람직하지 못한 것으로 굳을 수밖에 없다. 흥미를 위한 언어의 유희가 자칫 의식구조까지 바꾸지 않을까 걱정이다.

❈문 발로 차지마세여(?)-연결어미와 종결어미

아침에 아내와 산에 다녀오는데 어느 가게 문 앞에 쓰여 있는 글이다. 요즘 많은 사람들이 문법을 파괴하고 현대인들이 SNS에 즐겨 사용하는 문장 형식을 그대로 사용하고 있다. 옳고 그름을 떠나서 서글픔을 금할 수가 없다. 특히 ○○중학교 앞에 있는 문방구에 붙어 있는 문구라 더욱 슬프다. 아마도 학생들이 문을 발로 차고 들어오거나 주인이 없을 때 발길질을 자주 하는 모양이다.

과거에 다문화 가정의 결혼이주여성들을 가르친 적이 있다. 그 당시에도 연결어미를 지도하면서 황당했던 기억이 있어 함께 논해 보고자 한다. 당시 베트남 여성이었던 것으로 기억한다. 연결어미 '-고'를 설명하면서 "동생은 피아노를 친다. 나는 공부를 한다."를 한 문장으로 만들면 "동생은 피아노를 치고 나는 공부를 한다."라고 가르쳤다. 그러면서 문장을 연결하려면 동사의 어간에 연결어미 '-고'를 붙여 두 문장을 하나로 만든다고 하였다. 그랬더니 엉뚱한 질문이 들어왔다.

"교수님! 문 닫고 들어와."라는 말이 있는데, "문 닫고 어떻게 들어가요?"

하고 질문을 했다. 엉뚱하기는 했지만 우리나라 사람들이 흔히 사용하는 말이라 "한국인은 중요한 것을 앞에 쓰는 습관이 있어서 그렇다. 가끔

문법이나 논리를 벗어난 것이 있다."고 하면서 "꼼짝말고 손 들어."까지 묶어서 설명한 적이 있다. 그러면서 연결어미 중에 '-요'가 있는데 요즘 사람들은 종결어미와 구분하지 못하고 있다고 부연 설명까지 하였다. 그들은 한글지도사 과정에서 공부하는 중이었기 때문에 대부분이 이해를 하고 넘어갔다. 요즘도 식당에 가면 "어서 오십시요."라고 쓴 것을 현관 바닥에 깔아놓은 것을 볼 수 있다. 여기서 '-요'는 연결어미로

"하나요, 둘이요, 셋이요……"
"이것은 사과요, 저것은 복숭아다."

위와 같이 문장을 연결할 때 쓰는 말이다. 그럼에도 불구하고 대부분의 가게 현관에는 "어서 오십시요."라고 쓰여 있다. 그러다 보니 많은 사람들이 그것이 맞는 말인 줄 안다. 마치 "침대는 가구가 아닙니다."라는 광고 문구로 학생들이 시험에서 모두 틀렸다고 하는 것과 다를 바가 없다. 요즘은 젊은이들이 문법을 파괴하고 글을 쓰다 보니 지나치게 어법에 어긋나는 것이 많다. 그래서 그 문방구도 학생들의 수준에 맞추다 보니 가게 문 앞에 "(문을) 발로 차지 마세여."라고 써 붙인 것이 아닌가 한다.
종결어미로는 '-오'가 있다 문장이 끝났음을 알려 주는 어미를 종결어미라고 한다. 그렇다면 "어서 오십시오."라고 쓰는 것이 맞다는 것을 쉽게 알 수 있다. 마찬가지로 "문을 발로 차지 마시오."라고 하는 것이 어법에 맞는 것임을 말할 나위 없다.
세상이 빠른 것을 강점으로 하는 시대가 되다 보니 <u>별것을 다 줄여서</u> 말하는 시대가 되었다. 이런 것을 젊은이들은 '<u>별다줄</u>'이라고 한다. 생일파티를 줄여서 '생파'라고 하듯이 '든보잡'은 '든도 보도 못한 잡놈'을 줄여서 쓴 말이다. '꾸안꾸'는 '꾸민 듯 안 꾸민 듯'의 준말이다. 요즘 가장 유행하는 말이 아닌가 한다. 학생들을 이해하려고 하면 학생들의 용어를 알

아야 하지만 학교 앞의 문방구까지 이렇게 학생들의 잘못된 어법을 그대로 따라 해야 하는지 의문이다. 우리말은 연결어미와 종결어미가 있어서 외국인에게는 참 어려운 말이다. 그렇다고 해서 우리 학생들까지 문법에 어긋나게 쓰는 것을 자랑으로 여기고, 그것이 보편화되어서는 안 된다. 우리말은 우리가 지키지 않으면 문화적으로 종속될 수밖에 없다.

※연등회와 빈자일등(貧者一燈)

며칠 전에 '부처님 오신 날'을 맞이하여 평소 잘 아는 스님에게 가서 인사도 하고 행사에 참여하여 연등회의 의미도 제대로 알고 왔다. 무식하면 용감하다는 말이 있듯이 필자는 여태까지 연등회를 '蓮燈會'로 알고 있었다. 연꽃 모양의 등불을 들고 행진하는 광경을 보고 그리 연상했던 것 같다. '蓮燈會'라는 데에 전혀 의심 없이 받아들였고, 주변에 있는 많은 사람들도 필자와 같은 생각이었다. 부처님 오신 날이 다가오기 며칠 전에 평소에 존경하던 법현스님(열린선원, 보국사, 일본 금강사 주지)으로부터 문자가 한 통 들어 왔다. 늘 학승으로 존경하는 분이었기에 보내주는 글은 거의 빠짐없이 읽고 있는데, 그날의 글은 유독 눈에 들어왔다. 내용은 다음과 같다.

우리가 흔히 연등회라고 하면 蓮燈을 생각하는데 실제로는 燃燈이다. 〈현우경(賢愚經)〉에 나오는 가난한 여인이 밝힌 등 이야기를 배경으로 한다.

과거불인 연등불(燃燈佛) DipankaraBuddha 스토리와도 관련 있다. 여러 형태의 등을 달고 불을 밝힌다. 어두운 밤 같은 뭇삶누리에 등불과 같은 슬기등을 밝히는 뜻이다. 누리마다 나누기 위해 등 들고 동네 한 바퀴 돈다.

이 글은 지금까지 빈자일등(貧者一燈)이라는 글로 많이 알려져 있는 글이다. 예전부터 잘 알던 것인데, 이것이 연등회(燃燈會)의 기원이 되는 것인 줄은 몰랐다. 연등회 따로 '빈자일등' 따로 기억하여 각자 다른 이야기로 입력되어 있었다. 빈자일등(貧者─燈)은 불경인 현우경(賢愚經)〈빈녀난타품〉에 나오는 성어이다. 인간의 삶에 물질보다 정성이 중요함을 말한다. 부처님이 아사세왕의 초청을 받아 궁궐에서 설법을 마치고 밤이 되어 기원정사로 돌아가려 할 때, 왕은 길에 수만 개의 크고 밝은 등불을 밝혀 공양하였다. 이웃 코살라국의 사위에 난다(법현스님의 설명으로는 '예쁘다'는 뜻이라 함)라는 가난한 여인이 살고 있었다. 그 여인은 구걸로 겨우 목숨을 이어갈 정도로 가난했다. 다음날 부처님이 자기가 살고 있는 사위성에 온다는 소식을 듣고 난다는 비록 등불 공양을 올리기 위해 종일 구걸해 얻은 돈 두 닢으로 기름을 샀다. 난다는 어렵게 등(燈) 하나에 불을 밝혀 석가모니께 바쳤다. 밤이 깊어 세찬 바람이 불어 다른 등불은 다 꺼졌으나 난다의 등불만은 밝게 빛나고 있었다. 아난다(부처님의 비서실장)가 등불을 끄려 하였으나 꺼지지 않았다. 부처님은 그녀를 "너는 오는 세상에 부처가 될 것이다. 그때의 이름은 수미등광여래이며 십호의 공덕을 갖추게 될 것이니라."라고 하여, 난다는 다음 세상에 황후로 태어나 남편 아쇼카왕과 더불어 인도를 천하 통일시키고 불교를 중흥시키는데 이바지한 보살이 되었다고 한다.

그러니까 연등회는 연꽃을 의미하는 것이 아니라 '등불을 밝히는 것'이 중요다. 다시 법현 스님의 말을 보면 "연등회가 등을 밝히는 연등(燃燈)인데 연꽃등(蓮燈)이라고 잘못 알리고 있어서 여러 차례 글을 통해 알렸음에도 홈페이지에 연등(蓮燈)의 뜻인 lotus lantern festival을 쓰고 있었다. 연꽃등은 여러 등 가운데 하나일 뿐이다. lightening이나 brightening 또는 shining lantern festival 등을 써야 할 것이라고 제언했다. 아니면 일곱 송이 연꽃을 받고 젖은 땅에 옷과 머리칼을 까는 보시행을 받고 부처가 되리라는 수기를 한 연등불(燃燈佛)의 이름인 디팡카라페스티발(dipamkara festival)은 어떨까 하고 제안하기도 했다." 지금은 아마도 연등(燃燈)으로 바로 잡힌 모양인데, 요즘은 영문이름은 <u>연등회로 바꾸면서 음사해서 자연히 해결되었으나 뜻은 들어나지 않았다</u>고 한다.

우리말이지만 한자의 뜻을 모르면 자칫 엉뚱한 해석이 가능한 것인데, 다행히 한 스님의 노력으로 우리말이 제자리를 찾아가는 것 같아 이 자리를 빌어 감사의 인사를 전한다. 모든 사람들이 알았으면 하는 소망에서 스님의 허락을 얻어 이 글을 쓴다.

❋연륙교(連陸橋)에서-연륙교의 발음

지난 주말에는 아내와 영종도에 가서 저녁을 먹었다. 아직도 주말부부인 관계로 가능하면 주말을 즐기려 노력한다. 지금은 둘 다 방학 중이라 주말의 의미가 없지만 그래도 습관에 준해 가능하면 주말에 인천 주변 나들이를 하려고 한다. 인천에 사는 동안 주변 유람을 충분히 해야 나중에라도 후회하지 않을 것이기 때문이다. 덕분에 주변 섬들도 많이 돌아다녔고, 강화도에도 여러 번 갔다. 이번에는 아내의 흑심에 속는 척하고 영종도를 찾았다. 레일 바이크도 보고 공원에 가서 만 보 걷기도 하고 저녁을 먹으러 갔는데, 식당 이름이 '연륙교'였다. 여름이라 해물을 먹기가 조금 꺼려서 그곳을 산책만 하고 다른 곳으로 이동했는데, 그 주변에는 사람들이 엄청 많았다. 영종도 사람들은 다 나와서 바닷바람을 즐기는 모양이었다. 아내와 산책을 하는데, 사람들이 "여기로 제3연륙교가 생긴다."고 하면서 이야기하는 것을 들었다. 그런데 발음이 이상하게도 '연뉵꾜'라고 했다. 아내에게 물어보니 그렇게 들었다고 한다.(참고로 아내도 한국어학과 교수라 둘 다 발음에 예민하다.) 어째서 '열륙꾜'라고 발음하지 않고 '연뉵꾜'라고 하는지 알 수가 없었다. 갑자기 수업 시간에 '공권력'에 관한 발음을 지도했던 생각이 났다. 많은 제자들에게 똑같은 질문을 했는데, 거의 50%는 '공꿜력'이라고 발음하고, 나머지 50%는 '공꿘녁'이라고 발음했다. 빈도가 거의 비슷했다는 말이다. 이런 경우는 '권력'의 발음을 '궐력'이라고 하는 것과 '공권＋력'인데, 사람들이 '공＋권력'으로 잘못 읽고 있다고 하여 쉽게 이해시킬 수 있었다. 그래서 '공권력'의 발음은 〔공꿘녁〕이 맞다. 그러나 연륙교의 경우는 다르다. '바다에 육교를 연결하는 것'이 아니라 '육지와 바다를 연결하는 다리'이기 때문에 '연륙＋교'가 되어야 한다.

　연륙교는 '육지와 섬을 이어주는 다리'를 말한다. 혹은 섬과 섬을 육지와 연결해 주는 역할을 하는 다리를 말한다. 요즘은 서해나 남해를 가 보면 육지와 연결한 다리(연륙교)가 참으로 많다. 참으로 멋진 풍광이 연출되고 있다. 그런데 이 다리의 발음이 제멋대로 되고 있어서 안타깝다. 지난번에 윤석열이라는 이름의 발음도 반드시 〔윤서결〕이라고 읽어야 한다고 지적했는데, 아직도 많은 아나운서, 기자들이 〔윤성녈〕이라고 발음하는 것을 듣는다. 한국인인 한국어의 발음을 바르게 하지 못한다는 것은 문제가 있다. 그래서 쉽게 '석유〔서규〕＝>석열〔서결〕'이라고 예시를 들어 주었다.

　연륙교도 마찬가지다. 앞에서 설명한 바와 같이 '섬과 육지를 이어주는 (連陸) 다리'이기 때문에 반드시 〔열륙〕이라고 발음해야 한다. 만약에 육교와 육교를 이어주는 다리라고 한다면 <u>〔연뉵꾜〕</u>라고 발음할 수 있다. 왜냐하면 '連＋陸橋'라고 한다면 가능하다. '육교'의 발음이 〔육꾜〕이고 그것을 연결해 주는 것이라고 한다면 〔연뉵꾜〕라고 발음하는 것이 맞지만 의미상 섬과 육지를 이어주는 다리라는 것은 삼척동자도 다 아는 사실이다. 그러므로 **[열륙꾜]**라고 발음해야 한다.

　참고로 우리말의 발음에 관한 조항(표준발음법) 제5장 제20항에서 다음과 같이 설명하고 있다. /ㄴ/이 /ㄹ/의 앞이나 뒤에서는 /ㄹ/로 발음한다. 그러면서 그 예로 '신라〔실라〕', '난로〔날로〕', '천리〔철리〕', '광한루〔광한루〕', '대관령〔대괄령〕', '칼날〔칼랄〕', '물난리〔물랄리〕', '줄넘기〔줄럼끼〕', '할는지〔할른지〕' 등을 들었다. 우리말에서 /ㄹ/은 특수한 발음이다. 영어의 /r/ 발음도 나고, /l/발음도 가능하다.

아내가 영종도로 유인한 것은 아마도 그곳에서 분양하는 아파트가 연륙교의 개통으로 인해 가격 상승 가능성을 보고 유람을 빙자하여 유인했던 것 같다. 속아주는 기분도 나쁘지는 않다.

　차를 타고 섬에 가서 하루를 즐기고 오는 것도 나름대로 즐거움이 있었다. 연륙교가 개통되면 5분 만에 청라신도시에 갈 수가 있다고 하니 기술의 발전이 어디까지 갈까 궁금하다.

❖ '염두'와 '엄두'

한국어 중에는 한자어에서 유래한 단어들이 많다. 그중에는 한자어가 완전히 한글처럼 변한 것도 있고, 발음이 변해서 다른 의미로 쓰이는 것도 있다. 예컨대 '장난꾸러기'라고 할 때의 '장난'은 '작란(作亂)'에서 유래했다고 한다. '어지럽게 만들어 정신없게 하는 일'을 '작란(作亂)'이라고 하는데, 여기서 유래하여 어린아이들의 놀이같이 '해칠 생각이 없이 즐겁게 노는 것'을 의미하는 것으로 변했다. 장난을 사전에서 찾아보면 "1. 아이들이 재미로 놀이함, 2. 짓궂게 다른 사람을 놀리는 못된 일을 함, 3. 하찮게 일을 실없이 하거나 심심풀이 삼아 함"(《다음사전》)이라고 되어 있고, '작란(作亂)'은 '장난의 비표준어'라고 나타나 있다.

이렇게 우리말에는 한자어와 관련된 것이 많은데, 그중에서 '염두'와 '엄두'가 어원이 같고 의미가 다른 특이한 경우다. 예를 들어 "염두에 두다"와 "엄두가 나지 않는다"를 보면 확연히 알 수 있다. 평소에는 아무 생각없이 "엄두가 나지 않아."라고 말해왔는데, 그 의미가 어디에서 유래하였는가를 곰곰이 생각해 보니 결국 염두(念頭)에서 왔음을 알 수 있었다. 그러니까 시작은 같은 말이었는데, 세월이 흐르면서 하나는 긍정적인 면으로 사용하고, 또 하나는 부정어와 어울려서 쓰고 있음이 특이하다.

참으로 이상한 것은 우리말처럼 된 '엄두'가 부정어와 호응하는 것이다. 과거에도 우리말을 낮추어 보는 경향이 있었다. '노인'보다는 '늙은이'가 낮춤말 같이 느끼고, '감사합니다'보다는 '고맙습니다'가 낮춤말 같다.

'여자'들에게 '계집'이라고 하면 화를 낼 정도니 순우리말보다는 한자어를 선호한 것이 사실이다.

'염두(念頭)'는 "1. 마음의 속, 2. 생각의 맨 처음"이라는 말이다. 예문으로는 "장마철 산행은 길이 미끄럽고 힘이 든다는 것을 염두에 두고 철저한 준비와 함께 떠나야 한다." 혹은 "나는 글을 써도 사실성을 늘 염두에 둔다."와 같이 쓴다. '마음속'이라는 뜻을 나타내는 경우에는 "그날 우물가에서 본 슬픈 광경 하나가 염두를 떠나지 않는다."(김소운, 〈일본의 두 얼굴〉)를 들 수 있다.

'엄두'는 흔히 부정적인 말과 어울려 쓰며, "감히 무슨 일을 하려는 마음"의 뜻이다. 예문으로는 "김천댁은 그 집에 들어갈 엄두가 나지 않아 쭈뼛쭈뼛 기웃거리고 망설이기만 하였다.", "선생님의 무서운 얼굴을 보니, 돌이는 감히 잘못했다는 말을 할 엄두조차 내기 어려웠습니다.", "2020년 7월 도시공원 일몰제가 시행될 예정이지만, 사유지 매입에 따른 지방비 부담 때문에 공원 개발에는 엄두를 내지 못하고 있다."(고려대, 〈우리말샘〉)와 같다. 이상의 예문에서 보는 바와 같이 '엄두'는 항상 부정어와 함께 다니고 있다.

우리는 염두(念頭)에서 엄두로 변하는 현상을 '변음'이라고 하기도 하고 '단모음화'라고 부르기도 한다. 그러나 단모음화가 된 경우 의미가 같거나 비슷해야 하는데, '엄두'와 '염두'는 부정적인 의미와 긍정적인 의미로 변했다. '낡다'나 '늙다'는 모음의 변화를 주어 약간의 의미 변화를 준 것인데, 이에 비해 엄두와 염두는 사용법이 지나치게 변했다. 모음변이와 단모음화의 차이로 설명하기에는 부족함을 느낀다. 그러니 결국 다시 처음으로 돌아가서 순우리말과 한자어에 대한 근본적인 사고방식으로 돌아가

야 한다. 즉 한자어로 된 것은 그대로 어원을 간직하며 의미의 변화가 없
는데, 우리말화된 엄두는 부정적인 말과 결합하는 것으로 변질되었다고
본다. 같은 말이라 할지라도 한자로 된 것을 높게 보는 시각은 이제 바꿀
때가 되었다. 하지만 오랜 기간 그것이 두뇌에 각인되어 왔기 때문에 그리
쉬운 일은 아니다. 언어는 서서히 바뀌는 것이다. 점진적으로 순우리말의
아름다움을 찾아가야 한다.

　그럼에도 불구하고 필자에게 "늙은이 어디 가세요?"하고 물으면 화낼
것 같다.

　아, 슬프다!

✖영수회담 유감

우리말을 공부하다 보면 한자어의 조어법에 가끔 놀랄 때가 많다. 신문에서 자주 볼 수 있는 단어가 '영수회담'이라는 말인데, 많은 사람들이 영수를 한자로 '領首'로 알고 있다. 우두머리(각 당의 당수(黨首))라는 의미로 쓰기 때문에 그런 것 같은데, 사실 한자로 쓰려면 '領袖'라고 써야 한다. 한자로 영수라는 단어를 치면 '寧壽, 寧帥, 零數, 領袖, 永壽, 永秀, 穎水, 濚水, 營需, 英數, 英粹, 領受, 領收, 領水' 등과 같이 많은 단어들이 나와 있다. 그럼에도 불구하고 '領首'는 보이지 않는다. 우두머리 '首' 자가 들어갈 것으로 생각하지만 그런 단어는 없다. 그렇다면 領袖는 어디서 나온 단어일까 궁금하다. 우선 영수회담에 관한 내용을 보자. "영수회담이란 국가나 정치단체, 혹은 사회조직의 최고 우두머리가 서로 만나서 의제를 갖고 대화를 나누는 것이다. 정치적 교착상태나 위기 국면을 타개하기 위한 최후의 수단으로 활용되는 경우가 많다. '영수(領袖)'의 어원은 '옷깃(領)'과 '소매(袖)'에서 유래한 것이다.

고대 중국인들은 옷을 만들 때 닳기 쉬운 옷깃과 소매 부분을 덧대 금으로 장식하기도 했다. 따라서 화려한 옷깃과 소매는 높은 신분을 상징했고 '영수'가 최고 지도자를 의미하는 뜻으로 발전했다."(《에드윌 시사상식》 참조) 그러니까 머리를 의미하는 것이 아니라 가장 두드러지게 나타나는 곳이라는 뜻에서 옷소매 袖자를 가지고 왔음을 알 수 있다.

후예(後裔)라는 단어도 위와 비슷한 맥락에서 만들어졌다. 우리가 흔히 아는 〈화랑의 후예〉나 〈카인의 후예〉 등의 소설을 보면 알 수 있듯이, 후손들에 관한 글들이다. 옷소매를 의미하는 예(裔) 자가 사람을 의미하게 된 경우다. 후예(後裔)는 '핏줄을 이어받은 먼 자손'이라는 뜻으로 화랑의 후예는 '화랑의 먼 자손'이라는 말이다. 그러니까 구한말에 자신이 화랑의 자손임을 과시하려고 할 때 쓰던 말이다. 한편 후손(後孫)은 '여러 대가 지난 뒤의 자손'을 말한다. 직접적으로 표현하는 '손(孫)'보다는 시간상으로 '예(裔)'가 조금 더 오래된 느낌을 준다. 하지만 지금도 '단군의 후손'이라고 하듯이 큰 차이는 없이 사용하고 있다.

우리가 평상시에 생각했던 것과 다른 글자를 쓰는 경우가 제법 많다. 과거에는 예초기(刈草機)를 사전에서 찾으면 나타나지 않았다. 틀림없이 '풀을 깎는 기계'로 알고 찾았고, 사람들도 다 그렇게 쓰고 있었는데 사전에 나오지 않아서 상당히 당황했던 적이 있다. 농촌 사람들이 즐겨 찾는 카페에 가입해서 활동하고 있던 때인데, 한국어 선생이 사전에도 없는 단어를 쓸 수도 없어서 황망 중에 있었는데, 사전에는 예취기(刈取機)로 나와 있다. 예취기라고 하면 풀을 깎아서 모아두는 기계라고 풀어야 할 것이다. 그러나 우리가 알고 있는 예초기는 풀을 깎기만 하지 모으는 기능은 없다. 사전에도 "곡식이나 풀 따위를 베는 기계"라고 나와 있지 모으는 기능이 있다는 말은 없다. 그렇다면 예초기가 더 어울리는 말인데 왜 굳이 모은다는 의미의 취(取) 자를 선택했는지 모르겠다. 가지다, 모으다라는 뜻으로 설명하기에는 그 기계의 활용도가 맞지 않는다. 그래서 여기저기 물어보았는데, 아무도 아는 사람이 없었다. 다만 일본에서 들어온 단어를 그대로 사용하고 있다는 전언만 들었다. 아마도 이 말이 맞는 듯싶다. 일본인들이 사용하는 단어를 그대로 쓰다 보니 그렇게 된 것이리라 생각한다. 필자는 일본어에는 약해서 이에 대한 설명은 다른 집필진을 기대하고 여기서 꼬리를 내려야겠다. 다만 우리나라에서 단어를 만들 때는 우리의 실정에 맞는 단어를 사용하는 것이 바람직하다는 의견을 보탠다. 지금은 사전에 예초기라는 말이 등재되어 있지만, 그 당시에는 황당하기 그지없었다. 국립국어원에서는 해마다 사전에 새로운 단어를 등재하고 언론에 공개한다. 많은 사람들이 예초기라고 하는 것을 보고 등재한 것이다.

위에 보이는 영수(領袖)는 중국에서 유래한 것을 그대로 사용한 것이고, 다음에 활용한 예취기(刈取機)는 일본에서 들어 온 말을 그대로 사용한 예이다. 둘 다 뭔가 우리말을 표기하기에는 어색한 맛이 있다. 그렇다고 모두 바꾸기에도 너무 늦었다.

예취기를 예초기로 바꾼 것은 그나마 다행이다. 영수(領袖)라는 단어와 같은 것은 천상 어원을 설명하면서 가르치는 묘수를 찾아야 할 것이다.

❋오야지(おやじ)와 데모도(てもと)

요즘은 계속 우리말 속에 들어 있는 일본어의 잔재를 살펴보고 있다. 그러다 보니 자꾸 과거 이야기를 하지 않을 수가 없다. 그것도 필자가 대학에 다니던 시절의 흘러간 이야기들이다.

이 글을 읽은 이들이 노인들만 있는 것은 아닌데 조금 식상하지 않을까 두렵기도 하다. 필자의 외국인 제자들도 많고, 아직은 젊은 대학생, 다문화가정의 이주여성들 등 많은 사람들이 읽고 있는데, 혹 누가 되지 않을까 우려가 되기도 한다. 그러나 우리말을 바로 알자는 것이니 외국인들도 그냥 옛날 이야기 듣듯이 부담없이 읽어 주었으면 좋겠다.

때는 바야흐로 1980년대 초반. 지금으로부터 40년 전이다. 필자가 대학에 다니던 시절의 이야기다. 그 당시에는 대학생이라면 누구나 과외지도하는 것이 일상이었다. 그래서 필자도 전단지를 붙여 놓고 학생모집을 해서 〈정○종합영어〉나 〈핵○영어〉 등을 가르쳐 왔었다. 그런데, 어느 날 전○환정권이 들어서고 '과외폐지'라는 법이 만들어 졌다. "뭐 별거 있겠는가." 하고 여전히 전단지를 붙였고, 근처 고등학생들에게 영어지도를 했는데, 아저씨(?)들이 불렀다. 불법과외를 했다는 것이다. 그것이 그렇게 큰 죄인 줄은 몰랐다. 경찰서에 가서 각서를 쓰고, 피아노를 치고(열 손가락 지문 찍는 것을 피아노친다고 한다.) 나서 훈방되었다. 그 후 두어 번 더 걸려서 혼나고부터는 다시는 과외를 하지 못했다. 큰일 날 것 같은 두려움이 엄습했다. 그래서 지금은 퇴직한 친구와 모란시장에서 '미숫가루' 파는 것을 시작으로 갖은 일을 다 해 봤다. 야간학교에 나가서 강의를 하면서 지금은 목회자가 된 친구와 '만호실업(김만○, 최태호를 합한 포장마차)'을 만들어 모닝 커피와 토스트를 만들어 팔기도 했다. 참으로 힘든 시절이 있었다. 그중에서 꽤 힘든 작업 중의 하나가 막노동을 쫓아다니면서 시멘트 퍼 나르는 일이었다. 이를 당시에는 흔히 노가다판의 데모도라고 했다. 그냥 모두 그렇게 부르니까 데모도가 조수쯤 되는구나 하고 따라다녔다.

기술자들은 당시 13,000원 받는데, 데모도는 4,000원~6,000원 정도 받았다. 참 기술 없는 것이 얼마나 슬프던지? 지금도 마찬가지지만 노동판에서는 아직도 일본어를 그대로 사용하는 경우가 많다. 일터에서 가장 힘(?)이 있는 사람이 오야지였다. 오야지(おやじ, 친부(親父))는 '책임자'를 의미하는데, 아버지라는 뜻도 있다고 한다. 주먹세계에서는 오야붕(おやぶん, 친분(親分))이라는 말도 있다. '우두머리'라는 뜻으로 쓰는 말이다. 조폭 영화에서는 주로 오야붕이라고 한다. 아무튼 오야붕이나 오야지나 모두 일본어에서 유래한 것은 두말할 나위가 없다. 계를 들어도 '오야지'가 있었고, 노름을 할 때도 '오야지(줄여서 '오야'라고 하기도 함)'가 있었다. 무엇을 하든지 책임자나 관리자, 우두머리 등을 줄여서 '오야'라고 불렀다.

필자는 기술자도 아니고 책임자도 아니었기 때문에 맨날 '데모도(てもと, 手元)'밖에 할 수 없었다. 우리말로 하면 '조수, 허드렛일꾼, 막일꾼' 정도로 하면 맞는 말이다. 그러니까 책임자가 시키는 일은 무엇이든지 다 하는 일꾼을 말한다. 사모래(회삼물이 : 시멘트, 물, 모래를 섞은 것인데, 노동판에서는 이것을 '사모래'라 한다. 회삼물이가 표준어임)를 개기도 하고, 모래나 흙을 곱게 치는 일, 물 퍼나르기, 벽돌 나르기 등등 닥치는 대로 시키면 시키는 대로 일을 하는 것이다. 그래도 그 당시에는 대학생이라면 좋게 봐주는 것이 있어서 그나마 위안이 되었다. 맨발로 회삼물이를 만들다가 시멘트 독에 약값이 더 들어간 적도 있다. 아무튼 세상에 불쌍한 것이 '데모도(てもと, 手元))'인데, 요즘은 외국인 노동자(산업연수생)들이 이 역할을 담당하는 것 같다.

3D업종에 들어갈 것이 뻔하니 누가 이 일을 하겠는가? 가끔 공사판을 들어가 보면 옛날 생각이 나는데, 용접공들은 모두 예순이 넘은 분들이거나 외국인들이라서 안타깝다. 일당도 꽤 많이 주는 것 같던데, 젊은이들은 그런 일을 싫어하는 것 같다.

우리말을 돌아보면 일본에서 유래한 것이 참으로 많다. 사실은 일제강점기 시절부터 계속 쓰여 온 말들일 것이다. 한때 국어순화운동 운운하면서 한자를 우리말로 이상하게 바꾼 적이 있는데, 사실은 우리들이 일상에서 쓰는 용어들 중 많이 것이 아직도 일본어인 것을 생각한다면 생활 속의 언어부터 바로 잡는 것이 시급하다.

❈ '~오'와 '요'의 차이

요즘 카카오톡으로 떠다니는 사진 중에 "왜 모른 척하십니까? 사과하십시요!"라고 쓴 것이 있다. 그 주변에 유명한 인사들이 모두 와서 사진 찍느라 난리가 났다. 대선 후보들도 어느 누구 하나라도 빠지면 아니 될세라 사진 찍어서 단톡방(카카오톡 단체방)에 올려서 현장에 다녀온 증거물(인증샷?)로 활용하고 있다. 그러다 보니 모든 사람들이 그것이 맞는 문장인 줄 잘못 알까 두렵다. 국회의원께서 쓰신 문장이니 틀릴 리가 있는가 하고 수정하지도 않고 여기저기 보내는 것이다.

식당에 들어가다 보면 현관에 깔판이 있다. 무슨 용도인지는 모르겠으나 거의 대부분의 깔판에 "어서오십시요"라고 쓰여 있다. 어린아이들도 많이 이용하는 중국집(중국음식을 파는 곳, 이상한 것은 일식집은 일본집이라고 부르지 않는다. 이에 관해서는 다음 기회에 논하기로 한다.) 입구에는 예외 없이 그런 문구가 보인다. 물론 다른 식당도 마찬가지일 것이나 중국 음식점이 유난히 많다는 것이다. 아마도 필자가 중국음식을 좋아해서 자주 가기 때문에 더 많이 보이는 것일지도 모른다.

우리말은 연결어미와 종결어미라는 것이 있어서 필요에 따라 사용하는 글자가 다르다. 종결어미는 주로 '-오'를 쓰고, 연결어미로는 '-요'를 쓴다. 예문을 보면서 살펴보자.

예문 1) 이것은 사과오, 저것은 배오.

예문 2) 이것은 책<u>이요</u>, 저것은 공책<u>이오</u>.

위의 인용문 1)을 보면 뭔가 이상하다는 것을 느낄 것이다. '사과오'라는 표현이 이상하다는 것을 금방 알 수 있다. "하나요, 둘이요, 셋이요~"라고 할 때는 '-요'를 쓰는 것이 듣기에도 편하고 뭔가 문장이 이어질 때 쓰는 것임을 알 수 있다. 이것을 우리는 '연결어미'라고 한다. 그래서 예문 2)가 상당히 자연스럽게 이어지고 있음을 알 수 있다. 중간에 문장을 연결하는 것은 '-요'를 쓰고, 문장이 끝났음을 알려줄 때는 '-오'를 쓴다. 그래서 '-오'을 종결어미라고 한다. 그러므로 "어서 <u>오십시오</u>.", "사과하<u>십시오</u>."라고 쓰는 것이 어법에 맞다.

조금 더 설명을 보태보자. '-오'는 종결어미로 문장이 '설명, 의문, 명령, 청유'의 뜻을 나타내는 종결어미라는 말이다. 또한 '-오'를 쓴 뒤에는 마침표로 마무리하므로 문장은 이미 끝났음을 알려준다. 한편 '-요'는 연결어미로 쓰일 뿐만 아니라 듣는 이에게 존대의 뜻을 나타낼 때 쓰이기도 한다. 이럴 때는 '<u>보조(조)사(특수조사)</u>'라고 한다.

예문 3) 돈이 <u>없어요.</u>
예문 4) 드디어 여름이 <u>가는군요.</u>
예문 5) 사랑은요, 움직이는 <u>거래요.</u>

위의 예문을 보면 문장이 모두 '-요'로 끝났음을 알 수 있다. 이 문장들은 다시 "돈이 없다. 드디어 여름이 간다. 사랑은 움직이는 것이다."와 같이 쓸 수 있다. 원래는 이러한 문장이있는데, 존내의 의미를 너하기 위하여 '-요'를 붙이면서 끝맺은 것들이다. 보조사(補助詞)란 "체언이나 부사, 활용 어미 따위에 붙어서, 특별한 뜻을 더해 주는 조사"를 말한다. 즉 주격

조사 '-이/가'에 비해 '-은/는, -도, -만'은 의미를 더해주고 있음을 보면 쉽게 알 수 있다. 예를 들면

예문 6) 얼굴은 예쁘다.
예문 7) 얼굴도 예쁘다.
예문 8) 얼굴만 예쁘다.

라고 할 때 문장의 의미가 모두 다른 것과 같다. 다시 말해서 "나는요, 여름이 가는 게 싫어요."라는 문장은 "나는 여름이 가는 것이 싫다."라는 문장의 변형임을 생각하면 보조사의 의미를 명확하게 알 수 있을 것이다.

우리말의 연결어미와 종결어미는 엄연히 다르다. 특히 식자층이나 지도층에 있는 사람들은 정확한 문장을 써서 본을 보여야 하고, 대중들이 많이 다니는 곳에는 반드시 정확한 문장으로 표기해야 한다. 각 구청(군청)마다 한국어지도사가 필요한 이유다.

❋오징어 게임 유감

필자는 40년 가까이 교단에서 한국어나 한국어와 관련된 학문을 강의해 왔다. 한국말도 참 잘하는 편이다. 사실 말보다는 글로 쓰는 것을 잘한다. 말로 하는 것은 목사나 변호사들이 잘하고 필자는 논리적으로 글을 쓰라고 하면 조금 더 잘할 수 있다. 특히 어휘나 어원에 관해서 많이 알고 있다고 자부하기도 한다. 필자가 학생들에게 늘 하는 얘기 중의 하나가 "누구든지 스스로 가장 잘할 수 있는 것으로 업(業)을 삼으면 좋고, 그것을 즐길 수 있으면 더욱 좋다."고 해 왔다. 그래서 필자는 자신있는 한국어 장사(?)를 오래 해 왔다. 학부에서는 한문교육학을 공부했고, 대학원에서는 한국어교육을 전공한 터라 이쪽 관련 분야에서는 그냥 편하게 이야기할 수 있는 수준은 된다. 한국어를 일반인보다 쬐끔(?) 더 알고(예를 들면 '온', '즈믄', '골' 등), 한자도 일반인들보다는 조금 더 안다.

요즘은 새로운 단어가 많이 나오고 있어서 필자도 젊은이들에게 배우는 것도 많다. 특히 인터넷 관련 용어나 줌(Zoom)으로 수업할 때 주석 다는 법도 배우고, 거기서 활용하는 용어들도 제자들에게 배운다. 어찌 보면 강의하면서 필자가 얻는 것이 더 많은 것 같다.

"오징어 게임"과 "오징어 가이센(가이상)"

요즘은 오징어 게임이라는 말이 세계적으로 유행이다. 실제로 필자가 초등학교에 다니던 시절에 '오징어 가이상'이라고 하며 즐기던 놀이다.

그 뜻은 모르지만 그냥 동그라미, 세모, 네모의 그림을 오징어처럼 그려 놓고, 몸싸움을 해서 맨 위에 그려져 있는 동그라미에 발을 대면 승리하는 놀이였다. 형제간에도 했고, 동네 친구들과도 많이 했던 기억이 있다. 숨바꼭질은 많이 해 봤지만 "무궁화 꽃이 피었습니다."는 필자보다 약간 어린 세대에서 많이 했던 놀이였던 것으로 기억한다.(영화 덕분에 "무궁화 꽃이 피었습니다"도 세계적인 놀이가 되고 있어 무척 고무적이다.)

예전에는 '오징어 가이상'이라고 했는데, 세월이 흐르니 일본어도 영어에 밀려서 '오징어 게임'이라는 말로 영화화되었다. 하기야 중국에서는 '어벤져스'를 '복수자들'이라고 해서 방영하고 있으니 번역하는 것이야 그들의 마음이니 어쩔 수가 없다. 다만 우리가 어린 시절에 많이 썼던 의미도 모르는 단어가 상당히 많았었다는 것을 요즘에 와서야 느낀다.

가이상은 '가이센(會戰)'이라는 일본어를 우리말인 줄 알고 썼던 단어다. 아마도 대규모 군사들이 격돌하는 것을 흉내내어 게임을 즐기던 것이 아닌가 한다. 때로는 오징어 대가리(동그라미)에 돌을 놓고 그것을 집으면 승리하는 것으로 하기도 하고, 동그라미 안에 발을 집어 넣기만 해도 이기는 것으로 했던 기억이 있다.

우리말에서 일본어는 서서히 자취를 감추고 있으나 영어는 오히려 그 세력을 확장하여 더욱 많아지고 있다. '오징어 놀이'라고 해도 좋을 것을 '오징어 게임'이라고 해서 세계적 놀이로 커가고 있으니 고무적이기는 하지만 처음부터 '오징어 놀이'라고 했으면 얼마나 좋았을까 하는 아쉬움이 있다. 필자도 초등학교 5학년 때까지는 일본어를 더 많이 썼던 것이 아닌가 생각한다. 점심시간에는 '벤또'에 밥을 싸 와서 '다꾸앙'을 반찬으로 끼니를 때웠다. 신발이 없어서 송판에 타이어 잘라 못으로 박아서 '게다'를 만들어 신고 다녔으며, 옷에 '에리'가 더러워졌다고 혼나기도 했고, '쓰메기리'로 늘 손톱을 깎았다. 그러다가 어느 날 국어순화운동이 일어나고 한자어까지도 한글로 바꾸었으나 결국 적응하지 못하고, 한자어는 그대로 남아 있고 일본어는 한국어로 바꿔서 사용하였다. 그런 덕분에 닭도리탕이 '닭볶음탕'으로 바뀌었으며, 다꾸앙도 '단무지'로 바뀌었다.

이제는 게임이라는 말이 한국어처럼 쓰이고 있다. 글로벌 시대라고 해서 영어를 많이 쓰는 것도 좋지만 우리말을 살릴 수 있는 것은 우리말로 사용했으면 하는 소망이 있다. 태권도처럼 차려, 경례를 한글로 지도하니 얼마나 좋은가? 우리말을 세계화하는 데는 태권도인의 업적도 크다. 한국어를 사랑하는 모두에게 박수를 보낸다.

논문은 이렇게 쓰는 겁니다

※오행당상과 사바사바(さばさば)

오행당상(五行堂上)이라는 말이 있다. 옛날 광해군 시절에 당상관이 되기 위해 돈을 바친 자, 재목을 바친 자, 대지를 바친 자 등 오행을 팔아 벼슬을 산 자들을 일컫는 말이다.

광해군은 아버지 선조로 인해 핍박(?)도 받았고, 왕이 되기 전에 적장자가 아니라는 이유로 중신들로부터 세자가 될 수 없다는 주장을 들어야 했다. 그래서 왕이 되기까지 험난한 여정을 보내야 했다.

임진왜란(1592년)이 그가 왕이 되는 데는 일조했다고 보아야 한다. 왜냐하면 선조가 한양을 비운 사이 일본군에 맞서 싸워야 했고, 전란을 겪으면서 화살을 맞기도 하는 등 죽음의 고비도 여러 번 넘겼다. 선조는 신성군(막내 왕자)를 사랑해서 그를 세자로 삼고 싶어 했지만 임진왜란에서 공을 세운 그를 무시할 수가 없었다. 그래서 선조의 뒤를 이어 왕의 자리에 오르게 되었다. 조선의 제15대 왕이 된 광해는 참 불행한 일생을 보낸다. 왕이 되기 전부터 임진왜란으로 인한 고충은 말할 것도 없고, 건저문제(신성군 옹립을 위한 당파싸움) 등으로 어려운 세월을 보냈다. 그러니까 왕세자로 바로 임금이 된 것이 아니라 아버지 선조의 질투와 적장자가 아니라는 등의 이유로 왕위를 잇기 어려운 상황 등 산전수전 공중전을 다 겪고 왕이 되었다.

1608년 그는 이렇게 어렵게 등극한다. 힘들게 왕이 된 관계로 그는 왕권을 지키고자 폭군의 길을 택한다. 왕위를 위협-사실은 어린아이라 위협이 되지는 않았지만-하는 이복동생 영창대군을 사사하고, 인목대비를 유

폐하는 등 많은 살생으로 왕권을 유지하였다. 음양오행술과 미신에 빠진 광해군은 무리한 토목공사(임진왜란으로 소실된 건축물 재건)를 진행하며 경제적으로 어려운 지경에 이르게 되었고, 이 시기에 벼슬을 사기 위해서 각종 헌물을 바친 사람들로 인하여 생겨난 말이 오행당상이다.

그런가 하면 이런 오행당상들의 특징은 영혼이 없다는 것이다. 이렇게 해서 벼슬을 사게 되면 그것을 보충하기 위하여 가렴주구(苛斂誅求)해야 하고 벼슬을 유지하기 위하여 윗분들에게 사바사바하면서 권력을 유지해야 한다. 우리가 흔히 사바사바라고 할 때는 "뒷거래를 통하여 떳떳하지 못하게 은밀히 일을 조작하는 짓을 속되게 이르는 말"(〈네이버 국어사전〉)을 생각한다. 예문으로는 "군납업자는 사바사바를 통해 썩은 된장을 군에 납품한다."(홍성원, 〈육이오〉, 표준국어대사전 재인용)와 같다. 그런데 이 말은 일본어에서 유래하였다. 원어로는 'さばさば(사바사바)'라고 한다. 우리말로는 '속닥속닥'이라고 하면 좋을 것이다. 그러나 의미가 변하여 '우리는 상대에게 아첨을 떨거나 적당히 속여 넘길 때' 이런 표현을 쓴다. 사실은 '속이 후련하거나, 성격이 소탈하고 시원시원할 때' 쓰는 말이었다고 한다.(필자의 일본어 실력이 썩 좋은 편은 아니니 독자의 이해를 구한다.) 그래서 지금은 주로 아부할 때(흔히 손금이 없다는 표현으로 대신하기도 한다.) 이런 표현을 많이 한다. 필자의 세대에서는 아주 많이 사용하는 말인데, 요즘은 젊은이들은 '사바사바'라는 표현보다는 '알랑거리다'는 표현을 더 많이 사용하고 있는 것 같다. 사실 알랑대는 것은 아첨하는 것을 빗대어 말하는 것으로 '남에게 환심을 사거나 잘 보이려고 하는 말이나 행동', 혹은 '좋게 보이려고 자꾸 비위를 맞추거나 아양을 떠는 것'을 말한다. 이렇게 말을 늘이다 보면 한이 없을 것 같다. 아양은 또 액엄(額掩)에서 변한 말로 어린 여자 아이들이 머리에 쓰는 모자에 붙은 장신구를 말한다. 아이들이 어른들에게 귀엽게 보이려고 재롱을 떨면 머리에 달린 액엄이 흔들리는데, 그때 액엄이 떤다고 했고, 그것이 변하여 아양을 떤다고까지 변하게 되었다. 아무튼 사

바사바라고 하는 것은 여러 단계를 거쳐 현재에 이르게 된 말인데, 근원을 일본어에 두고 있는 단어임이 확실하다. 그러므로 '속닥속닥'이라고 쓰면 좋겠지만 이미 그러한 단계는 넘어선 것 같고, 이제는 '아첨하며 알랑거리는 것'으로 확대해석해야 하는 단계에 이르게 되었다.

이제는 거의 한글화된 일본어가 참으로 많다. 일제강점기만 탓할 것은 아니라고 본다. 이웃나라이기 때문에 어휘가 겹치는 것은 당연하다. 우리 백제어나 신라어, 고구려어가 아직도 일본어에 남아있는 것도 엄청나게 많음을 상기할 때 이미 굳어진 것은 어쩔 수 없지만, 아직 바꿀 수 있는 어휘는 우리말로 바꾸는 것이 옳다고 본다.

✻완벽(完璧)과 쌍벽(雙璧)

한자로 쓰는 문제 중에 가장 많이 틀리는 것이 위의 두 단어이다. 특히 '쌍벽'을 한자로 쓰라고 하면 대부분의 사람들이 '雙壁'이라고 쓴다. 아마도 큰 벽이 두 개 있는 것 같다고 해서 이렇게 쓰는 모양인데, 이러한 단어들은 유래를 알고 나면 틀리지 않게 쓸 수 있다. 먼저 완벽(完璧)에 대해 알아보자.

벽(璧)'은 원래 동그랗게 갈고 닦은 옥(玉)을 가리키는 한자어이다. 이 글자에는 옛날 조나라 때의 고사가 전한다. 중국의 조나라에 '화씨의 화씨지벽(和氏之璧)'이라는 멋진 보물 구슬이 있었다. 그런데 진나라의 소양왕이 그 구슬이 탐이 나 진나라의 성 열다섯 개와 그 구슬을 바꾸자고 제의했다. 조나라는 주고 싶지 않았지만 진나라의 왕이 쳐들어올까 두려워 어쩔 수 없이 구슬을 주기로 했다. 조나라의 왕은 그 구슬을 재주 있고 용감한 인상여(藺相如)라는 사람에게 맡겨 진나라에 보냈다. 인상여가 진나라에 가서 왕을 만나보니 왕은 구슬만 넘겨받고 땅은 도무지 줄 생각을 하지 않고 있었다. 이에 인상여는 꾀를 내어 구슬에 흠집이 있다고 하여 구슬을 다시 자기 손에 받아 들고 나더니 별안간 큰소리로 "약속대로 땅을 주지 않으면 구슬을 내던져 산산조각을 내버리겠다"고 말했다. 그러자 진나라의 소양왕은 약속대로 하겠다고 말했다. 이에 또다시 인상여는 진나라의 왕이 구슬을 받으려면 일주일 동안 목욕재계를 해야 한다고 말했다. 왕이 그러겠노라고 하자 인상여는 부리나케 숙소로 돌아가 하인을 시켜 구슬을 조나라로 몰래 가져가도록 했다. 그리하여 구슬은 고스란히 보존할 수 있게 되었다.(이재운 외 〈우리말 100가지〉에서 일부 인용함) 그래서 완벽(完璧)이라고 하면 "한 점의 흠집도 없이 훌륭한 옥을 가리키는 말"이다. 또한 기지를 발휘하여 "훌륭한 것을 그대로 무사히 보존한다."는 뜻과 "빌린 물건을 정중히 돌려보냄"의 의미도 있다. 인상여의 기지가 아니었다면 완전한 구슬(완벽完璧)이 적국에 넘어가거나 산산조각이 났을 수도 있다. 이러한 욕심에 관한 고사는 많다. 예문으로는

*행사 준비에 완벽을 기하다.
*반박의 여지가 없는 완벽한 논리.
*그의 완벽한 일처리에 우리는 모두 경탄하였다.(이상 〈표준국어대사전〉에서
  인용)

위와 같이 쓸 수 있다. 그래서 요즘은 "어떤 사물이 흠잡을 데 없이 완전하거나, 또는 일처리를 흠잡을 데 없이 완전하게 한 것"을 의미할 때 사용하는 말이 되었다.

한편 쌍벽이라는 말도 구슬에서 유래하였다. "두 개의 구슬"이라는 의미로도 쓸 수 있으나 가장 흔하게 쓰는 말은 "여럿 가운데 특별히 뛰어난, 우열을 가리기 어려운 둘을 비유"할 때 쓰는 말이다. 그래서 동사로 '쌍벽하다(우열을 가릴 수 없을 정도로 특히 뛰어나다)'라고 한다. 이때에도 '구슬 벽(璧)' 자(字)를 쓰는 것을 기억해야 한다. '바람 벽(壁)'(흔히 어른들이 '벼람박' 혹은 '베람박'이라고 하는 말이 '바람 벽(壁)'자를 일컫는 말이다.)과 혼동하지 말아야 한다. 멋진 구슬이 두 개가 있어서 우열을 가리기 어렵다는 말인데 사람들은 큰 벽이 서 있다는 의미로 생각하는 것 같다. 그래서 한자로 쓸 때 오류를 범한다. 예문으로는

*이황과 이이는 조선 시대 성리학에서 쌍벽을 이루는 거목들이다.(《표준
 국어대사전》)
*태호와 삼룡이는 이번 졸업생 중에 쌍벽을 이루는 아이들이다.

위와 같이 쓸 수 있다.
한자를 알면 우리말이 편하기도 하지만 한자로 쓰라고 하면 모두 힘들
어하는 것이 현실이다. 그렇다고 한자를 완전히 무시할 수도 없는 것이 우
리말이다. 그러므로 적당히 한자어를 익히면 어휘나 문장 만들기에 큰 도
움이 된다.

※일본에서 통해 온 외래어

1. 바리깡 : 이발기계(Barriquant et marrer 프랑스 이발기계회사)
   *우리말에 이런 것 많아요. 바바리(버버리), 클락숀 등등 모두 제조회사
   이름이랍니다.
2. 빠께스(bucket) : 양동이
3. 빠꾸(back) : 뒤로, 후진, 퇴짜
4. 빵꾸 : 구멍, 망치다(punture〈=パンク의 일본식 발음)
   *농담 한마디 "마담 타이어 빵꾸 났어요."
   =〉4개 국어를 동시에 하는 한국인
5. 뻬빠(sand paper) : 샌드 페이퍼, 砂布
6. 뻥끼(paint) : 페인트
7. 스뎅(stainless) : 스테인리스, 녹막이
   *stainless라고 하면 '녹이 슬지 않는'이고
   stain은 '녹(얼룩지게 하다)'이라는 말이지요.
   스텐그릇=〉녹슨그릇? 아이고~~~
8. 슬리빠 : スリッパ slippers의 일본식 발음
   * '쓰레빠'라고 많이 하지요.
9. 임파선(淋巴線) : 독일어의 Lymphe를 일본식 발음
10. 메리야스(madias〈=에스파냐어) : 속옷
    *madias는 면사나 모사로 신축성이 있고 촘촘하게 짠 천.
    속옷, 장갑 등의 소재로 쓰입니다.

11. 엑기스(extract) : 농축액, 진액

12. 아이롱 : Iron(다리미)의 일본식 발음

13. 츄리닝(トレーニングシャツ) : training shirts(체육복)의 준말

14. 오라이 : all right의 일본식 발음

 *어느 미국인이 한국에 와서 한국인들이 "오라이! 오라이!"하는 것을 듣고 "아하! 올 때는 오라이!, 갈 때는 가라이!하는구나."라고 "가라 이!, 가라이!"했다는 우스갯소리가 있어요. *지금도 "빠꾸 오라이!"는 많이 쓰지요? 엉엉

15. 백미러(rear-view-mirror) : 반사거울, 뒷거울 : 일본식 조어

16. 밧테리 : Battery의 일본식 발음

 *공식적으로 '배터리'로 등재되었습니다.

 의미는 1)야구에서 짝을 이루어 경기를 하는 포수와 투수

 2)전기 에너지를 화학 에너지로 바꾸어 모아 두었다가 필요한 때에 전 기 에너지로 재생하는 장치

 3)→건전지

❈움치칫움치칫

아버지가 그리운 적은 별로 없었다. 어머니는 몹시 그리운데 무슨 일인지 아버지는 꿈에도 잘 나타나지 않으신다. 나타나셔도 별로 개운하지 않은 꿈을 꿀 때가 많다. 선친은 평생 교직에만 근무하셨기에 다른 일은 문외한이셨다. 평생 교편을 잡으신 덕에 필자는 약간의 혜택을 입었다. 아버지와 같은 직업으로 시작해서 오늘까지 왔으니 참으로 질기게 교단에 섰다.(우리 집안의 교직 경력을 합하면 200년이 넘는다.) 선친의 혜택 중의 하나가 소통하는 방법을 배운 것이다. 중학교의 교단에 처음 섰을 때 알아듣지 못하는 아이들을 두고 답답해하던 시절이 있었다. 그때 선친께서 알려 주신 비법이 딱 한마디 "가서 만화영화나 봐."였다. 그리고 1주일 후 필자는 아이들과 재미있게 수업을 할 수 있었고, 재미없는 만화영화지만 아이들을 위해서 열심히 시청했었다. 그때 본 만화가 〈개구쟁이 스머프〉였다. 그리고 다시 40년 가까이 흐르고 나니 답답한 일이 또 생겼다. 일전에 중학생과 상담을 하는데 전혀 알아들을 수 없는 단어가 많았다.

위에 제목으로 떠 있는 '움치칫움치칫'을 알아들을 수 있는 독자가 몇 명이나 될까 궁금하다. 일단 그 아이가 써준 글을 먼저 보자.(그 아이는 소설을 쓰려고 했는데, 필자의 질문으로 문장이 조금 이상해졌다.)

그녀가 나를 불러세웠다. 그녀에게 점점 다가가며 나는 점점 움치칫 움치칫 그녀가 공작저로 가야했던 사정 노아 원나이트 다정한 그대를 지키는 방법 리 제로부터 시작하는 이 세계 생활. 소녀가…… 탐욕의 마녀 에

키드나 사랑은 왜 줄어드는 것인가 아이돌(여학생들이 남자 아이돌을 좋아함) 애니메이션 여학생들도 조금 봄 남학생이 대부분 호불호가 갈림. 중학교에 올라가서 많이 보임 웹툰(여학생들이 주로 좋아함) 나 혼자만 레벨 업(남학생들이 많이 보는 웹툰-원작은 소설), 남학생 소수는 아이유를 좋아함. 남학생들은 주로 게임을 좋아하고 풀스, 롤, 오버워치를 좋아하지만 호불호가 갈림.

위의 글은 현재 중학교 2학년에 재학 중인 여학생이 작성한 것이다. 위의 글을 보면, '움치칫움치칫' 을 비롯해서 '노아 원나이트', '리 제', '소냐', '에키드', '풀스', '오버 워치' 등 알 수 없는 단어들이 너무 많다. 무슨 뜻인지 물어보다 소설로 시작한 글이 이상해지기도 했다. 필자는 주로 그냥 듣기만 했는데, 나중에 종합적으로 정리해 보니 일본 만화(애니메이션과 웹툰)에 나오는 주인공의 이름들이거나 그 속에 나오는 단어들이었다. '움치칫움치칫' 은 "숲속에! 토끼가! 움치칫움치칫 움치칫움치칫~"하면서 하는 게임의 일종인 것 같다. "사치기사치기 샅뽀뽀"하는 게임을 연상하게 된다. 문제는 애니메이션을 보든 웹툰을 보든 간에 모두 일본에서 온 작품들이라는 것이다. 알아들을 수 없는 것도 문제지만 이들은 이미 일본풍의 만화에 흠뻑 젖어 있는데, 지금 친일 적폐가 어떻고, 토착 왜구가 어떻고 하는 것이 이들에게 무슨 의미가 있을까 싶다. 아마도 이들이 성인이 되었을 때는 이미 일본만화의 영향으로 사고방식 자체가 일본식이 되어 있을 것이라는 말이다.

지난주에는 꽤 심하게 충격을 받았다. 대화가 되지 않는 것을 둘째고, 아이들이 일본문화에 경도되어 있다는 사실에 놀라울 따름이다. 그래서 오늘부터 일본 웹툰을 보기로 하였다. 그 속에 나오는 주인공 이름이라노 알아야 아이들과 소통할 수 있고, 아이들의 의식 세계를 이해할 수 있을 것 같다. 명색이 선생으로 40년을 살았는데, 아이들과 대화가 되지 않는다는 것을 용납할 수가 없다. 청소년들과 너무 멀리 떨어져 있었던 것 같다. 다시 만화의 세계에 들어가서 이들을 이해하려고 노력해야 할 때가 왔다. 시대는 변하고, 세월을 흐르는데 마냥 꼰대의 자리만 고집했던 것 같다.

오늘따라 아버지가 그립다.

파파스머프

※윤석열〔윤서결〕인가, 윤석렬〔윤성녈〕인가?

요즘 인구에 가장 회자되는 사람 중의 한 사람이 윤석열 씨가 아닌가 한다. 아마도 야권의 대권 주자로 이름이 올라서 그런 것이 아닌가 생각하지만 정치라는 것은 생물과 같아서 언제 어떻게 변할지는 아무도 모른다. 하루아침 이슬과 같은 것이 정치인들의 생명이다. 그렇다고 윤석열 씨를 과거의 고관 출신과 비교하자는 것은 아니다. 다만 행정과 정치는 다르기에 멀리 보고 행동하기를 바라는 마음에서 범사에 조심할 것을 권하고 싶다.

필자에게 자주 들어오는 질문 중의 하나가 "'〔윤성녈〕'이 맞느냐 '〔윤서결〕'이 맞느냐?"고 하는 것이다. 고유명사를 가지고 어떻게 평가하기는 어렵다. 또한 집에서 부르는 것이 따로 있을 것이기에 집에서 부르는 것이 맞다고 하고 답변을 한다.

우선 〔윤석렬〕이라고 생각하는 사람들이 의외로 많은 것에 놀랐다. 한자로 '烈' 자를 쓰는 사람들이 많아서 이런 현상이 생긴 것이 아닌가 한다. 그렇다면 '〔성녈〕'로 발음하는 것이 맞다. 왜냐하면 '독립'을 발음할 때 '〔동닙〕'이라고 한다. 자음동화현상의 일종으로 'ㄱ'과 'ㄹ'이 만나면 상호동화하여 둘 다 '비음(콧소리)'으로 발음이 난다. 또 한 가지, 한자어의 경우 각각 한 글자를 하나의 독립된 단어로 보는 경우도 있다. 그럴 경우에도 한자어 받침 뒤에 'ㄴ'을 첨가하여 발음하기도 한다. 표준어규정 제29항을 보면 "합성어 및 파생어에서, 앞 단어나 접두사의 끝이 자음이고 뒤 단어나 접미사의 첫음절이 '이, 야, 여, 요, 유'인 경우에는 'ㄴ'을 첨가하여 [니, 냐, 녀, 뇨, 뉴]로 발음한다."고 되어 있다. 그래서 예문으로는 '색연필[생년필]', '늑막염[능망념]', '식용유[시공뉴]' 등을 들고 있다. 이러한 예를 통해서 본다면 [윤성녈]도 가능할 것으로 보인다. 그러나 이름은 고유명사이지 접사가 붙은 단어가 아니다. "받침 'ㄱ'은 'ㄴ, ㅁ' 앞에서 [ㅇ]으로 발음될 수 있다."는 규정에 의해 [성녈]이라고 부를 수도 있을 것 같으나 필자가 보는 견해는 다르다.

우선 한자로도 尹錫悅(윤석열)이라고 쓴다. 열(悅)이라는 글자 자체가 '렬'이 아니다. 그렇다면 그 발음은 그대로 뒤의 모음에 'ㄱ'이 연결되어야 한다. 마치 '석유'를 [서규]라고 발음하는 것과 같다. 그래서 글자 그대로 발음한다면 [윤서결]로 발음해야 한다. 그러나 더 중요한 것이 있다. 바로 그 가문에서 어떻게 발음하느냐 하는 것이 중요하다. 우리가 잘 아는 정치인 중에 '황우여'라는 분이 있다. 그 가문에서는 [황우여]로 발음하지만 한자로는 '黃祐呂(황우려)'이다.(강재형, 〈강재형의 말글살이〉, 180쪽) 아마도 '걱정, 근심'할 때 쓰는 '우려(憂慮)'로 인식되는 것이 불편하여 '우여'라고 발음했을 수도 있다. 그래서 그분의 이름은 한자로는 '황우려'라고 해야 하지만 가문에서 [우여]라고 발음하기 때문에 그것으로 부르는 것이 옳다. 이와 같이 윤 씨 문중에서 어떻게 발음하느냐 하는 것이 중요하다. 위에 인용한 책에 의하면 윤석열 씨 집안에서도 [서결]로 발음한다고 한다. 집에서도 그렇게 부르고, 학창 시절을 함께 보낸 피디도 그렇게 불렀다고 한다.(강재형 〈위의 책〉)

사람의 이름은 부모나 조부모(혹은 작명소)에서 지어 준 것이다. 그러므로 각각 그 나름대로 의미를 담고 있다. 주로 돌림자를 쓰고 나머지 글자를 무엇으로 할까를 정하는 것인데, 그리 쉽지가 않다. 음양오행을 따져야 하고 평생 불러야 하는 것이기 때문에 신중하게 생각해서 짓는다. 방송사에 따라 〔성녈〕이라고 발음하는 것을 자주 들을 수 있었는데, 이제부터라도 바로 잡아야겠다. 한자도 '석열(錫悅)'이기 때문에 〔서결〕이라고 해야 한다. 집안에서도 그리 부르는데 굳이 다르게 발음하는 이유를 알 수가 없다.

한자어뿐만 아니라 표준발음법도 바르게 알아야 하는 이유가 여기에 있다.

✽윤중로의 벚꽃

드디어 계절은 봄으로 달려가고 있다. 봄이 오면 생각나는 것은 여의도 윤중로의 벚꽃이 가장 먼저 생각난다. 필자도 젊었을 때는 그곳에 한 번 가보고 싶다는 생각을 많이 했다. 전군가도(전주에서 군산가는 한길)의 벚꽃이 유명했고, 윤중로의 벚꽃도 으뜸이라 할 만큼 유명했다. 애석하게도 아직도 여의도 벚꽃놀이를 한 번도 가보지 못했다. 그저 화면을 통해서 즐길 뿐이다. 윤중로는 여의2교 북단부터 시작하여 국회의사당 주변을 돌아 서강대교 남단까지 이어지는 길로 총 길이는 1.7km이다. 공식적인 도로명은 여의서로의 일부 구간이라고 한다.(위키백과 재인용) 해마다 4월이면 '한강 여의도 봄꽃 축제'가 열려서 해당 기간 동안에는 자동차의 출입이 통제된다고 한다.

왜 하필이면 윤중로라고 했으며, 그 안에 윤중중학교, 윤중초등학교, 윤중제 등의 이름을 가진 곳이나 그런 명칭이 많은지 모르겠다. 윤중제란 일본에서 들어온 말로 우리말로 하면 '방죽'이다. 방죽이란 "물이 밀려들어오는 것을 막기 위해 쌓은 둑"이다. 그러므로 윤중제(輪中堤)의 정확한 우리말은 '방죽'이다. 윤중(輪中)이라는 말은 일본말로 "방죽골"을 뜻한다. 즉 강어귀 마을에 큰물이 들면 그 강물이 마을로 흘러드는 것을 막으려고 강어귀에 둑을 쌓았다 그 둑을 우리말로는 방죽이라고 하고, 그 안에 있는 마을을 방죽골이라고 했는데, 이를 일본어로 와주(輪中)라고 했다. 이 방죽골을 둘러 싸고 있는 둑을 '와주테이(輪中堤)'라고 했다.(장진한, 〈신문 속의 언어지식〉에서 일부 인용)

그러니까 1968년에 여의도에 방죽을 쌓고 이것을 일컬어 윤중제라고 했으니 그 당시의 공무원을 탓해야 할까 보다. 그냥 우리말로 방죽이라고 해도 좋은 것을 왜 굳이 일본어를 빌어 표기했는지 알 수가 없다. 그런 후에 윤중제 안에 있는 시설의 명칭들이 모두 이것을 차용하여 지었으니 윤중중학교, 윤중초등학교가 그 대표적인 경우다.

벚꽃을 여의도에 잔뜩 심어 놓은 것도 뭔가 의문이 간다. 우리나라의 꽃인 무궁화를 심어도 되고, 벚꽃이 그렇게 좋다면 그와 비슷한 살구꽃을 심어도 좋았을 텐데 어쩌자고 왜색풍이 짙은 벚나무를 그렇게 많이 심었는지 의문이다.(무궁화는 성경에도 나오는 귀한 꽃이다. '샤론의 꽃 예수'라고 하는데, 여기서 '샤론의 꽃'은 '무궁화'이다.) 물론 벚꽃이 아름다운 것은 누구나 인정한다. 하지만 창경궁의 벚꽃이나 여의도의 벚꽃은 뭔가 의도적이라는 느낌을 지울 수가 없다. 일본에서는 해마다 벚꽃철이 되면 꽃이 만발한 곳의 명당을 잡으려고 제일 아랫사람이 하루 종일 진을 치고 기다린다는 말을 들었다. 필자가 직접 목격한 것이 아니라 뭐라 장담할 수는 없지만 그래도 벚꽃이 그들의 상징이라는 것은 상식적으로 알 수 있다. 대부분의 일본인은 하나미(花見)라는 축제를 손꼽아 기다린다고 한다. 하나미(花見)는 벚꽃이 떨어지는 나무 아래서 친구와 가족, 때로는 연인끼리 음식과 술을 즐기며 아름다운 봄을 즐기는 축제라고 한다.(《다음백과》재인용)

우리나라 사람들은 극일이니 친일이니, 토착왜구니 하는 말들을 잘 만들어 낸다. 일본을 아는 것은 중요하다. 토착왜구나 친일이나 극일을 외치기 전에 우리말에 들어 있는 언어를 먼저 바르게 잡아보는 것이 중요하다. 왜냐하면 언어라는 것은 인구에 회자되기 전에 바로잡아야 하기 때문이다. 이미 굳어버린 것은 수정하기가 힘들다. 짬뽕처럼 국민의 음식이 된 것을 어떻게 하루아침에 바꿀 수가 있을까? 마찬가지로 윤중중학교 출신들이 얼마나 많을 텐데, 오늘날 갑자기 '방죽중학교'로 이름을 바꾸자고 하면 졸업생들은 또 가만히 있을 것인가? 윤중로라고 하는 것은 국민들의 동의하에 바꾸든지, 아니면 집단회의를 통해서 바꿀 수 있지만 오랜 세월 굳어버린 고유명사는 바꾸기가 하늘의 별을 따기보다 어렵다. 민원이 생기기 때문이다. 그러므로 각 기관마다 한국어를 바르게 쓸 수 있도록 제도적 장치를 마련해야 한다. 국어기본법에 의하면 한국어 전공자를 군마다 하나씩은 두어야 하는데, 시행되지 않고 있으니 안타까울 따름이다.

❇음식 나오셨어요(존대법2)

오랜만에 백화점에 가서 생선구이를 먹자는 아내의 말에 흔쾌히 달려갔다. 나이 먹을수록 생선을 먹어줘야 한다는 말에 일리가 있다고 생각했다. 예전에는 맛있는 것만 골라서 먹었다면 이제는 건강에 좋은 것만 찾아서 먹는다는 것이 과거와 다르다. 당수치도 점차 높아지고, 고혈압이나 고지혈도 있어서 아침에는 계란 두 개만 먹고, 점심은 포식하고, 저녁은 밥 반 그릇만 먹는다. 주말부부의 특권은 함께 있을 때 가능하면 그동안 못 먹었던 것 골라 먹는 재미를 추구한다는 점이다. 걷기 위해 일부러 차를 가지고 가지 않는다.

일요일이라 그런지 백화점에는 손님도 무지하게 많다. 코로나가 백화점에는 없는 모양이다. 식당에 들어서니 겨우 한 자리가 있어서 음식을 주문했는데, 식당 종업원의 말투가 처음부터 끝까지 마음에 들지 않는다. 어법에 맞는 것은 "어서 오세요."와 "안녕히 가세요."만 맞는 것 같았다. 어제 점심 시간에 갔던 곳에서도 "음식은 20분 정도 기다리면 나오실 것입니다."라고 해서 아내와 투덜거렸다. 도대체 누구를 높이는 것인가 모르겠다고 했더니 아내가 웃으면서 넘어가라고 한다. 음식은 사람이 아닌데 높이고, 손님은 기다리라고 하니 뭐를 높여야 하는지 모르는 모양이다. 예전에 "커피 나오셨어요."라는 말이 잘못됐다고 언급한 적이 있다. 같은 맥락에서 요즘 젊은이들이 존대법을 잘 몰라 '커피'에는 높임말을 쓰고 사람에게는 평어를 쓰고 있다. 틀린 줄 알면서도 손님들에게 실수할까 봐 그렇게 표현한다는 핑계도 무색하기만 하다. 음식을 펼쳐 놓고 "음식 나오셨습니

다. 맛있게 드세요." 하고 가버린다. '음식'은 사람이 아닌데 '나오셨다'
고 한다. 그리고 음식이 맛이 있어야 맛있게 먹는 것이지, 대뜸 맛있게 먹
으라면 되는 것인가? 사실 과거에는 어른(손님)에게는 명령어를 사용하지
않았다. 요즘은 "새해 복 많이 받으세요."라고 표현하지만 예전에는 그것
도 명령어라 사용하지 못하고, "새해 복 많이 받으시길 기원합니다."라고
표현하였다. 음식을 전해 주면서 맛있게 먹으라고 명하는 것 같아서 기분
이 별로 좋지 않았다. 그런데, 대부분의 식당에서 이렇게 말하고 있다. 이
제는 일상이 돼서 그것이 모두 맞는 표현인 줄 알고 있지만 사실 바른 표
현은 아니다.

말은 그 사람의 인격이다. 특히 우리말은 외국어에 비해 존대법이 발달
해 있어서 외국인들이 학습하기에 어렵다. 밥이라는 단어만 해도 내가 먹
으면 '밥'이지만, 귀신(제사상)이 먹으면 '메'라고 하고, 어른이 드시면 '진
지'라고 하며, 임금님 상에 오르면 '수라'가 된다. 하나의 의미에 많은 단
어를 가지고 있으니 외국인들에게는 얼마나 어려울까 상상할 수 있다. 이
제는 '메'나 '수라'라는 말은 쓰지 않지만 대신 '식사'라는 말을 많이 사
용하고 있다. 주로 "식사하세요."라고는 표현을 많이 한다. 우리가 어린
시절에는 아버지에게는 반드시 "진지 잡수세요."라고 했던 것을 기억할
것이다. 요즘의 아이들은 "아버지 식사하세요."라고 많이 한다. 그러다 보
니 이제는 '진지'라는 표현은 찾기 어려워졌다.

언어는 사회성이 있어서 언중들이 두루 사용할 때 언어로서 자격을 지
닌다. 언중들이 무시해서 사용하지 않으면 사어(死語)가 되고, 재미있는 말
이라고 두루 사용하면 유행어가 되었다가 표준어로 등재되기도 한다. '왕
따'라는 말을 생각하면 이해하기 쉽다. 언중들은 '왕따돌림'을 줄여서 '왕
따'라고 했고, 이것이 한때 유행어가 되어 '은따(은근히 따돌림)' 등의 용어

로 확장되기도 하였다. 비표준어로 유행어에 불과했던 것이 언중들이 하도 많이 사용하다 보니 국립국어원에서도 손을 들고 표준어로 등재하기에 이른다. 요즘은 비속어가 과거에 비해 더 많아졌다. 방송에서도 '먹방'과 같은 알 수 없는 단어로 도배하였고, 영어와 한국어를 합성한 용어들이 즐비하게 등장하기도 했다. 언어가 국적이 없어지고 있는 것이 가장 큰 문제다. 특히 한국어의 특징은 존대법에 있는데, 갈수록 틀리게 쓰는 경우가 많아져서 걱정이다.

한국인의 정체성은 한국어에 있다는 것을 명심하자.

❋음주운전과 뺑소니

88올림픽이 있던 해였다. 지금은 고인이 되신 선배가 운전면허시험을 본다고 오후에 조퇴를 했다. 다음날 싱글벙글 웃으면서 당당히 면허에 합격했다고 하면서 한잔하자고 했다. 면허 시험 보던 날 선배는 가슴이 떨려서 운전을 할 수가 없었다고 한다. 그래서 몰래 밖에 나가서 막걸리를 한잔하고 운전대를 잡았더니 거의 만점으로 합격했단다. 듣는 동료들 모두 배꼽을 잡고 웃었다. 그분의 운전면허는 음주면허증이었다. 평상시에는 떨려서 못하는데, 막걸리의 힘이 있어야 운전을 한다는 것이었으니 참으로 웃지 못할 일이 일어난 것이다. 그 후 음주운전에 관한 법률이 엄해지고 지금은 멸문지화의 지름길이 되었다. 당시만 해도 "술을 마시고 운전해서 실수를 했다."고 하면 형량을 감해주는 시절이었다. 요즘은 가중처벌하는 것으로 알고 있다.

세월이 흘러 세상이 변하듯이 음주운전에 관한 법률도 변하고 있다. 이제는 음주운전은 절대로 해서는 안 된다. 음주운전을 하고 사고를 내게 되면 아무 생각 없이 달아나는 경우가 많다. 그리고 달아났다가 다음날 걸리면 음주운전은 면하니까 그것이 더 낫다고 생각하는 사람이 많다. 그러나 실제로는 뺑소니가 형량이 훨씬 무겁다는 것을 알아야 한다. 오늘 아침 교통사고 전문 한문철 변호사가 방송에 한 말이니 정확할 것이다. 그의 말 속에서 뺑소니에 관해 굉장히 강조하는 것을 들었는데 도대체 뺑소니의 어원이 무엇일까 궁금해졌다. 그래서 열심히 어원사전을 찾아보고 이것저것 자료를 뒤져보았지만 적당한 것이 없었다. 〈국립국어원〉에서 나온 자료도 보고, 인터넷을 뒤지며 〈정말 궁금한 우리말 100가지〉라는 것도 보았다. 그중에서 그나마 조금 일리가 있어 보이는 것에 필자의 견해를 보태본다.(인터넷에서는 〈네이버 블로그, 희망찾기의 : 〔우리말 어원〕 뺑소니〉에서 일부 재인용했음을 밝힌다.)

우선 뺑소니의 뜻을 사전에서 살펴보면 "몸을 빼쳐서 몰래 달아나는 것"이라고 나타나 있다. 〈표준국어사전〉의 예문을 보면 "뺑소니차를 목격한 사람을 발이 닳도록 찾아보았으나 성과는 없었다."라고 되어 있다. 이와 같이 뺑소니는 '빼치다'에서 파생된 것으로 볼 수 있다. '빼치다'라는 말은 "억지로 빠져나오게 하다."라는 의미다. 그러나 '뺑소니'는 '억지로 몸을 빠져나오게 하는 것'은 아니고 '스스로 몰래 빠져나오게 하는 짓'이다. 영어로도 'let get away, let go off'라고 나타나 있다. 구체적으로 그 변화하는 과정을 살펴보면 '뺑소니'는 일단 '뺑'에 접미사 '-손이'가 결합된 어형으로 볼 수 있다. '뺑'은 '뺑줄(남이 날리는 연줄을 긴 장대나 돌멩이를 맨 실로 걸어당겨서 빼앗는 줄)', '뺑코('미국 사람'을 이르는 말)' 등에 보이는 '뺑'과 같은 성격의 것으로 보아도 무리가 없다. 어형이 일치할 뿐만 아니라 '빼다(拔)'라는 의미를 공유하고 있기 때문이다. '뺑줄'은 연줄을 빼앗는 줄이고, '뺑코'는 불쑥 빼어(튀어) 나온 코이며, '뺑소니'는 "잘못을 저지르고 몸을 빼쳐서 도망가는 짓"이기 때문에 모두 '빼다'라는 의미를 포함하고 있다. 우리말에서 '도망가다'라는 단어 중에는 "달아나다, 토끼다, 줄행랑치다, 빼다" 등이 있다. 특히 우리가 흔히 써온 말 중에 '빼다'라는 말을 주목할 필요가 있다. 학창 시절에 특히 이 단어를 많이 썼다. 참외 서리하거나 복숭아 서리를 하고 적당한 양이 되면 "야! 빼!"하고는 모두 도망가곤 했다. '뺑'이 '빼다'와 관련된 것이라면 '뺑줄'은 본래 '빼줄'이었을 것이고, '뺑코'는 '빼코'였을 것이다. (희망찾기의 〔우리말의 어원〕에서 일부 재인용)

뺑소니라고 한다면 '뺑'에 '손이'가 붙어서 그것이 다시 연음되어 '소니'로 변하고 그것이 '뺑소니'로 굳은 상태라고 볼 수 있다. 북한말에 '어리손'이라는 단어가 있는데, 이것은 '엉너리'의 변형이다. "남의 환심을 사기 위해 어벌쩡하게 서두르는 짓"을 의미한다. 이 어리손에 들어 있는 '손'의 의미가 '행동(짓)'을 뜻하고 있음이 주목할 만하다. '엄펑소니(우뭉스럽게 남을 속이거나 골리는 짓)'에서 보듯 '구체적인 행위'를 지시한다는 점에서는 같다. 그것도 아주 나쁘거나 고약한 짓을 지시한다.(위의 블로그에서 재인용)

이렇게 보면 '뺑소니'의 '뺑'은 '빼다(拔)'의 어근이고 '소니'는 '바람직하지 않은 행동(짓)'을 의미한다는 것을 알 수 있다. 그러므로 '뺑소니'가 '몸을 빼쳐서 급히 달아나는 짓'이라는 뜻과 일치함을 알았다.

단어가 시작되었을 때는 항상 어원을 지니고 있게 마련이다. 그러나 '뺑소니'와 같은 단어는 그 어원을 찾기가 정말 어려웠다. 흔히 쓰는 말이지만 그 어원을 알고 사용하면 언어가 더욱 맛이 있다. 아름다운 우리말을 바르게 사용하였으면 하는 소망이 있다.

※ '이에요'와 '예요'의 쓰임

오늘의 제목은 정말 많은 사람들이 헷갈리는 것으로 알고 있다. 외국인들은 물론이고 한국인들도 많이 틀리는 것 중의 하나다. 끝을 '-이에요'라고 해야 하는지, '-이예요'라고 해야 하는지, '-예요'라고 해야 하는지 모르는 독자들이 많다. 사실 필자도 글을 쓰다면 순간적으로 착각하여 실수를 하는 것이기도 하다. 그래서 오늘은 확실하게 정답을 먼저 쓰고 설명으로 이어나가려 한다. 일단 표준어는 '-이에요'가 맞다. 그리고 '-예요'는 '-이에요'의 준말이다. 그러므로 '-이예요'는 잘못된 표기임을 알 수 있다. 우선 예문을 먼저 보자.

①송창식처럼 가수가 되는 것이 내 <u>꿈이에요.</u>
②써니는 내 중학교 <u>친구예요.</u>
③모두가 *<u>사랑이예요.</u> (사랑이에요.)
④태호는 정말 착한 *<u>아이예요.</u> (아이예요.)

①번의 예는 가장 정확하게 표기한 것이다. '-이에요'는 명사를 서술어로 만드는 서술격 조사 '-이다'의 어간(stem)에 어미(ending) '-에요'가 붙은 것이다. 앞 단어의 끝말에 받침이 있으면 '-이에요'를 쓰고, 받침이 없으면 '-예요(이에요의 준말)'를 쓴다. 그러므로 '이에요'와 '-이예요'는 헷갈릴 필요가 없다.

알기 쉽게 설명하자면 원말과 준말의 경우이므로 '-이에요'만 기억하면 된다. 더 쉽게 이해하려면 "앞말에 받침이 있으면 '-이에요', 받침이 없으면 '-예요'라고 암기"하면 된다. 위의 예문 ②의 경우가 바로 그것이다. "써니는 내 중학교 친구예요."라고 했을 때, '친구'에는 받침이 없다. 그러므로 '예요'를 썼다고 보면 이해하기 쉬울 것이다. 원문은 "써니는 내 친구이에요."라고 해야 하는 것이지만 이럴 경우에는 통상 줄임말 '예요'를 쓴다고 되어 있기 때문이다. ③예문의 경우는 '사랑'에 받침이 있으므로 "모두가 사랑이에요."라고 써야 한다. 예문 ④의 경우는 많은 사람이 헷갈릴 수 있는 문장이다. 왜냐하면 '아이'라는 단어가 '이'로 끝났으니까 '이에요'라고 이어지면 될 것 같은 착각에 빠질 수 있다. 그러나 '아이'가 명사이고 이 단어의 끝말에 받침이 없는 경우이므로 '-이에요'라고 써야 한다. 즉 원문은 "태호는 정말 착한 아이이에요"라고 써야 하지만 이럴 경우 통상 줄임말을 쓰므로 "태호는 정말 착한 아이예요."라고 표기한다.

오늘은 결론을 먼저 말하고 설명을 하려니 순서가 조금 왔다갔다하는 것 같아 글쓰기가 조금 어렵다. 사전적 뜻풀이로 들어가 보자. '-에요'는 "해요할 자리에 쓰며, 설명·의문을 뜻을 나타내는 종결어미"라고 되어 있다. 그러므로 문장의 끝났음을 알려주는 말이다.

⑤아줌마! 낼(내일) 해림이 생일 잔치 *열 거에요?
⑥아니에요, 해림이는 음력으로 생일 잔치를 열 거예요.

예문 ⑤요?'를 줄여서 쓴 것이기 때문에 ⑥과 같이 '열 거예요'라고 해야 한다. '것'이라고 할 때는 받침이 있지만 줄임말로 '거'라고 했으므로 '열 거예요'라고 쓰는 것이 맞다. 마찬가지로 '아니에요'는 앞은 '아니'라는 단어에 받침이 없으므로 '에요'를 쓰는 것이 맞다. "생일이에요?"도 마찬가지로 이해하면 된다. 많은 독자들이 헷갈리는 것이 바로 '-이다'라는 단어가 서술격 조사라는 것을 모르기 때문에 발생한다. 조사는 윗말에 붙여 쓴다. 서술어의 역할을 하지만 조사이기 때문에 반드시 붙여 써야 한다.

❇ '잠식(蠶食)' 과 '걸식(乞食)'

어린 시절의 추억을 돌아보면 슬펐던 기억이 더 많았던 것 같다. 먹고 살기 힘든 시대라 그럴 수도 있지만 멱감고 참외 서리하던 즐거운 추억은 그리 많지 않고, 뽕잎 따고 목화 따던 힘들었던 일들이 더 많이 생각난다. 그중 아주 힘들었던 일 중의 하나가 뽕밭을 없애고 일반 밭으로 만들었던 기억이다. 몇 살이었는지 기억이 가물가물하지만 몹시도 추운 겨울에 할아버지의 명령으로 뽕밭을 없애게 되었다. 뽕나무는 뿌리가 강해서 쟁기가 잘 부러지기 때문에 뿌리까지 완전히 제거해야 한다. 4형제였지만 막내는 너무 어려서 필자까지만 동원됐던 것 같다. 나무를 톱으로 베고, 삽으로 판 다음 뿌리를 제거하는데, 언 땅이라 하나 제거하는데 하루 종일 걸릴 정도였다. 할아버지께서는 "그까짓게 뭐가 힘들어! 쓱쓱 잘라서 툭툭 치면 되는 것을……" 하고 말씀하시는데 얼마나 서러웠는지 눈물이 날 지경이었다. 지금은 모두 추억이 돼서 형님과 그 시절 그 노래를 되새기면서 쓴웃음만 짓는다.

누에를 치면 따뜻한 방은 잠실로 변한다. 지금 강남에 있는 '잠실' 도 아마 누에를 많이 치던 곳에서 유래한 것이 아닐까 한다. 필자가 대학에 다닐 때만 해도 그곳은 텅 빈 땅에 땅콩농사 짓는 사람들이 많았으니 누에 치는 사람들도 많았을 것임이 틀림없다. 누에는 하루 종일 먹기만 한다. 여러 마리가 사각사각 먹는 소리가 옆에서 들으면 우레소리(?) 만큼 커서 잠도 자기 힘들다. 하루 종일 먹으니 빨리 성장하고 빨리 고치를 만든다.

잠식(蠶食)이라는 단어는 여기서 유래했다. 야금야금 먹는 것이 별것 아닌 것 같지만 어느 순간에 돌아보면 나뭇가지가 줄기만 달랑 남아 있다. 그러면 다시 싱싱한 뽕잎으로 갈아 주곤 했다.

누에가 갉아먹듯이 별것 아닌 것 같은데, 금방 다 먹어 치운 것이 '잠식(蠶食)'이다. 이것이 변해서 지금은 "눈치 못 채게 조금씩 침범해서 어떤 이익이나 영역을 차지하는 것"을 말한다.

예문으로는

①에어컨은 소득 수준이 높아지면서 선풍기가 차지하고 있던 가정 냉방용품 영역을 빠른 속도로 잠식해 가고 있다.(《다음 어학사전》에서 인용)
②외국 자본은 국내 시장을 잠식할 기회를 호시탐탐 노리고 있다.(상동)

등이 있다.

한편 걸식(乞食)이라는 단어는 불교에서 유래하였다. 요즘은 걸인(乞人)들이 별로 없지만 40년 전까지만 해도 길거리에는 거지들이 많았다. 깡통에 밥을 얻으러 다니던 아이들도 상당히 많았는데, 요즘은 그나마 노숙자(露宿者)만 보일 뿐이다. 노숙자들은 거지와는 다르다. 이들은 돈만 구하지 밥을 구하지는 않는다. 돈으로 구걸하여 술을 사 먹는 경우는 있지만 밥을 달라고 깡통을 들고 다니지는 않는다. 걸식은 불교의 걸사남(乞士男), 걸사녀(乞士女)에서 근원을 둔 말이다. 스님들은 걸식(乞食)하는 것을 수행의 하나로 여겼다. 지금도 태국에 가면 아침마다 걸식하기 위해 도로를 누비는 스님들을 볼 수 있다. 〈좌전〉에 의하면 "乞食于野人(야인에게 밥을 빌다)"라고 나타나 있다. 그러므로 걸인(乞人)이 '거지'로 변한 것임을 알 수 있디. 불교에서 번역할 때 산스크리트어를 중국어로 옮기고, 중국어(한자)를 다시 우리말로 옮길 때 '보시한 음식을 먹는 사람'이라는 뜻을 지닌 단어도 걸식이라고 했다.(서정범, 〈새국어어원사전〉) 걸식하는 수행승인 비구, 비구니에서 걸식이라는 단어가 나왔다는 말도 일리가 있다. 걸사남, 걸사녀가 자신의 색신(色身: 육체)을 구하기 위해 먹을 것을 다른 사람에게 비는 것도 청정한 생활이라고 한다. 우리 옛 속담에 "가을 중 쏘다니듯 한다."는 말이 있다. 가을에 열심히 탁발해야 겨울을 편안하게 날 수 있기 때문이다.

　시대가 변하여 인터넷이나 카드로 모든 것을 해결하는 세상이 되었다. 어영부영하다가 아프카니스탄처럼 탈레반에게 잠식당하지 않도록 하고, 걸식하게 되기 전에 정신차리고 나라 사랑하는 정신을 길러야겠다. 수행으로 걸식하는 것은 좋지만 나라 잃고 걸식하게 되면 누구를 원망할 것인가?

✳장마 이야기

6월에는 맑은 날이 많았다. 가끔 주말이면 비가 내려 밭에 심은 곡식들이 즐거워하는 것이 보였다. 작년에 파 가격이 올랐다고 해서 대파를 한 판 심었는데, 다행히 잘 자라 주고 있다. 밭에 마사토가 많아서 그런 것인지는 몰라도 옥수수는 마냥 그 자리에서 멈춰버렸다. 복합비료를 좀 줘야 할 것 같다.

필자의 세대는 장마를 두려워한다. 4학년 즈음이었던 것 같다. 비가 억수로 퍼부어 논둑이 무너지고, 형들과 산에서 굵은 소나무를 베어다가 임시로 둑을 막느라 비 맞는 것도 모르고 도끼질을 했던 기억도 있고, 항상 우산이 부족하여 비료포대 뒤집어 쓰고 다니던 기억이 생생하다. 그래서 지금도 필자의 자동차와 연구실에는 여분의 우산이 항상 비치되어 있다. 학생 중에 우산을 잊고 나온 아이들이 있으면 임대(?)해 주고 다음날 가지고 오라고 하는데, 지금까지 돌려받은 경우는 세 번밖에 없다. 우산 가격이 저렴해서 그런지 우산은 가지고 가면 그만이다. 그래도 여전히 아이들에게는 "생각나면 연구실 앞에 놓고 가."라고 하면서 빌려준다.

장마는 한자어와 우리말(고유어)의 합성어다. 즉 '장(長)마ㅎ'라고 표기해 온 것이 한자로는 '임우(霖雨)'라고 한다. '장맛비 림(霖)' 자를 쓴다. 우리나라에서는 오랜 기간 내린다는 의미를 중하게 여겨서 '긴 장(長)' 자를 쓰고 여기에 물을 뜻하는 순우리말 '마ㅎ'를 붙인 것이다. 일반적인 정의를 내린다면 '오랫동안 계속해서 내리는 비'라고 하면 된다. 그 어원을 보면

1500년대 중반에 나온 '길다' 는 의미의 한자어인 '장(長)' 과 비를 의미하는 '마ㅎ' 를 합성한 '댱마ㅎ' 가 장마의 어원으로 추정된다.

1700년대 후반에는 '쟝마' 로 표기되기 시작했고, 일제강점기 이후부터 지금의 '장마' 로 쓰이고 있다.(〈위키백과〉 참조) 그러니까 '댱마〉 쟝마〉 장마' 의 과정을 거쳐 굳어진 것으로 거의 순우리말처럼 되었다. '마ㅎ' 가 물이라는 것은 〈孤山六下別2〉에 보면 "마는 霖雨" 이라 나타나 있고, 〈훈몽자회〉에는 "댱마, 오란 비 霖" 이라 표기되어 있다. '마' 는 '맏〉말〉마' 로서 '믈(水)' 의 본 뜻을 지니고 있다.(서정범, 〈새국어원사전〉) 우리 고대어에서는 물이 '묻' 으로 말음에 /t/를 유지하고 있었다. 이러한 고어의 모습은 몽골어에도 나타나 있다. 나중에는 /t/가 /r/로 변하여 [muru]로 된다. 흑룡강을 몽골어로는 [amuru]라고 하는데, 그 뜻은 '물＋물＝큰물' 이라는 뜻이다.(서정범 〈새국어원사전〉 참조) 요즘 유행하고 있는 영화 〈미나리〉에 나오는 '미' 도 '물' 이라는 뜻으로 '미나리(芹)＝물＋나리' 임을 알 수 있다.

우리말에는 마른장마라는 것도 있다. 오래 비가 계속해서 내리는 비와 '마르다' 라는 단어는 어울리지 않지만, 지금까지 흔하게 써 왔던 말이기에 설명을 보탠다. 우선 사전적인 정의로는 "장마전선(정체전선)이 형성됐지만, 형성된 장마전선이 한반도에 접근하지 않거나, 활동이 약한 경우, 그래서 비가 오지 않거나, 적게 내리는 경우를 말한다. 장마전선 자체는 형성된 상태." 를 말한다. 한동안 마른장마처럼 비가 오지 않더니 어제부터 본격적으로 장마가 시작되는 모양이다. 이번 주 내내 비가 오고 다음 주에도 초반까지 비가 온다고 한다. 우기에 접어든 것 같은 느낌이 든다.

한편 장맛비는 '사잇소리 현상이 일어나고 앞말이 모음으로 끝나면 사이시옷을 표기한다.' 는 규정에 따라 쓴 것이다. 다른 예를 든다면 '시냇가, 나뭇잎' 등과 같은 것들이 있다. 많은 사람들이 사이시옷을 사용하는

데에 힘들어 하고 있는 것이 사실이다. 우리말을 그대로 표기하는 것도 좋지만 가능하면 어법에 맞게 표기해야 한다.

　한국인의 자부심은 우리말을 바르게 사용하는 데서 시작한다. 늘 하는 우리말이지만 어원과 표기법을 바르게 알고 사용하는 것을 생활화한다면 우리말에 대한 애정이 깊어질 것이다.

장마 땐 도롱이를 입고~~~

❋한국어의 존대법

한국어의 존대법을 바르게 아는 사람이 몇 명이나 될까 궁금하다. 외국인 학생들이 가장 어려워하는 것이 존대법이고, 그다음이 서술어의 어미 활용이다. 과거에도 한 번 "커피 나오셨어요"라는 제목으로 장황하게 말한 적이 있는데, 한 번 더 강조해야 할 것 같아서 존대법의 종류와 예를 충분히 들어 써 보고자 한다. 아주 오래전에 은사님의 퇴임식에서 사회를 보면서 "재미있게 놀다가 편안히 귀가하시길 바랍니다."라고 했더니 많은 사람들이 놀라는 눈치였다. 어른들한데 "재미있게 놀라"고 하는 것이 꼭 반말하는 것 같아 기분이 나쁜데, 한국어학과 교수가 사회 보는 것이니 틀리지는 않을 것인데, 뭔가 찝찝하다는 것이었다. 사실 그렇다. 우리말은 마지막에 있는 서술어에 주체존대선어말어미 '-(으)시-'를 붙이면 기본적인 높임법으로 맞는 것이다. "어버지께서 신문을 보며 식사를 하신다."라고 하면 되는 것인데, 군이 "아버지께서 신문을 보시며 식사를 하신다."라고 할 필요가 없다는 말이다. 다만 주어가 다를 경우에는 각 문장마다 '-(으)시-'를 붙여야 한다. 예를 들면 "아버지는 신문을 보시고, 어머니는 저녁을 지으신다."와 같이 각각 다른 주체가 있을 경우에는 서술어마다 주체존대선어말어미 '-(으)시-'를 붙여야 한다. 다만 이것은 사람에게만 이런 것을 붙이지 사물에는 쓸 수 없는 말이다. 즉 "커피 나오셨어요."나 "엄마, 전화 오셨어요."라고 하면 틀리는 문장이다.

1. 주체높임법

우선 '주체높임법'이라는 것이 있다. 말하는 사람이 서술어의 주체(주어)를 높이는 방법이다. 그러면 말하는 내용의 주체는 어떻게 높이는 것일까 알아보자.

<u>김 선생님께서</u> 학교에 <u>가십니다.</u>
<u>할아버지께서</u> 저녁 <u>진지</u>를 <u>잡수십니다.</u>
(이하 인용문은 허용 외의〈한국어교육학 개론〉에서 인용함)

위의 예문에서 보는 바와 같이 주체를 높이는 방법의 가장 기본적인 것은 서론 부분에서 말한 것과 같이 보통 서술어에 '-(으)시-'를 사용하여 문장의 주체를 높이는 방법이다. 이런 경우는 주로 말하는 사람보다 지위가 아주 높거나 나이가 많은 사람, 어른들의 경우 서로 친숙하지 않아 격식을 차려야 할 경우에 사용한다. '김 선생님'과 '할아버지'가 높임의 주체임을 알 수 있다.

2. 상대높임법

'상대높임법'은 한국어의 높임 표현 중에서 가장 많이 사용되는 표현이다. 즉 듣는 상대를 높이는 방법이다. 여기에는 '아주 높임, 예사 높임, 예사 낮춤, 아주 낮춤'이 있다.

김 선생님, 지금 학교에 <u>가십니까</u>?(아주 높임)
김 선생님, 지금 학교에 <u>가시오</u>.(예사 높임)

김군, 지금 학교에 <u>가나</u>?(예사 낮춤)

태호야! 지금 학교에 <u>가니</u>?(아주 낮춤)

위와 같이 흔히 '압존법(壓尊法)'이라는 것이 있다. 높여야 할 대상이지만 듣는 이가 더 높을 때 그 공대를 줄이는 어법이다. 예를 들면 "할아버지, 아버지가 아직 안 왔습니다.", "할아버지, 아비가 아직 안 왔습니다." 라고 하는 것 따위를 말한다. 듣는 이가 말하려고 하는 주체보다 지위가 높거나 나이가 많으면 말하려는 주체를 낮추어야 한다. 예를 들면 어린 제자에게 남편을 말할 때는 "사부님(요즘은 이런 표현도 가능하다.)께서 아직 안 들어오셨다네."와 같이 쓰고, 시아버지가 물어보실 때에는 "아범 아직 안 들어왔습니다."라고 하는 것과 같다.

3. 객체높임법

'객체높임법'이란 문장의 목적어나 부사어가 나타내는 대상에 대한 높임의 태도를 말한다.

어제 태호는 어머니를 <u>모시고</u> 영화를 봤어요.

이 책을 선생님께 <u>드리고</u> 와라.

위의 문장에서 보는 바와 같이 높임의 대상이 나올 때 서술어를 높이는 표현을 '객체높임법'이라고 한다.

우리말은 상황에 따라 높임의 표현방법이 다르다. 아직 우리는 "커피 나오셨어요."와 같은 표현에 익숙하지 않다. 이왕 한국인으로 우리말을 구사

할 바에는 바르게 표현하는 습관을 기르는 것이 좋다.

　이왕 길어진 문장이니 사족을 좀 달아 보자. 직책은 성명 앞에 붙이는 것이 겸손한 표현이다. 군대에 가면 관등 성명을 밝히는 것을 먼저 배운다. 상관이 옆구리를 쿡 찌르면 "예, 이병 최태호"라고 답한다. "예, 최태호 이병"이라고 하지 않는다. 이것이 바른 표현이다. 스스로 "최태호 교수입니다."라고 말하는 것은 겸손한 표현이 아니다. "중부대학교 한국어학과 교수 최태호입니다."라고 직책을 앞에 놓는 습관을 기르자.

❋ '좋으네요' 와 발음 이야기

한 20년 전쯤의 일이다. 당시 국문과 교수들과 필자의 차를 타고 전북의 고산으로 점심식사를 하기 위해 이동하고 있었다. 계절은 봄이었다. 학교(중부대학교는 충남 금산군에 있다)에서 고산으로 가자면 대둔산을 넘어가야 한다. 바람도 살랑 불고, 경치까지 좋으니 봄소풍 가는 기분이었다. 곁에 앉아 있던 여 교수가 연신 "좋네요."를 연발하였다. 다들 당연히 좋은 경치에 좋은 사람들과 맛있는 점심을 먹으러 가는 것이니 좋을 수밖에 없는 상황이었다. 그런데 평소에 아주 점잖고 말수도 적었던 교수가 "정말 꺼낼까요?" 하고 되받았다. 순간 아주 짧은 정적과 함께 차 안은 온통 웃음바다가 되었다. 여 교수가 자꾸 "좋네요!"라고 하니, 뒤에서는 "좆 내요."로 이해(?)한 것처럼 능청을 떨었던 것이다. 필자처럼 평소에 농담도 잘하고 육담도 잘하는 사람이 그런 얘기를 하면 하나도 웃기지 않았을 텐데, 말수도 적고 점잖은 사람이 그렇게 말하니 차 안에 있던 모든 사람들이 다 쓰러졌다.

그래도 국문과 교수이라 "좋네요"라고 표현했지 요즘 젊은이들은 '좋다'를 표기할 때 '조타'나 '조으다'를 즐겨 사용한다. 물론 그들도 틀린 표기법이라는 것을 알고 있으면서 인터넷이라는 규율 없는 공간에서 마음껏 언사를 구가(謳歌)하고 있는 것이다. 그래서 필자의 제자들은 필자와 카카오톡으로 대화하기를 꺼리는 경향이 있다. 그런 것을 알기에 내가 먼저 아이들이 쓰는 용어를 사용한다. "웅! 구래." 이런 식으로 표기해서 보내면 학생들은 동질감을 느끼는지 그때부터 하고 싶은 말을 그들이 쓰는 표기대로 써서 보내곤 한다. 이것이 소통의 방법이기는 하지만 한국어를 가르치는 학자로서의 자질은 아니라고 본다. 그래서 그에 대한 보상으로 거의 매일 아침 카카오톡과 페이스북, 밴드 등에 〈최태호의 한국어교실〉이라고 하는 것을 발송한다. 우리말 중 틀리기 쉬운 것이나 헷갈리는 것 등을 여기저기서 모아 간추려 한 번에 읽기 좋도록 요약해서 보내는 것이다. 이제는 독자(?)도 제법 많아서 일부 다문화가족들은 "퍼나르기(?)"를 하기도 한다.

우리말에서 '좋다'는 말은 뒤에 '-으-'라는 어미를 달고 다니지 않는다. 그러므로 요즘 많은 사람들이 "좋으네요"라고 말하고 있는데 이것은 틀린 말이다. 우리말 서술어의 어미 중 '-네'를 '-으네'로, '-네요'를 '-으네요'로 잘못 쓰고 있는 경우가 더러 있다. 예를 들어, "집이 참 넓으네.", "눈빛이 참 맑으네요.", "목소리가 좋으네요." 들은 바른 표현이 아니다. 우리말에 '-으네'라는 어미는 따로 없기 때문에, 이 말들은

"집이 참 <u>넓네</u>."
"눈빛이 참 <u>맑네요</u>."
"목소리가 <u>좋네요</u>." 처럼 써야 한다. (한글새소식 586호)

그러므로 평소에 바른 말을 사용하는 것이 이만큼 중요하다. 우리말 발음도 틀리는 사람들이 많다. 아직까지 '빗, 빚, 빛'을 바르게 표현하는 사람을 별로 보지 못했다. 대부분의 사람들은 다 똑같이 '빗'으로 발음하는 경향이 있다. 세종께서는 [빋]으로 발음하라고 가르쳤는데, 현대에 와서 모두 '빗'으로 발음하고 있으니 '머리 빗는 도구, 꾸어준 돈, 하늘에서 비추는 빛'이 구분이 되질 않는다. 물론 문장 속에서 의미를 파악하면서 들

으면 대충 구분할 수는 있지만 발음상으로는 구분할 수가 없다. "빗을 다오." "빚을 받으러 왔소." "빛이 참 곱구나."라는 발음으로 모두 〔비슬 다오〕, 〔비슬 바드러 와쏘〕, 〔비시 참 곱꾸나〕"라고 하는데, 이 말들은

"〔<u>비슬</u> 다오.〕"
"〔<u>비즐</u> 바드러 와쏘.〕"
"〔<u>비치</u> 참 곱꾸나.〕"

위처럼 발음해야 한다. 평상시에 바른 언어생활을 하는 것이 품위 있는 행동의 기초임을 인식해야 한다. SNS에서는 '조으다, 좋으네요'라고 쓸 수는 있지만, 평소 말할 때에는 표준어로 글을 쓰고 표준발음으로 말하는 것이 우리말에 대한 자긍심을 길러 줄 것이다.

❊ '찧다' 와 '찢다'

경기도에서 태어나 서울에서 대학을 졸업하고 중등교사로 14년을 서울에서 근무하다가 충남으로 이사했다. 경기도에도 사투리가 있어서 서울에서 약간의 촌놈(?) 소리를 듣기는 했지만 심하지는 않았다. 단지 문화의 차이가 있었을 따름이었지만 당시는 누구나 다 못살던 시절이라 언어에 관해서는 크게 의미를 두지 않고 각자의 삶에만 충실했다. 우리 고향의 사투리를 예로 들자면 가장 심한 것이 '씻다' 라는 동사이다. 원래는 규칙동사인데 우리 고향에서는 'ㅅ' 탈락현상을 적용했다. 그래서 "손 좀 씻어라."를 "손 좀 씨어라."라고 발음했다. 우리는 "손 씨어!"가 늘 귀에 익었지만 서울에서는 안 통했다. 다시 충청도에 오니 "씻거라(손 씻거!), 씻쳐라(손 좀 씨치라니까!)"로 발음이 바뀌고 있었다. '빨다' 를 〔빵구다〕라고 하기도 하고, '돌' 을 〔독〕이라고 발음하기도 했다.

아주 심하게 잘못 발음하는 것 중의 하나가 '찧다' 이다. 그리고 '찢다' 와 구분이 어려웠다. 우선 '찧다' 는 "잘게 부수거나 가루로 만들기 위해 절구통이나 확에 넣고 공이로 내리치다." 라는 뜻이다. 발음은 〔찌타〕라고 해야 한다. 그런데 여기에 오니 'ㅎ' 음의 발음이 없어지고 〔찌서〕라고 하는 것을 많이 들었다. '찧어' 는 〔찌어〕라고 발음해야 한다. 우리말에서 종성에 'ㅎ' 이 오면 뒷말이 자음이면 거센소리로 발음하고, 모음이 오면 'ㅎ' 이 탈락하고 그냥 무음으로 발음한다. 과거에 우효광이라는 중국 배우가 우리말을 할 때 항상 〔조하〕라고 하는 것을 들었다. '좋아' 는 'ㅎ' 이

탈락하기 때문에 〔조아〕라고 발음해야 함에도 그는 항상 〔조하〕라고 했다. 그렇기 때문에 자막도 그렇게 표기했던 것으로 기억한다. '찧다'라는 단어도 마찬가지다. 뒤에 자음이 오면 거센소리로 발음하여 〔찧다＝〉찌타〕로 발음하고, 뒤에 모음이 오면 〔찧어＝〉찌어〕로 발음해야 한다. 그래서 발음교육이 중요하다. 왜냐하면 발음을 잘못하면 의미가 바뀔 수 있기 때문이다. 마치 필자가 중국어를 하면 중국학생들이 잘 알아듣지 못하는 것과 같다. 우리말은 높낮이가 없어서 보통 평성로 발음하는데, 중국어는 평상거입(平上去入)이라는 네 가지의 성조로 발음하니 필자에게는 어려울 수밖에 없다.

'찢다'는 "잡아당기거나 힘을 가하여 갈라지게 하다."라는 뜻이다. 이 단어와 '찧다'는 발음상 확실한 차이가 있다. '찢다'은 〔찌따〕이고 '찧다'은 〔찌타〕라고 발음해야 한다. 그럼에도 불구하고 많은 사람들이 똑같이 발음하고 있음을 본다. '찢다'의 예문으로는

나는 책상 정리를 하면서 필요 없는 서류들을 하나하나 <u>찢어서</u> 휴지통에 버렸다.
그들 형제는 왕국의 영토를 남북으로 <u>찢어서</u> 각기 다스리기로 했다.
(〈다음사전〉에서 재인용)

충청도에서는 '빨다'를 〔빵구다〕라고 지역 특색있게 발음하는 것처럼 '찢다'도 〔찌서〕라고 발음하는 사람들이 있다. 좁은 나라인데 쉬운 단어조차도 서로 다르게 발음하는 것은 문제가 있다. 향토적이고 토속적이라고 그대로 두자는 사람들도 많은데, 나라에 헌법이 있듯이 국어에도 '한글 맞춤법'이라는 것이 있다.
가능하면 공통된 발음으로 하는 것이 편하고 좋기 때문이다. 표준어는

시대에 따라 다르다. 아마 신라시대에는 경주 방언이 표준어였을 것이고, 고려시대에는 개성 방언이 표준어였을 것이다. 임금이 하는 말이 표준어라고 본다면 그렇게 보는 것이 마땅하다. 그러므로 향가는 경주말로 풀어야 하고, 〈보현십원가〉는 개성말로 풀어야 한다. 별것이 아닌 발음의 차이가 의미를 다르게 할 수 있다는 것을 명심해서 가능하면 바른 발음을 하는 것이 모두에게 편하다.

✳충청도 말과 문화문법

필자는 자주 학생들에게 "한국 사람이 가장 잘하는 것을 외국에 팔아야 한다"고 말한다. 실제로 필자는 한국어를 참 잘한다. 다른 한국인들보다는 조금 잘한다. 순수한 우리말도 조금 더 알고(예를 들면 '온', '즈믄', '골' 등), 한자도 일반인들보다는 쬐끔(?) 더 안다. 학부에서 한문교육학을 공부하고 대학원에서 한국어를 공부했더니 다른 친구들에 비해 비교적 쉽게 한국어교육학을 공부했다. 우리말 중에는 한자에 바탕을 둔 단어가 많기 때문이다.

14년 간 서울에서 교편을 잡고 있다가 박사학위를 받고 충청도로 이사 왔다. 고향이 여주인지라 충청도 방언에도 익숙해 있는 상황임에도 불구하고 가끔 당황스러웠던 일이 있었다. 한국어임에도 불구하고 소통의 문제가 생긴 것이다. 예를 들면 "내일 10시에 만나요"라고 했을 때 두 가지 답변이 있다.

하나는 "알았슈!"와 또 하나는 "그류"다. 서울 사람들은 상대가 "알았슈!"라고 하면 내일 나타날 것으로 생각하지만 그것은 오산이다. "알고 있다"는 뜻이지 "내일 오겠다"는 뜻은 아니다. 그러므로 내일 나타날 수도 있고 나타나지 않을 수도 있다. 아무 생각 없이 기다리다가 전화를 해서 물어보면 "알았다고 했지, 언제 나간다고 했느냐?"는 반문을 받을 수 있다. 반드시 "그류"라고 해야 약속 장소에 나타난다.

요즘은 웬만한 것은 번역기가 있어서 통·번역을 잘해준다. 필자도 구

○번역기를 자주 사용하는 편이다. 그러나 아무리 진화를 거듭해도 신조어나 방언 등은 통역할 수는 없다. 사람처럼 완벽하게 번역하는 것은 더욱 힘들다. 아니 기계는 도저히 사람의 통·번역을 따라갈 수가 없다. 이것은 사람만이 지닌 특성이다.(그래서 4차 산업혁명 시대에도 통역은 사람이 해야 한다.)

사람의 다양한 언어문화를 기계가 대신할 수는 없는 것이다. 그래서 요즘은 '문화문법'이라는 용어가 생겼다. 유럽에서는 몇 년 전부터 연구하기 시작했는데, 국내에서는 아직 생소한 단어다. 필자는 2016년에 〈한국어문화문법〉이라는 책을 발간했다. 여기서 주로 다룬 내용이 한국문화와 외국문화의 차이에서 겪을 수 있는 에피소드나 어려움을 서술하였다.

예를 들면 "고무신 바꿔 신는다"는 말을 영어나 자국어로 번역해 보라고 한다. 한국의 군사문화를 알지 못하는 외국인들은 100% "체인지 슈즈(Change shoes)"라고 한다. 남자 친구가 군대에 가 있는 동안 여자 친구가 변심한 것이라고 설명하려면 한참 걸린다. 한국 남자는 반드시 입대해야 하고, 그동안 여자 친구는 기다려줘야 한다는 등등의 설명을 보태야 한다.

남자 화장실에 가면 "남자가 흘려야 할 것은 눈물만이 아니죠"라고 쓴 글이 있다. 외국인들은 이것이 무슨 말인지 잘 모른다. "남자한테 좋은데, 참 좋은데, 뭐라 할 말이 없네…"라는 광고를 보면 짜증을 낸다. 도대체 어쩌라는 말이냐고 흥분한다. 외국인들은 한국인과 의식구조가 다르다. 직설적인 독일인과 은유적인 표현을 즐기는 한국인과는 차이가 많다. 그래서 한국인은 노벨문학상을 받지 못했다. 한국어의 무궁한 표현법을 외국인들이 이해하기에 너무 어렵다.

필자가 인도네시아의 아체에 갔을 때 일이다. 창피하지만 독자들을 위해 고백해 본다. 부지사 초청 만찬에 갔는데, 하루 종일 피곤하던 터라 식탁에 있는 사발의 물을 보자마자 단숨에 들이켰다. 안내하던 부지사가 눈이 휘둥그레지면서 필자를 바라보았다. 그 어색함은 지금도 오금이 저릴 정도다. 인도네시아는 손으로 밥을 먹기 때문에 반드시 식탁에 손 씻을 물을 올려놓는다. 마실 물은 병에 담겨 있었다.

각 나라의 문화에 맞는 어법이 있다. 이에 맞춰 해석을 달리 하는 것을 '문화문법'이라고 한다. 같은 하늘 아래 사는 사람들도 때로는 "알았슈!"와 "그류"를 이해하지 못하여 오해가 생긴다. 그러니 외국인들에게 한국어를 가르치고, 한국문화를 이해하게 하는 것이 어찌 쉬운 일이겠는가? 단순히 문자나 어휘를 가르친다고 해서 교육이 끝난 것은 아니다. 조화로운 삶을 이루기 위해서는 문화에 대한 이해가 있어야 한다.

※캠페인과 깜빠니아

오랜만에 남·북한의 언어 이질화에 대한 이야기를 해볼까 한다. 우리 남한의 표준어와 북한의 문화어는 태생적으로 차이가 있다. 표준어는 '서울에 사는 교양있는 사람이 두루 쓰는 말'을 기준으로 하고, 한글 맞춤법은 표준어를 소리대로 쓰되 어법에 맞도록 함을 원칙으로 하고, 문장의 각 단어는 띄어 씀을 원칙으로 하며, 외래어는 '외래어 표기법'에 따라 적는다.

한편 문화어(북한의 표준어에 해당함)는 지역적으로는 평양말, 계층적으로는 노동 계급의 말을 기본으로 하여 주체적, 혁명적, 문화적으로 조성한 북한의 표준어이다. 1966년 김일성 담화 "조선어의 민족적 특성을 옳게 살려 나갈 데 대하여"에 의해 제정된 것으로, 그 기본 발상은 지금까지 서울말을 바탕으로 하는 남한의 표준어로부터 독립된 공용어를 가져 독자성을 확립(《한민족문화대백과사전》 재인용)하고자 만들었다. 표준어를 그대로 사용하기에는 자존심이 상했던 모양이다.

남한의 표준어는 자유주의 사상을 근간으로 하고 북한의 문화어는 주체 사상을 근간으로 만들어졌다. 그래서 각기 다른 기준을 적용하다 보니 점차로 이질화가 심해지고 있는 것이 사실이다. 남한에서는 1970년대 들어 언론계, 교육계, 민간단체 등 사회 각 분야에서 국어순화운동이 활발히 일어났다. 그리하여 각 기관·단체별로 서구어 계통 중심의 상호·상품명과 스포츠 용어, 일본어 계통 중심의 영화·연극·음악·건축 분야 등의 용어들을 정리하여 새로운 단어로 만들었다. 1976년에는 문교부 안에 '국어순화운동협의회'를 정부 각 부처 실장 및 국장 11명과 학계 및 언론계 인사 9명으로 발족하고, 이어 국어심의회 속에 '국어순화분과위원회'를 위원 28명으로 발족하기에 이르렀다.(《한민족문화대백과사전》에서 발췌 요약함)

북한의 문화어는 1966년 5월 김일성이 주창한 '문화어 정책'에 따라 1970년대부터 본격적으로 추진되었다. 이 운동은 외래어를 배격하고 순수 우리말 어휘를 만들어내는 것으로 나타났다.(《다음백과》 참조)

문제는 이후부터 일어나기 시작했다. 과거 한때는 남북한 공동사전편찬 사업을 하는 등 언어의 이질화를 극복하려고 노력하는 것처럼 보였으나, 정권이 계속 바뀌면서 공동사전편찬사업은 예산이 점차로 줄어들어 유명무실하게 되어 가고 있다. 현재 2018년 12월 24일 '겨레말큰사전남북공동편찬사업회법' 개정(2022년 4월까지 사업기간 3년 연장)되어 있는 상태나 결과를 예측하기는 어렵다. 정권의 변화와 사전의 편찬은 상관관계가 없어야 한다. 남한에서는 외래어를 차용할 때 영어를 주로 사용했지만, 북한에서는 러시아어를 사용한 것이 큰 차이가 있다. 그래서 우리는 '캠페인'이라는 단어를 사용하지만, 북한에서는 '깜빠니아'라는 러시아어를 적용하였다. 같은 의미를 가지고 다른 용어를 사용하게 되면 민족 간에 혼란만 야기할 뿐이다. 그러므로 서로 상호보완하고 용납해 가면서 공통적인 단어를 사용하도록 노력을 기울여야 한다. 몇 가지 예를 들어 보자. ( )안의 것이 북한의 말이다. 나이테(해돌이), 계단논(다락논), 주먹밥(줴기밥) 등과 같이 순우리말에도 차이를 보이고 있으며, 외국어가 포함된 단어는 더욱 다른 양상을 보여 준다. 볼펜(원주필), 리듬체조(률동체조), 립스틱(입연지), 헬리콥터(직승기), 악세서리(치레걸이), 프라이팬(볶음판) 등과 같이 북한에서는 순우리말을 중심으로 새로운 단어를 형성하기도 했고, 직승기와 같이 한자어를 활용하여 영어를 배제하고 있음을 알 수 있다.

같은 말이라도 전혀 다른 의미를 지닌 것도 있다. 우리말로 서명(흔히 싸인한다고 표현하는 것)을 북한에서는 '수표'라고 한다. 아마도 손으로 표기한다고 해서 한자를 사용한 것으로 보인다.

  우리가 흔히 '수표'라고 하면 지금은 별로 사용하지 않지만, 고액의 돈다발 대신 한 장의 수표를 가지고 다녔던 것을 기억할 것이다. 은행 계좌를 북한에서는 '돈자리'라고 하니 남·북한의 사람이 만나서 한 사람은 계좌를 개설하자고 하고, 한 사람은 돈자리를 만들자고 하면 누가 알아들을 수 있을지 궁금하다.

  언어는 시대를 반영하며 늘 변하는 것이기에 신중하게 만들고 정리해야 한다. 더이상 이질화되기 전에 표준어와 문화어를 하나로 만드는 작업을 해야 한다.

※태릉과 신여성 이야기

우리말은 발음하기도 어렵고 쓰기도 어려운 경우가 많다. 1980년대 초반에 태능중학교에 첫 발령을 받았다. 벌써 40년 전의 일이다. 20대 초반의 혈기가 왕성한 교사로서 교무회의 시간에 학교명에 관한 토론을 주장했었다. 맞춤법에 맞지 않으니 '태릉중학교'로 교명을 변경해야 한다고 했다. '능'이라는 단어가 문장 앞에 나오면 두음법칙에 의하여 '능현리(릉현리)'라고 할 수 있으나, 음절 중간에 들어가 있는 경우 두음법칙의 적용을 받지 않으니 '선릉', '동구릉'과 같이 '태릉중학교'로 고쳐야 한다고 주장하였다. 지금은 어떻게 되었는지는 알 수 없으나, 당시 교무회의에서는 '면목중학교'에서 '태능중학교'로 개명한지 얼마 되지 않았고, 또한 고유명사이므로 그냥 '태능중학교'를 유지하자고 해서 필자의 주장은 통과되지 못했다. 그 후에 생긴 '태릉고등학교'는 '표준어규정'에 맞게 제대로 작명한 것으로 알고 있다.

우리말에는 '두음법칙'이라는 것이 있어서, 단어의 첫머리에 '녀, 뇨, 뉴, 니'가 오는 것을 꺼린다.(표준어규정 제5절 두음법칙), 예를 들면 '녀자→여자', '년세→연세', '뉴대→유대' 등으로 표기한다. 즉 '여, 요, 유, 이'로 표기한다는 말이다. '남녀'라는 단어를 보면 '녀'가 2음절에 들어있기 때문에 원음대로 쓰고 그렇게 읽는다.

문제는 다음과 같은 단어에서 시작된다. 즉 [붙임2]접두사처럼 쓰이는 한자가 붙어서 된 말이나 합성어에서, 뒷말의 첫소리가 'ㄴ'소리로 나더라도 두음법칙에 따라 적는다. 예를 들면 '신녀성→신여성', '공념불 →공염불', '남존녀비→남존여비', '회계년도→회계연도'와 같은 것들이다. 단순하게 보면 '신여성'이라고 할 때 두 번째 음절에 있으니 당연히 '신녀성'이라고 써야 할 것이나 위의 〔붙임2〕의 규정에 의거하여 두음법칙의 적용을 받는다. 외국인들에게 이런 것을 설명하기가 참으로 어렵다.

〔붙임3〕을 보면 "둘 이상의 단어로 이루어진 고유 명사를 붙여 쓰는 경우에도 〔붙임2〕에 준하여 적는다."라고 되어 있다. 그러므로 '한국녀자대학교 →한국여자대학교', '대한뇨소비료회사→대한요소비료회사' 등과 같이 써야 한다.

끝으로 하나 더 있다. 개중에는 첫음절에 있으면서도 의존 명사에서 '냐, 녀' 음을 인정하는 것이 있다. 사실 이러한 것들은 이미 우리의 입말에 적응이 되어 모두 알고 있는 것들이다. 다만 음절의 첫머리에 나오는데도 불구하고 '냐'로 읽는다는 질문을 받을 수가 있어서 첨언할 뿐이다. 예를 들면 지금은 사용하지 않지만 '한 냥 두 냥'이라고 할 때 '냥(兩)'이나 '냥중(兩-)', '몇 년'이라고 할 때 '년(年)'이 그것이다. 이러한 단어들은 이미 한글화한 것이기도 하다. 과거에 우리들은 거지를 흉내낼 때마다 "한 푼 줍쇼!"라고 하는 용어를 사용하곤 했다. 여기서 '한 푼은 분(分)'을 말한다. 한자가 우리말로 변한 것이다. '한 냥 두 냥'이라고 할 때의 '냥'도 '량(兩)'이 자연스럽게 '냥'으로 변하여 우리말로 굳은 것이다.

그렇다면 사륙신이 맞을까 사육신이 맞을까? 많은 사람들은 [사륙신]이라고 발음하고 그것이 맞다고 하지만 사실은 '사육신'이라고 쓰고 그대로 발음해야 한다. '六'은 본래의 발음이 '륙'이지만 그 앞에 '사(死)'라는 단어가 접두사적으로 붙었기 때문에 '육신'이라는 두음법칙에 적용된 단어를 그대로 써야 한다. 위에서 설명한 '신여성'의 경우에 해당하는 단어라고 보면 답이 나온다.

　오늘 독자들은 몹시 혼란스러울 것이다. 두음법칙이 적용되는 것과 그렇지 않은 것이 있는데, 단순하게 한 가지만 기억하면 쉽다. <u>접두사처럼 쓰이는 한자가 붙어서 된 말이나 합성어에서, 뒷말의 첫소리가 'ㄴ' 소리로 나더라도 두음법칙에 따라 적는다는</u> 것이다.

　오호 통재라! 북한에서는 문화어(남한의 표준어에 해당함)라 하여 두음법칙을 예전에 없애버려서 우리와 단어가 자꾸 달라지고 있으니 어쩌리오? '녀자', '리발소', '로동신문' 등으로 기록하는 것이 북한의 현실이다.
　오호 애재라!

※투기(投機, 投棄)와 투자(投資)

요즘 세종시 사람들은 '특공'이라는 단어에 특별한 관심을 보인다. 실제로 세종시 사람들은 도시가 발전하면서 혜택을 누린 것이 별로 없다고 느낀다. 구도시와 신도시 사이에 격차가 심해지고, 세금은 늘어났고, 학교는 부족해서 불만이 극도에 달하고 있다. 세종으로 이사 오는 공무원들에게 부동산을 특별공급한다고 해서 '특공'이라고 표현한 것 같다. 별걸 다 줄여서 표현하는 시대가 되었으니 해설을 붙이지 않으면 이해하기 힘든 것들이 많다. 구도시(조치원)에서 신도시(보람동)으로 시청을 옮겼으니 여기도 특별공급 대상이라고 해서 자체 특별 분양받은 공무원이 많은가 보다. 그러니 세종시에 오래 살았어도 일반인들은 분양받는 것이 하늘의 별 따기보다 힘들다. 필자도 허름한 주택이 하나 있는 관계로 분양 신청했다가 한 번도 당첨된 적이 없다. 이제는 특별공급을 줄이고 일반 분양을 많이 한다고 하니 아내는 기대에 부풀어 있다. 그렇다고 될 것도 아니지만 꿈을 꾸는 것까지 뭐라고 할 수는 없다.

부동산 투기라는 말이 유행하던 시절이 있었다. 지금도 웃돈을 주고 사는 사람들은 훗날 오를 것을 예상하고 사는 것이 아닌가 생각한다. 이럴 때 부동산 투기(投機)라는 말을 써야 하는지 살펴보자. 우선 투기라는 단어는 여러 가지가 있다. 한자를 병기하지 않으면 정말 실수하기 딱 좋은 단어가 '투기'다. 위에 예시한 '투기(投機)'는 "1. 기회를 틈타서 큰 이익을 얻으려 함, 2. 시세 변동을 이용하여 큰 이익을 얻으려고 부동산 따위를 사고파는 매매 거래"를 말한다. 그러니까 시세 차익을 노리고 부동산을 매매하는 것을 투기(投機)라고 한다. 그런데 과연 일반인이 주거 목적으로 사는 것과 '큰 이익을 얻으려고 매입하는 것'과 어떻게 구별해야 할까 궁금하다. 필자는 세종시에서 살던 아파트를 처분하고 전의면에 있는 밭이 있는 주택을 구입했다. 이미 5년 전에 팔아 버린 아파트는 10억이 올랐다고 하니 망해도 쫄딱 망한 것이다. 하지만 전의에 있는 집도 조금은 올랐으니 위안을 삼아보기도 한다. 혹자는 넓은 평수의 밭을 구입했으니 이것도 투기라고 할지 모르겠다. 이런 경우는 투기라고 하기보다는 '바보같이 아파트를 투기(投棄)' 했다고 보는 것이 좋을 것이다. 같은 단어지만 '투기(投棄)' 라고 하면 "내던져 버림"을 뜻한다. 미련없이 아파트를 내던져 버리고 나왔으니 우스갯소리로 '투기(投棄)했다'고 한다. 이런 경우 "쓰레기를 투기(投棄)했다."라고 쓸 수 있다. 쓰레기를 함부로 버렸다는 의미임을 금방 알 수 있을 것이다. 농담으로 한 말이지만 '아파트를 투기(投棄)' 하고 나니 가슴이 조금 쓰리기는 하다. 많은 사람들의 조롱거리가 되었으니 말이다.

한편 투자(投資)라는 말과 투기(投機)라는 단어 사이에서 헷갈리는 독자가 많을 것 같아서 분석해 보기로 한다. 투자(投資)는 "이익을 얻을 목적으로 자금을 대거나 정성을 쏟음"을 말한다. 그렇다면 투기(投機)와 무슨 차이가 있을까? 투기(投機)는 "시세 변동을 이용하여 갑자기 큰 이익을 보고자 하는 것"을 말하고, 투자(投資)는 "사업에 자본을 대거나 시간이나 정성을 쏟는 것"이니 사업관 관계가 있다. 예문으로는

유망 업종에 활발한 투자(投資)가 이루어진다.(〈표준국어대사전〉 재인용)
그는 투기(投機) 혐의를 받고 공직에서 물러났다.(〈고려대 한국어사전〉 재인용)

예문과 같이 돈을 대는 것은 같지만 의미는 천양지차다. 그래서 우리말은 한자와 함께 공부하면 훨씬 효과적이다. 단어의 의미를 정확하게 알 수 있다. 한글 전용도 좋은 말이지만 이미 한자어가 우리말 명사의 80%을

점유하고 있는 만큼 인정할 것은 인정하고 아름다운 우리말은 살리는 것이 필요하다고 본다.

※ '폐하'에서 '족하(조카)'까지

　예전에는 사극을 굉장히 좋아했지만 지금은 거의 보지 않는다. 기껏해야 '나는 자연인이다'나 '걸어서 세계 속으로'와 같은 다큐멘터리를 즐겨 본다. 과거에 좋아했던 사극을 보지 않게 된 이유는 간단하다. 리얼리티가 너무 결여되어 있고, 지나치게 흥미 위주로 편성하다 보니 끝나야 할 때 끝나지 않고 너무 오래 우려먹는 것에 식상해서 그렇다. 예를 들면 '선덕여왕'에 나오는 미실과 김유신과의 애매한 관계는 〈화랑세기〉라는 책에 나오는 두 줄을 가지고 각색한 것이다. 그러므로 작가의 상상력이 엄청나게 가미된 것이다. 그러나 지나치게 흥미를 유발하려고 '지귀설화' 같은 것에서 우려내고, 여기저기서 차용한 흔적이 너무 많아서 보다가 말았다. 종이가 발명되기 한참 전의 이야기인데, 도서관에서 종이로 만든 책을 함께 보는 것도 지나치게 리얼리티에서 벗어났다. 하나만 더 예를 들어 보면 '주몽'이라는 작품 중에 등장하는 주인공들이다. 주몽이 열여덟 살에 서른두 살 먹은 과부 소서노를 만나서 사랑(?)하는 얘기다. 주몽보다 소서노의 나이가 열네 살이나 많은데, 화면을 보면 주몽이 훨씬 성숙해 있었다. 이런저런 이유로 사극을 보지 않기로 했다.

　오늘은 서론이 상당히 길어졌다. 사극에 등장하는 용어 중에서 우리가 무슨 뜻인지 잘 모르는 것을 살펴보려고 한다.

　중국 영화에서 제일 많이 듣는 말이 폐하(陛下)일 것이다. 원래 폐하라는 단어는 "계단 아래 있는 사람(시종)"을 뜻했다. 그러던 것이 어느 순간부터 황제를 칭하는 말로 바뀌게 된 것이다. 옛날에는 신분질서가 엄격하여 신하가 황제에게 직접 말을 할 수가 없었다. 그래서 '섬돌 아래에 있는 사람(폐하)'을 통해서만 의사를 전달할 수가 있었다. 용상 밑 계단에 시종이 서 있고, 그 밑에 신하들이 도열해 있다가 신하가 일단 "폐하"하고 시종을 불러서 의견을 말하면 다시 시종이 황제에게 전달했던 것이다.(장진한, 〈신문 속 언어지식〉) 그러던 것이 어느 사이에 시종을 불러서 의사를 전달해야 하는 사람을 "폐하"라고 부르게 되었는데, 바로 진시황이 자신에게만 그런 호칭을 쓰도록 한 것이 지금까지 이르게 되었다. 그러므로 원래는 '시종'이라는 말에서 '황제'를 의미하는 것으로 바뀐 것이다. 이렇게 폐하는 제후들이 두루 쓸 수 있었는데, 진시황이 자신만을 이르게 하도록 명령을 내린 이후에 제후들은 할 수 없이 '전하(殿下)'라는 호칭을 쓰게 되었다. 전하는 "궁전 아래에 있는 사람"이라는 뜻이다. 그러니까 우리나라의 사극에서 왕을 전하라고 칭하는 것은 스스로 중국의 속국임을 나타낸 것임을 알 수 있다. 고종황제에 와서야 '폐하'라고 했다는 것은 서글픈 일이 아닐 수 없다. 그러나 고려 시대에는 중국에서 우리나라를 칭할 때 "귀국의 황제"라고 칭한 것을 볼 때, 고려는 제후국이 아니라 엄연한 황제국이었음을 알 수 있다. 그러므로 고려시대의 극에서는 "폐하"라고 불러야 한다.

각하(閣下)은 특정한 고급 관료에 대한 경칭이다. 그러므로 대통령에게 각하라고 한 것은 스스로를 낮추는 모습이라고 할 수 있다. 그런데 이것도 지나치게 높은 표현이라고 해서 요즘은 대통령님이라고 하는데, 굳이 '대통령'이라는 단어 뒤에는 '님'을 붙일 필요가 없다. 대통령이라는 단어 속에 이미 높임의 표현이 들어있기 때문이다. 학교에 흔히 "총장님 말씀이 계시겠습니다."라고 하는 것은 상당히 틀린 문장이다. "총장께서 말씀하시겠습니다."라고 하면 된다. 합하(閤下)라는 것도 있다. 정일품의 벼슬아치를 높여서 부르는 말인데 흥선대원군에게 사용하던 말이다. 우리나라에서 합하라는 호칭을 쓴 인물은 흥선대원군밖에 없다. 귀하(貴下)는 편지글에서 상대편을 높여 이름 다음에 쓰기도 하고, 일반적으로 상대를 높여서 부르는 말로 사용하기도 한다.

끝으로 족하(足下)는 같은 또래에서 상대편을 높여 부르는 말이다. 흔히 편지를 받아보는 사람의 이름 아래 쓰기도 한다. 지금은 '조카'라는 말로 변하여 '형제자매의 자식'을 이르는 말인데, 주로 '친조카'를 이른다.

언어는 시대에 따라 변하게 마련이지만 사극은 그 시대에 맞는 어휘를 찾아 써야 한다. 과거의 족하(足下)와 지금의 조카는 어원은 같지만 용례는 다르다. 앞으로 몇 백 년 후 조카는 또 다른 의미로 바뀔 수도 있다. 언어는 생장 소멸하는 생물이다.

※하마평(下馬評)과 화수분(河水盆) 이야기

우리말에는 중국에서 들어온 것과 일본에서 들어온 것, 혹은 일본을 통해서 들어온 것 등 다양하다. 중국에서 온 것은 별로 거부감이 없는데, 일본에서 온 것이나 일본을 통해서 들어온 외래어에는 거부감이 드는 것도 사실이다. 사실 중국에서 온 것들은 아주 오랜 세월을 거치면서 우리말화된 것이 많고 일본을 통해서 들어온 것들은 일제강점기를 거치면서 들어온 것이 많기 때문에 거부감이 드는 것이다. 물론 일본식의 발음으로 인해 전혀 의미를 알 수 없는 것들도 많다.(미싱이나 남포와 같은 단어들이 이에 속한다.)

오늘은 중국에서 들어와 한국화된 단어와 일본을 통해 들어온 단어를 비교하면서 살펴보려고 한다.

우선 중국에서 들어왔는데 유래를 알기 힘든 단어로 '화수분'이라는 말이 있다. 간단히 그 유래를 살펴보면 '화수분'은 중국 진시황 시절에 있었다는 '하수분(河水盆)'에서 비롯되었다. 진시황은 만리장성을 쌓을 때 10만 명을 동원하여 황하강(黃河江)의 물을 길어다가 큰 구리로 만든 물동이를 채우게 했다. 그런데 그 물동이의 크기가 엄청나게 커서 한 번 채우면 아무리 물을 써도 없어지지 않았다고 한다. 그래서 아무리 써도 줄어들지 않는 하수분(河水盆)이라는 말이 생겨났다. 이렇게 중국에서의 하수분이라는 말이 우리나라에 와서 화수분으로 바뀌어 불리게 되었다. 전영택의 소설 〈화수분〉에서 그 단어의 의미를 알 수 있다. 소설 속에서 '화수분'의 의미는 사람의 이름을 가리키는 고유 명사인 동시에 재물이 자꾸 새끼를 쳐서 아무리 써도 줄지 아니한다는 보통 명사이기도 하다. 아들이 잘 살 수 있도록 지어진 이름이지만 역설적으로 겨울에 동사하고 마는 불쌍한 인물의 이름이다. 이 소설 이후로 '화수분'이라는 말이 세상에 널리 알려지게 되었다. 그래서 원래의 의미보다는 아무리 써도 재물이 줄지 않는다는 의미로 바뀌어 인구에 회자되었다. 그래서 화수분은 별도의 한자표기가 없다. 보통은 단모음으로 바뀌는데, 이 단어는 오히려 복모음화되었다. 지금은 아무리 써도 궁핍해지지 않는 재물단지 정도의 의미로 통용되고 있다.

다음으로 일본을 통해 발전(?)한 우리말을 보자. 요즘 선거철(?)이라 그런지 몰라도 '하마평'이라는 용어가 언론에 자주 등장한다. 우선 사전적 해설을 보자. "하마평 : 관직의 인사이동이나 관직에 임명될 후보자에 관하여 세상에 떠도는 풍설. 예전에 관리들을 태워 가지고 온 마부들이 상전들이 말에서 내려 관아로 들어가 일을 보는 사이에 상전들에 대해 서로 평하였다는 데서 유래한다."(〈표준국어사전〉에서 인용함)고 나타나 있다. 가끔 거리를 걷다 보면 "대소인무론개하마(大小人毋論皆下馬 : 대·소인 막론하고 모두 말에서 내려라.)"고 쓰여 있는 비석을 볼 수 있다. 여기서 유래한 것은 확실하다. "말에서 내려서(下馬) 걸어가야 한다."는 말이니 높은 분이 계신 곳 근처라는 의미가 될 것이다. 그러니 상전이 말에서 내려서 가면 마부들이 남아서 잡담을 나눈다는 말도 맞다. 그래서 상전들의 등원(?)에 관한 평(評)이 자연스럽게 이루어질 수도 있다. 그러나 '하마평'이라는 단어는 조선시대에는 나타나지 않는다. 1917년 〈부산일보〉의 일본어로 쓰인 기사 중에 있는 "김제인물하마평(金堤人物下馬評)"이라는 제목에서 처음 나타난다. 일제강점 초기 이후 일본어로 발행된 여러 근대적 언론과 기록에서 사용되었고, 이 무렵 근대적 매체를 통해 도입된 일본식 한자어가 한국어에 미친 영향에 미루어 볼 때, '하마평'이라는 말은 일본에서 생성된 한자어가 그 유래와 의미의 유사성으로 쉽게 한국어에 편입된 것으로 본다.(〈다음백과〉에서 일부 재인용) 그러니까 조선시대에는 사용하지 않던 단어인데 일제 강점기를 거치면서 일본과 동시에 사용하기 시작한 것이라고 보는 것이 좋다. 이러한 단어는 우리말(한자어)로 표현할 수도 있다. 예를 들면 "○○ ○이 차기 검찰총장 물망에 오르다."라고 하면 많은 사람들이 쉽게 이해할 수 있다. 사실 '물망(物望 : 여러 사람이 우러러보는 명망)' 이라는 말도 한자에서 유래한 것이지만 이미 많은 사람들이 그 의미를 잘 알고 있는데, 굳이 '하마평' 이라는 단어를 쓸 필요가 없다고 본다.

　우리는 아무래도 중국에서 유래한 한자어는 그 유래가 오래 되어 우리 말처럼 쓰고 있는데, 일본을 통해서 들어온 단어에는 약간의 거부감이 있다. 좋은 것은 받아들이고 우리말이 있는 것은 다듬어 쓰는 지혜가 필요하다.

❋한가위와 중추절과 추석

곧 추석이 다가온다. 그래서 오늘은 한가위, 중추절, 추석 등의 뜻과 유래에 관해 살펴보고자 한다. 우선 필자가 가장 좋아하는 단어로는 '한가위'이다. 이 단어의 유래부터 알아보기로 한다.

〈삼국사기〉에 의하면 신라 유리왕 9년에 공주 두 명으로 하여금 도읍의 부녀자들을 두 패로 나누어 길쌈을 하게 했다. 한 달 전부터 시작하여 8월 15일(음력)에 승패를 가르고 진 편에서 이긴 편을 대접하고 잔치를 벌였다고 한다. 이때 진 편에서 '회소회소'라는 노래(회소곡會蘇曲)를 불렀다고 하는데 그 내용은 알 수가 없다. 그리고 그 놀이를 가배(加背)라고 했다. 다른 표현으로는 가우(嘉優)라고도 했다고 한다. 이 가배(嘉俳, 嘉優)라는 말이 순 우리말로 '가운데'를 뜻하는 '가위'라는 말이다. '가배〉가뱃〉가위'로 변하여 지금의 한가위가 됐다.

'한'이라는 말은 '크다, 하나, 넓다' 등의 뜻을 가진 순우리말이다. 한길(큰길, 넓은 길)이라고 할 때의 '한'과 같다. 우리가 어려서 흔히 한길을 '행길'이라고 발음했던 것을 기억하면 쉬울 것이다. 그러므로 '한가위'란 '8월의 한가운데'를 말한다. 1년 중 가장 풍요로운 달이라고 해서 "더도 말고 덜도 말고 한가위만 같아라."라고 한 말이 풍성했던 시절을 대변해 준다.

이러한 추석의 풍습은 중국의 〈수서(隋書)〉와 〈당서(唐書)〉에도 기록되어 있을 정도로 유명했다. 그 책에 의하면 8월 15일이면 풍류(風流)를 베풀고 활쏘기 대회를 벌였다는 내용이 들어있다. 추석은 보름달이 뜨는데 왜 반달을 상징하는 송편을 먹을까 궁금할 것이다. 중국에서는 월병(月餅)이라고 해서 보름달을 상징하는 둥근 떡을 만들어 나누어 먹는 풍습이 있다. 그 안에 견과류 등을 넣어서 건강에 좋도록 배려한 흔적이 보인다. 그러나 신라 사람들은 반달을 의미하는 송편을 먹었는데, 그 유래는 다음과 같다. 우선 송편의 원어는 송병(松餅)이다. 솔잎을 깔아 찌기 때문에 송병이라고 했는데, 오늘날 송편이라고 부르게 된 것이다. 멥쌀가루를 반죽하여 팥, 콩, 밤, 대추, 깨 따위의 소를 넣고 반달 모양으로 빚어서 반드시 솔잎을 깔고 쪄야 한다.

〈삼국사기〉에 의하면 백제 의자왕 때 땅속에서 거북이 나왔는데, 그 등에 "백제는 만월(滿月)이요, 신라는 반달이라."고 쓰여 있었다. 역술가가 풀어 보니, 만월은 가득 찬 달이기 때문에 기울게 마련이고, 반달은 앞으로 차차 커져서 만월이 될 것이기 때문에 신라가 삼국을 통일할 것이라고 했다. 그래서 신라의 군사들은 전쟁에 나갈 때면 반달 모양의 송편을 먹으며 승리를 기원했다고 한다. 그래서 보름달이 아닌 반달 모양의 떡을 만들어 먹게 되었다.

중추절(仲秋節)은 팔월의 명절이라는 말이다. 8월을 한자로 중추(仲秋)라고 한다. 7월은 맹추(孟秋), 9월은 계추(季秋)라고 하니 중추절이라는 말은 "음력 팔월에 있는 명절"이라는 말이다. '추석을 달리 이르는 말'이라고 사전에 나타나 있다. 나온 김에 한자로 1월부터 12월까지 이르는 말을 살펴보면 다음과 같다.

1월 맹춘(孟春), 2월 중춘(仲春), 3월 계춘(季春), 4월 맹하(孟夏), 5월 중하(仲夏), 6월 계하(季夏), 10월 맹동(孟冬), 11월 중동(仲冬), 12월 계동(季冬)이라고 한다. 이런 표현을 알아두면 한자로 쓴 액자의 작성월을 아는데 상당히 도움이 된다. 한자로 올해 8월을 표기하면 신축(辛丑) 중추(仲秋)라고 한다.

한편 추석(秋夕)이라는 단어는 글자 그대로 가을 저녁이라는 말이다. 가을날 저녁이 다 좋지만 그중 8월 15일 저녁이 가장 좋다는 의미로 '추석'이라고 했다. 사전적 의미로는 "우리나라 명절의 하나. 음력 8월 보름날이다. 신라의 가배에서 유래하였다고 하며, 햅쌀로 송편을 빚고 햇과일 따위로 음식을 장만하여 차례를 지낸다."고 되어 있다.(〈표준국어대사전〉에서 인용함)

한가위라는 명칭이 가장 오래되었고, 유래도 확실하니 그대로 사용했으면 하는 소망이 있다. 굳이 중추절이니 추석이니라고 하지 않아도 정겨운 우리말이 있으니 오래 보전했으면 좋겠다.

❋변이 덮친 필리핀(?)

2021년 6월 13일 조간신문에 실려 있는 기사의 제목이다. 유명 방송사의 뉴스 자막에도 이와 같이 써 있다. 필자는 순간 놀라지 않을 수가 없었다. 일반적으로 생각할 때 "똥이 필리핀을 덮쳤다니?" 도대체 무슨 말인가 하고 자신의 눈을 의심했다. 몇 번을 읽어 보아도 "변이 덮친 필리핀…"이었다. 기사의 내용인 즉 "변이 바이러스가 필리핀을 가득 채우고 있다."는 말이었다. 한국어 의미론을 지도하면서 언어의 자의성에 대해서 자주 이야기해 왔다. 언어는 자의성이 있어서 말하는 사람 따로, 듣는 사람 따로 생각하는 경우가 많다. 예를 들면 "우리 커피 한잔할까?" 하고 물으면, 사람에 따라 '아메리카노'를 생각하는 사람이 있고, 어떤 이는 '아이스 아메리카노'를, 또 어떤 이는 '커피믹스'(흔히 양촌리 커피라고도 한다. 전원일기에나 나오는 오래된 다방커피 형식의 '믹스한 커피'라는 뜻이다.)를 생각하기도 한다. 듣는 사람은 자기의 입장에서 생각하기 마련이다. 언어라는 것의 특징이 바로 여기에 있다는 뜻이다. 늘 변하면서 사람에 따라 다르게 작용할 수도 있다. 그래서 옛말에 "아 다르고 어 다르다."고 했던 것이다.

우리말은 모음을 조금 변화시켜 비슷하면서 다른 느낌을 주는 단어도 많다. '낡다'와 '늙다'를 보면 세월이 오래되면 '낡았다'고 하고, 사람도 오래되면 '늙었다'고 한다. 마찬가지로 '남다'와 '넘다'도 모음만 바꿔서 의미의 변화를 준 예라고 할 수 있다. 그런가 하면 조사를 넣어 문장의 성격을 바꾸기도 하고, 어미를 바꾸어 무한한 의미를 생산하기도 한다. 예를 들어 '먹다'라는 단어가 있을 때, '먹다, 먹고, 먹지, 먹어서, 먹으니, 먹으니까, 먹으므로 등등'의 예를 살펴보면 쉽게 이해할 수 있다. 각각의 어미에 따라 해석이 달라지는 것을 볼 수 있다. 그런가 하면 조사에 따른 의미의 변화도 있다. 외국인들이 참으로 어려워하는 부분이다. 역시 예를 들어보자. "태호는 머리가 좋다."라는 문장을 기본으로 두고 몇 가지 보조사로 바꾸어 보고 그 의미를 생각해 보자. "태호는 머리는 좋아.", "태호는 머리만 좋아.", "태호는 머리도 좋아."라는 문장들을 비교해 보면 조사가 문장에서 얼마나 큰 역할을 하고 있는지 알 수 있다. "머리는 좋아"라고 하면 다른 것은 나쁠 수도 있다. 성질이 더럽다든가, 키가 지나치게 땅과 가깝다든가 등과 같이 바람직하지 않은 내용이 뒤에 있음을 암시하고 있다. 다른 문장들도 마찬가지로 '보조사'에 따라 의미가 엄청나게 다른 것을 느낄 수 있다.

우리글(훈민정음)은 원래 띄어쓰기도 하지 않았다. 훈민정음 어제 서문만 보더라도 띄어쓰기를 전혀 하지 않은 것을 볼 수 있다. 문장에서 조사만 윗말에 붙여 쓰고 나머지는 단어마다 띄어 쓰도록 한 것은 불과 100여 년 전에 만들어진 것이다. 서양의 선교사가 한국어를 배울 적에 어디서 끊어 읽어야 할지 몰라서 만든 것인데, 사용하다 보니 일리가 있는 것 같아서 학자들이 국문법에 적용하기 시작하였다. 훈민정음은 원래 한자와 마찬가지로 다 붙여 쓰고 읽는 사람이 알아서 끊어 읽는 우리글이었는데, 1877년 영국인 목사 존 로스(John Ross)가 쓴 '조선어 첫걸음(Corean Primer)'(〈궁금한 우리말〉 세종대왕도 몰랐던 한글 띄어쓰기의 시작은?|네이버 블로그 참조))에서 한국말을 영어식으로 띄어 쓴 것이 시작이었다. 한글에 본격적인 띄어쓰기가 도입된 것은 1896년 창간된 '독립신문'을 통해서다. 독립신문은 미국인 호머 헐버트 박사가 주창한 한글 띄어쓰기 도입을 받아들여 적용하고, 본격적인 띄어쓰기 보급에 앞장섰다. 이후 한글 띄어쓰기는 조선어학회가 1933년 띄어쓰기를 한글 맞춤법 통일안에 반영하며 보편화하였

다.

　신문이나 방송은 헤드라인을 잘 잡아야 독자들이 읽는다. 그래서 짧게 특징을 표현하다 보니 '변이 덮친 필리핀'이라고 해서 마치 필리핀이 똥비(?)가 내린 것처럼 표기하였으나, 이런 경우는 조사를 사용하든지 한자어를 괄호 속에라도 사용했으면 하는 아쉬움이 있다.

✱우리 한잔할래?

 우리말 띄어쓰기는 어려운 모양이다. 매일 문자로 전송해도 계속 틀리는 사람은 어쩔 수 없다. 글쓰기도 습관이라 한 번 틀리게 쓰면 계속 틀리게 마련이다. 그래도 수정해서 보내주면 고맙게 고쳐 쓰는 독자들이 많아서 다행이다.

 원래 우리글은 띄어쓰기를 하지 않았다. 한문이 그렇듯이 그냥 붙여서 쓰고 알아서 띄어 읽었다. 능력 있고 똑똑한 국민이기 때문에 가능하지만 그래도 띄어 쓰면 읽는 사람이 그 의미를 파악하는 데 도움이 된다. 우리가 어려서 한글을 공부할 때 "아버지가방에들어가신다."라는 글을 놓고 많이 웃었던 기억이 있다. "아버지 가방에 들어가신다."라고 읽을 수 있기 때문에 반드시 띄어쓰기를 바르게 해야 한다고 선생님께서 예로 들어주신 문장이다. 띄어쓰기를 권장한 것은 미국인 호머 헐버트(Homer Hulbert, 1863~1949)였다. 중국식으로 붙여쓰다 보니 읽기가 힘들어 영어처럼 띄어쓰기를 권장해서 시도한 것이다. 편하기도 하지만 오늘날 많은 사람들이 힘들어하는 것 중의 하나가 되었다. 사실 한국어의 띄어쓰기는 단순하다. "각 단어는 띄어 쓰되 조사와 어미는 윗말에 붙여 쓴다."는 것만 기억하면 좋다. 다만 위의 글에서 보이는 바와 같이 '띄어쓰기' 할 때는 붙여 써도 되고, '띄어 쓰되' 할 때는 띄는 이유가 무엇일까 하는 것과 '하나의 단어로 굳어버린 것은 붙여쓴다' 라고 할 때 하나의 단어로 굳은 것을 구별하기 어렵다. 우선 본용언과 보조용언은 붙여 쓸 수 있다고 하였다. 그러므로 '먹어보다' 나 '먹어 보다' 는 둘 다 맞는 표기법이라는 말이다.

다만 오늘의 제목과 같은 것은 모두가 헷갈리는 것이라 설명이 필요하다. 우선 오늘이 불금(불타는 금요일)이다. 부담 없이 친구들과 한잔하기 좋은 날이다. "술을 한 잔 마신다."고 할 때는 띄어 써야 한다. '한 잔', '두 잔'이라고 할 때는 '한'이 관형사로 '잔(盞)'을 꾸며주는 것이기 때문에 반드시 띄어야 한다. 각각 하나의 단어이기 때문이다. 그러나 '한잔하다'라는 말은 하나의 단어이므로 붙여 써야 한다. 그래서 "오늘 불금인데 오랜만에 친구들과 한잔할까?"와 같이 쓴다. 즉 '한잔하다'의 의미는 "간단하게 한 차례 차나 술을 마시다"라는 의미로 하나의 단어로 굳은 형태다. 그러므로 "우리 한 잔 할까?", "우리 한 잔할까?"라고 쓰지 않는다.

낮부터 한잔한 얼굴이다.(《표준국어대사전》의 예문)
오늘 일 끝나고 한잔하러 가자.(《위의 책》 재인용)

이상과 같이 쓰는 것이 바른 표기법이다.

다음으로 '안되다'와 '안 되다'는 의미가 전혀 다르다. 우선 "안되면 조상(무덤) 탓"이라는 말이 있다. 일이 잘못되면 조상(산소)을 탓한다는 말이다. 제 잘못을 남에게 전가시킬 때 흔히 쓰는 말이다. 여기서는 '일이 잘못되다'는 의미가 있지만, "그 사람 참 안됐어."라고 하면 '안쓰럽다'는 뜻이다. "섭섭하거나 가엾어 마음이 언짢다. 근심이나 병 따위로 얼굴이 많이 상하다."의 뜻으로 쓰였다. 그러니까 '안되다'라고 붙여 쓰면 우리가 흔히 알고 있는 '안 되다'와는 의미가 전혀 다르다. "그 사람 예순 살밖에 안 돼 보인다."라는 문장을 보면 "그 사람 예순 살이 안 되다."와 의미가 상통하고 있음을 볼 수 있다. 이럴 때 '안'은 부정부사라고 한다. 즉 뒤에 나오는 단어를 부정할 때 쓰는 말이다. 이런 문장을 "그 사람 예순 살이 안 됐어."라고 붙여 쓰면 그 반대말은 "그 사람 예순 살이 잘됐어."라고 써야 하지만 이것은 말이 안 된다. 그래서 띄어쓰기를 바르게 해야 의미가 잘 통한다. "그 사람 예순 살이 됐어."라고 쓰는 것은 가능하다. 그러므로 '안 되다' 와 '안 되다' 는 반드시 그 의미를 파악해서 바른 표기대로 써야 한다.

우리말 바로 알기

제2부

—

한자놀이와 헷갈리기 쉬운 우리말

(이 부분은 필자가 아침마다 SNS로 전송한 것 중 일부임)

한자놀이와 헷갈리기 쉬운 우리말

※고화자전(膏火自煎) : 기름은 자신을 태워 불을 밝힌다

춘추시대 초나라의 현인이자 은자였던 접여(接輿)가 공자에게 했다는 말입니다. 그는 평소에 미친 척하고 다녀서 "초나라의 미친놈(狂人)" 소리를 들었습니다. 산의 나무는 도끼자루 만드는데 쓰지요(山木自寇). 향초는 향기 때문에 타게 되고(薰以香自燒) 기름은 불을 밝히느라 자신을 태우지요(膏以明自銷).

지나치게 재능이 많은 사람은 오히려 배 고프게 살아요. 때로는 쓸모없어 보이는 것도 살아가는 방법의 하나입니다. 요즘은 잠룡들이 하도 많아서 참룡을 찾기도 어려운 세상이지요. 용이 되려고 하다가 큰집(?) 가서 도 닦는 사람도 많고요. 가끔은 노자처럼 무위의 삶을 사는 것도 재미있을 것 같아요. 요즘 남자들이 제일 많이 보는 TV 프로가 '나는 자연인이다.'라는 군요.

선산을 지키는 것은 쓸모가 없어 자르지 않은 노송이랍니다.

※알묘조장(揠苗助長) : 싹을 뽑아 올려 성장을 돕는다

*성공을 서두르다 도리어 해를 봄, 뽑을 揠, 싹 苗, 도울 助, 긴 長

〈맹자〉 '공손추' 에 나오는 글입니다. 자연의 순리를 거역하면 안 된다는 말씀이지요. 어떤 사람이 보니 남들의 논에 심은 모는 잘 자라는데, 자기 밭의 작물은 영 신통찮아 보이는 것이었어요. 그래서 빨리 자라라고 조금씩 뽑아서(揠苗) 올려주었지요(助長). 집에 가서 자랑을 했어요. "내가 싹이 자라는 것으로 도와주느라 뽑아서 올려 주었다."고 했지요. 사람들이 뛰어나가 보니 벌써 싹들은 말라비틀어져 있었지요.

우리는 이미 선진국이 되었는데, 알묘조장하려는 것은 아닌지 모르겠네요. 자연스럽게 한국인의 정체성을 유지하면서 세계로 나아가는 것이 바람직하지요. 이상하지요? 사람들은 다 마스크 쓰고 다니는데 왜 코로나-19는 계속 창궐할까요? 너무 서둘러서 그래요.

※시역거이(是亦去耳)

이 是, 또한 亦, 갈 去, 귀 耳(=而已, 문장 끝에서는 '~일 뿐이다')

♡이 또한 지나가리라! 많이 보던 글이지요? 다윗왕과 솔로몬 얘기가 배경 설화로 나오기도 하지요. 한문에서 '귀 이(耳)' 자가 맨끝에 오면 '~일 따름이다' 라고 번역해요. 아마도 음의 길이가 '이이(而已), ~일 뿐이다)' 라는 의미의 종결어미와 같은가 봐요.

제대로 된 문장을 쓰려면 '시역거이이의(是亦去而已矣)!' 라고 해야 합니다. '의(矣)' 자는 단정 지을 때 쓰는 종결사입니다. 중국인들은 사자성어를 좋아해서 네 글자로 줄여보았습니다.

영어로 "This too shall pass away. "라고 하지요? 제가 영어는 쬐끔 짧으니 혜량하소서.

성경에 나오는 말씀은 아니고 유대인들의 신앙교육서인 〈미드라시〉에 나오는 문장이라고 합니다. 오늘도 행복하소서!

❉기당기무(器當其無)

그릇 기(器), 마땅할 당(當), 그 기(其), 없을 무(無)

♧그릇은 비어 있음으로 쓸모가 있다.

　지난주에는 "이 또한 지나가리라(是亦去耳)"는 글을 공부했지요 오늘은 노자의 말씀을 보려고 합니다. 노자는 짧은 말로 깊이 사색할 수 있는 말을 만들었습니다. 텅 빈 것의 쓰임이 그런 것이지요. 어느 글에 〈텅 빈 충만〉이라는 것이 있었지요. 그릇은 비어 있을 때 쓸모가 있습니다. 가득 차면 비워야 해요. 가득 차면 넘치게 마련이지요. 가득 차 있을 때는 그릇의 효용가치가 이미 없어진 것입니다. 비어 있을 때 담을 수 있어요. 골짜기는 비어 있기 때문에 사람들이 들어가서 쉴 수 있지요. 모든 존재의 가치는 비움에서 시작한답니다. 채우려고만 하는 사람들이 많아요. 그러다 보면 잃는 것이 생기게 마련입니다. 이제는 하나씩 비우는 것은 어떨까요?

※중추가절(仲秋佳節)

'음력 팔월의 보름의 좋은 날'로 '추석'을 달리 이르는 말.

음력 8월을 한자로 중추(仲秋)라고 합니다. 7월은 맹추(孟秋), 9월은 계추(季秋)라고 하지요. 한자로 1월부터 12월까지 이르는 말을 살펴볼까요? 음력 1월 맹춘(孟春), 2월 중춘(仲春), 3월 계춘(季春), 4월 맹하(孟夏), 5월 중하(仲夏), 6월 계하(季夏), 10월 맹동(孟冬), 11월 중동(仲冬), 12월 계동(季冬)이라고 합니다. 맏 맹(孟), 버금 중(仲), 막내 계(季)의 순서로 춘하추동을 붙이면 됩니다. 이런 표현을 알아두면 액자 속에 있는 한문의 작성월을 아는데 상당히 도움이 되지요. 한자로 올해 8월을 표기하면 신축(辛丑) 중추(仲秋)입니다.

거리에 걸린 한가위 인사 현수막이 모두 불법이랍니다. 교육자로서 모범을 보여야 한다고 생각해서 현수막을 걸지 않았으니 이해 바랍니다.

✳화천대유 천화동인(火天大有 天火同人)

♤ 화천대유 천화동인 ♤

♤ 저도 〈주역〉엔 문외한이라 인터넷에서 발췌하여 정리했습니다.

화천대유(火天大有)란 하늘(天)의 불(火) 즉 태양을 의미하는 것이고 대유란 큰 만족(더 많은 것을 얻는다는 뜻)을 의미합니다.

불도 상승하는 기운이고, 하늘도 상승하는 기운이니 양의 기운이 만나면 서로 북돋우며 오히려 더 큰 기운으로 발전하는 경향이 있답니다.

大有괘를 해석하자면 다음과 같습니다.

"태양이 하늘에서 빛나니 만물의 성장이 순조롭다. 곧 큰 결실을 거둘 수 있다."

중천에 뜬 해는 곧 기울기 마련이니 기울기 전에 부지런히 모으고, 많은 사람에게 베풀어야 합니다.

천화동인(天火同人)이란 불(火)이 하늘(天)을 밝히며, 동인(同人)은 함께하는 사람, 즉 협력을 의미합니다. 천화동인 뜻은 결국 마음 먹은 일을 성취할 수 있다는 의미를 담고 있습니다.

한문은 참 재미있죠?

❋기자불립(跂者不立)

발돋움할 跂, 놈 者, 아니 不, 설 立
(발 끝으로는 (오래) 서 있지 못한다)

큰 걸음으로 걷는 자는 오래 걷지 못합니다.(跨者不行) 자신의 식견으로 사물을 보는 사람은 본질에 대해 밝지 못하고, 스스로 옳다고 하는 사람은 남에게 인정받지 못합니다.(自見者不明 自是者不彰) 스스로 자랑하는 사람은 공이 없고, 스스로 뽐내는 사람은 오래 가지 못합니다. 그것은 모두 도에서는 찌꺼기라고 하지요. 군더더기라 사람들이 싫어한답니다. 그러므로 도를 아는 사람은 그곳에 처하지 않아요.(故 有道者不處)

발끝으로 오래 서 있을 수 없는 것은 그것이 자연스러운 것이 아니기 때문입니다. 하나님은 만물을 창조하시고 그저 "보기에 좋았더라.(God saw that it was good.창 1:10)"고만했지요. 만물을 창조하고도 자랑하지 않는 것이 하나님의 생각에 가까운 것입니다.

❋비슷한 한자어

오늘은 비슷하면서 헷갈리는 한자어입니다. 예를 들면서 설명하지요.

♠1. 금도(襟度): 다른 사람을 포용할 만한 도량, 예문) 나는 그의 너른 배포와 금도에 감격하였다.

♠2 .포옹(抱擁): 사람끼리 품에 껴안음.

♠3. 포용(包容):남을 너그럽게 감싸주거나 받아들임.

♠4. 관용(寬容): 남의 잘못을 너그럽게 받아들이거나 용서함.

♠5. 아량(雅量):너그럽고 속이 깊은 마음씨.

♧요즘 방송에서 '그의 대통령 비하 발언은 정치적 금도를 넘었다.' 라고 했는데, 이 문장에서 '금도' 는 '위험수위'로 바꾸는 것이 적절합니다. 대부분이 '금도(禁道, 禁度)'로 잘못 알고 있는 것 같습니다.

※조족지혈(鳥足之血)

새 鳥, 발 足, 어조사 之, 피 血

흔히 "새발의 피"라고도 합니다. 새발(鳥足)에는 살이 거의 없어서 상처가 나더라도 피가 많이 나지 않아요. 그래서 뼈가 부러지거나 하지 않는다면 새가 날아다니는 데 아주 효과적이지요. 피가 없어야 가벼워 날기 좋거든요. 일을 하다 보면 가끔은 손해를 보기도 하고, 또 때로는 이익을 조금 남기기도 하겠지요. 손해를 볼 때는 가능하면 피해를 가장 적게 해야 합니다. 감당할 수 있는 수준의 피해나 손해를 말할 때 '조족지혈'이라고 합니다. "그거 별거 아냐, 조족지혈이야, 허허허" 요렇게 할 수 있으면 세상 아름답게 살 수 있겠지요. 누구에게는 50억이 '조족지혈(鳥足之血)'이겠지만 제겐 아닙니다. 하지만 시각에 따라 별것이 아닐 수도 있어요. 이건희 회장님도 빈손으로 가시고, 이완구 총리도 다 두고 가시더군요. 따지고 보면 조족지혈이 될 수 있군요. 공수래공수거(空手來空手去)!

❋식자우환(識者憂患)

알 識, 놈 者, 근심 憂, 근심 患

♤아는 것이 병이다.

지나치게 많이 아는 척하면 근심이 찾아옵니다. 그래서 생긴 말입니다. 7년 전부터 매일 오는 카톡에 '감사합니다' 라는 답만 보내기 미안해서 ♡ 한국어 ♡ 공부를 보내기로 하고 지금까지 이어졌어요.

며칠 전 어느 단톡방에서 모르는 아주머니가 "이 방 취지에 맞지도 않게 왜 잘난 척하느냐?"고 하시더군요. 엄청 상처 입었어요. 한글도 잘 못쓰시는 분이 가슴 아팠나봐요.('출중'을 '충출'이라고 쓰셨더군요)

한국어 조금이라도 제대로 쓰길 바라고 보낸 것인데, 화를 내시더라고요.

욕먹어가면서 이 짓을 해야 하나 싶기도 해요. 고향에 가서 나무나 심으며 근심이 없을 텐데(植者無患). 정치의 계절이라 모두 예민해지셨나 봐요. 투덜투덜.

✖중석몰촉(中石沒鏃)

中 : 가운데, 맞을 중, 石 : 돌 석, 沒 : 잠길 몰, 鏃 : 화살 촉

《사기(史記)》의 〈이장군열전(李將軍列傳)〉에 나오는 말입니다.

하루는 이광이 명산(冥山)으로 사냥하러 갔다가 풀숲 속에 호랑이가 자고 있는 것을 보고 급히 화살을 쏘아 맞혔는데 호랑이는 꼼짝도 하지 않았어요. 이상해서 가까이 가 보니 그가 맞힌 것은 화살이 깊이 박혀 있는 호랑이처럼 생긴 돌이었답니다.

다시 화살을 쏘았으나 이번에는 화살이 퉁겨져 나왔어요. 정신을 집중하지 않은 까닭이죠. 그래서 '중석몰촉'은 무슨 일이든지 쏜 화살이 돌에 박힐 정도로 정신을 한 곳에 집중하여 일하면 이루어낼 수 있다는 뜻이랍니다.

뭐든지 젖 먹던 힘까지 다한다면 못 이룰 것이 없지요. 요즘 아이들은 너무 쉽게 포기하더군요. "이봐! 해 봤어?" 하던 회장님이 생각나는군요.

※간어제초(間於齊楚)

중국의 등(滕)나라가 큰 나라인 제(齊)나라와 초(楚)나라 사이에 끼어 괴로움을 당한다는 데서 나온 말로, 약한 자가 강한 자들의 틈에 끼어 괴로움을 받는 것을 비유적으로 이르는 말.

우리나라는 등나라와 다를 것이 없어요. 주변에 강대국(?)들로 둘러싸여 있지요. 그렇다고 석유 같은 자원이 나는 것도 아니고, 있는 것이라고는 인재밖에 없어요. 그러니 해답은 교육에서 찾아야겠지요. 평준화는 해답이 되지 못해요. 각자의 소질에 맞는 다양한 교육, 인성교육, 튼튼한 체력, 그리고 시대를 앞서갈 수 있는 미래교육(AI,DX) 등이 이루어져야 해요. 우민화교육은 이제 버리고 능력을 찾는 교육, 소질을 계발하고 창의적인 인재를 양성하는 교육이 답입니다. 한 과목에 전공이 다른 세 명의 교사가 들어가서 토론하는 것도 필요하지요. 전공에 따라 관점이 다르니까요.

※경전하사(鯨戰鰕死)

고래 鯨, 싸움 戰, 새우 鰕, 죽을 死
♣고래 싸움에 새우등 터진다.

원래의 출전은 17세기 홍만종이 쓴 〈순오지〉에 나옵니다.

鯨戰鰕死 言小者介於兩大而受禍 (고래 싸움에 새우등 터진다는 것은 작은 것이 큰 것 둘 사이에 끼었다가 화를 당함을 말한다.)

우리말 속담을 한역한 것입니다. 요즘 중국과 미국, 그리고 일본 사이에 끼어 나라의 형세가 참으로 안타깝게 됐어요. 교육도 마찬가지로 한쪽으로 편향된 것은 바람직하지 않아요. 이념에 치우친 교육은 아이들을 망치게 할 수 있지요. 미국과 중국 사이에서 우리나라의 교육이 갈피를 못잡는 것 같아요.

학생들 등 터지지 않게 개성을 찾고 소질을 계발하는 정책을 펴야 합니다.

채찍과 꾸지람이 지혜를 주거늘 임의로 행하게 버려둔 자식은 어미를 욕되게 하느니라(잠29:15)

헷갈리기 쉬운 우리말

❋ '안' 과 '속' 의 차이

♣ '안' 〈=〉 '밖'
♣ '속' 〈=〉 '겉'

　상대어를 보면 쉽게 알 수 있지요. 1, 2차원적 선으로 추상화할 수 있는 사물의 한 부분은 '안' 이 자연스럽습니다. '터널 안. 10년 안, 네모 안, 울타리 안' 등과 같아요.

　한편 '속' 은 입체적인 3차원의 것에 어울립니다. '사괏속. 머릿속, 바닷속, 땅속, 물속' 등과 같습니다. 또한 속은 꽉 차야 어울립니다. 배춧속, 머릿속 등은 차야 하지요. '안' 은 비어 있어도 됩니다. '버스 안, 집 안, 방 안' 등은 비어 있어도 상관없어요.

■ 문제: 사과를 냉장고 안에 넣어라, 사과를 냉장고 속에 넣어라.
　질문: 어느 것이 맞을까요?

답: 둘 다 틀렸습니다.

그냥 "사과를 냉장고에 넣어라"입니다. 원래부터 물건을 넣어두기 위한 목적으로 생겨난 물건에는 '안'이나 '속'을 쓰지 않는 것이 자연스럽답니다.〈국어 실력이 밥 먹여준다〉에서 발췌

※바른 글쓰기 연습

1. 이 공장은 다른 곳에 비해 규모가 적다.

　=〉이 공장은 다른 공장에 비해 규모가 작다.

　※규모는 '크다' 또는 '작다' 로 표현합니다.

2. 열차의 이동이 짧지 않다.

　=〉열차의 이동 거리가 짧지 않다.

　※열차의 이동 거리를 열차 이동이라고 쓰면 부자연스럽습니다.

3. 미국식 식단에 비해 지방 섭취가 작다.

　=〉미국식 식단에 비해 지방 섭취량이 적다.

　※크기가 아닌 양에 대한 표현이므로 '섭취량이 적다' 고 해야 합니다.

4. 비만률이 표준보다 훨씬 높다.

　=〉비만율이 표준보다 훨씬 높다.

　※요거 많이 틀리지요. 앞의 음절이 'ㄴ' 이나 모음으로 끝나는 경우에
　　는 '율率' 로 표기해야 합니다.

5. 이런 종류의 사람들이 많다.

　=〉이런 부류의 사람들이 많다.

　※물건이 아니므로 '부류' 라고 써야 합니다.(생물)

〈바른 우리말〉에서…

1. 콩나물을 한 젓가락 떠먹었다.

   =〉콩나물을 한 젓가락 집어 먹었다.

   ※'떠먹다'는 수저로 먹을 때 쓰는 말이지요.

2. 다치면 어떻하려고 이러는 것이냐?

   =〉다치면 어떡하려고 이러는 것이냐?

   ※요거 많이 틀리지요. '어떻게 하다'의 준말은 '어떡하다'입니다. 그러므로 '어떻하려고'는 틀린 말입니다.

3. 모두 밖으로 뛰어나와 기쁨의 환호를 질러댔다.

   =〉모두 밖으로 뛰어나와 환호를 질러댔다.

   ※歡=기쁘다.

   역전앞, 처갓집처럼 같은 말을 두 번 쓰는 것입니다.

   환호=기뻐서 큰 소리로 부르짖음.

   '기쁨의 환호'는 같은 의미의 중복입니다.

4. 신음소리와 함께 부인의 몸이 앞으로 기울어졌다.

   =〉신음과 함께 부인의 몸이 앞으로 기울어졌다.

   신음=앓는 소리.

   '신음소리'는 '소리'의 중복

   오늘은 요기까지 하지요.

〈바른 우리말〉에서 발췌

※한국어를 외국어 식으로?

지난번에 우리말은 수동태나 피동형 문장이 별로 없다고 했지요. 요즘 이런 표현이 지나치게 많아요.

1. 학생들의 요청에 의해 야외 수업을 하기로 했다.
   =〉학생들의 요청으로 야외 수업을 하기로 했다.
2. 우리는 건강해지기 위해 운동을 한다.
   =〉우리는 건강해지려고 운동을 한다.
3. 어느 나라도 테러로부터 자유로울 수 없다.
   =〉어느 나라도 테러를 피할 수 없다.
4. 피곤함에도 불구하고 그는 여행길에 올랐다.
   =〉피곤한데도 그는 여행길에 올랐다.
5. 이번 일은 저의 결례로 생각되어집니다.
   =〉이번 일은 저의 결례로 생각합니다.
   ※ '생각되다' 도 피동인데 '어지다' 라는 피동을 썼네요. 피동에 피동을 쓰면 능동인가요?
   그냥 '생각합니다' 가 좋아요.

※어색한 표현

1. 간부 후보자는 해당 교육을 이수하여야 한다.

   =〉간부 후보자는 해당 교육 과정을 이수하여야 한다.

   ※ '교육'은 '지식이나 기술 따위를 가르치며 인격을 길러 줌'을 뜻합니다. '교육을 이수하여야 한다'는 표현은 어색합니다.

2. 세종으로의 통근이 쉽지 않았다.

   =〉〉세종으로 통근하는 것이 쉽지 않았다.

   ※ '～로의'라는 표현은 일본어 번역 투입니다.

3. 이번 주 안에 계약서를 체결할 것이다.

   =〉이번 주 안에 계약을 체결할 것이다.

   ※체결하는 것은 '계약'이지 계약서가 아닙니다.

4. 나는 자동차 과속 벌금을 모두 완납했다.

   =〉나는 자동차 과속 벌금을 모두 납부했다.

   =〉나는 자동차 과속 벌금을 완납했다.

   ※ '완납'이 '남김 없이 모두 납부함'의 뜻입니다.

5. 여기에 있는 많은 내용을 포함시켰다.

   =〉여기에 있는 많은 내용을 포함하였다.

   ※ '포함시켰다'는 과도한 사동 표현입니다. 지나친 피동이나 사동 표현은 바람직하지 않습니다.

※틀리기 쉬운 우리말

1.♤째: 통째로란 뜻의 의존 명사(뿌리째 뽑는다.)

♤채: 상태를 나타내는 의존 명사(신을 벗은 채 걷는다.)

♤체: 그럴 듯하게 꾸미는 거짓 태도(아는 체한다.)

2.♤찢다: 잡아당겨 가르다(종이를 찢다.)

♤찧다:무거운 물건으로 내리치다.(곡식을 찧다.)

3.♤텃새: 일 년 내내 일정 지역에 사는 새

♤텃세: 먼저 자리잡은 사람이 나중 사람을 업신여김(텃세가 너무 세.)

4.♤한갓: 단지, 오직(그는 한갓 학생이다.)

♤한낱: 하나뿐인, 하잘것없는(조약은 한낱 종잇조각에 불과해.)

5.♤해어지다: 닳아서 떨어지다.(옷이 해어지다.)

♤헤어지다: 이별하다

6.그 친구 결국 사단을 내는군.(사달:사고나 탈)

♤사단: 일의 발단, 실마리

7.쓰레기가 널부러져 있는 사무실

♤널브러져 =〉너저분하게 흐트러지거나 흩어지다.

♤너부러지다 =〉힘없이 너부죽이 바닥에 까부라져 늘어지다. 여기저기 너저분하다.

한국어문화문법 2
우리말 바로 알기

부록

—

표준어 규정

제1부 표준어 사정 원칙

제1장 **총 칙**

제1항 표준어는 교양 있는 사람들이 두루 쓰는 현대 서울말로 정함을 원
칙으로 한다.

제2항 외래어는 따로 사정한다.

제2장 **발음 변화에 따른 표준어 규정**

제1절 **자음**

제3항 다음 단어들은 거센소리를 가진 형태를 표준어로 삼는다.(ㄱ을 표
준어로 삼고, ㄴ을 버림.)

〔ㄱ〕	〔ㄴ〕	〔비고〕
끄나풀	끄나불	
나팔-꽃	나발-꽃	
녘	녁	동~, 들~, 새벽~, 동틀~
부엌	부억	
살-쾡이	삵-괭이	*삵피-표준어
칸	간	1. ~막이, 빈~, 방 한~

2. '초가삼간, 윗간'의 경우에
는 '간'임.

털어-먹다	떨어-먹다	재물을 다 없애다.

제4항 다음 단어들은 거센소리로 나지 않는 형태를 표준어로 삼는다.(ㄱ
을 표준어로 삼고, ㄴ을 버림.)

〔ㄱ〕	〔ㄴ〕	〔비고〕
가을-갈이	가을-카리	
거시기	거시키	
분침(分針)	푼침	

제5항 어원에서 밀어진 형태로 굳어져서 널리 쓰이는 것은, 그것을 표준
어로 삼는다.(ㄱ을 표준어로 삼고, ㄴ을 버림.)

〔ㄱ〕	〔ㄴ〕	〔비고〕
강낭-콩	강남-콩	
고샅	고샅	겉~, 속~
사글-세	삭월-세	'월세'는 표준어임.
울력-성당	위력-성당	떼를 지어서 으르고 협박하는 일

다만, 어원적으로 원형에 더 가까운 형태가 아직 쓰이고 있는 경우에는,
그것을 표준어로 삼는다.(ㄱ을 표준어로 삼고, ㄴ을 버림.)

〔ㄱ〕	〔ㄴ〕	〔비고〕
갈비	가리	~구이, ~찜, 갈빗-대
갓모	갈모	1. 사기 만드는 물레 밑고리
		2. '갈모'는 갓 위에 쓰는, 유지

로 만든 우비

굴-젓	구-젓	
말-곁	말-겼	
물-수란	물-수랄	
밀-뜨리다	미-뜨리다	
적이	저으기	적이-나, 적이나-하면
휴지	수지	

제6항 다음 단어들은 의미를 구별함이 없이, 한 가지 형태만을 표준어로 삼는다.(ㄱ을 표준어로 삼고, ㄴ을 버림.)

〔ㄱ〕	〔ㄴ〕	〔비고〕
돌	돐	생일, 주기
둘-째	두-째	'제2, 두 개째'의 뜻
셋-째	세-째	'제3, 세 개째'의 뜻
넷-째	네-째	'제4, 네 개째'의 뜻
빌리다	빌다	1. 빌려 주다, 빌려 오다
		2. '용서를 빌다'는 '빌다'임.

다만, '둘째'는 십 단위 이상의 서수사에 쓰일 때에는 '두째'로 한다.

〔ㄱ〕	〔ㄴ〕	〔비고〕
열두-째		열두 개째의 뜻은 '열둘째'로
스물두-째		스물두 개째의 뜻은 '스물둘째'로

제7항 수컷을 이르는 접두사는 '수-'로 통일한다.(ㄱ을 표준어로 삼고, ㄴ을 버림.)

〔ㄱ〕	〔ㄴ〕	〔비고〕

수-꿩	수-퀑, 숫-꿩	'장끼'도 표준어임.
수-나	숫-놈	
수-사돈	숫-사돈	
수-소	숫-소	'황소'도 표준어임.
수-은행나무	숫-은행나무	

다만 1. 다음 단어에서는 접두사 다음에서 나는 거센소리를 인정한다.
　　　접두사 '암-'이 결합되는 경우에도 이에 준한다.(ㄱ을 표준어로 삼
　　　고, ㄴ을 버림.)

〔ㄱ〕	〔ㄴ〕	〔비고〕
수-캉아지	숫-강아지	
수-캐	숫-개	
수-컷	숫-것	
수-키와	숫-기와	
수-탉	숫-닭	
수-탕나귀	숫-당나귀	
수-톨쩌귀	숫-돌쩌귀	
수-퇘지	숫-돼지	
수-평아리	숫-병아리	

다만 2. 다음 단어의 접두사는 '숫-'으로 한다.(ㄱ을 표준어로 삼고, ㄴ을 버
　　　림.)

〔ㄱ〕	〔ㄴ〕	〔비고〕
숫-양	수-양	
숫-염소	수-염소	
숫-쥐	수-쥐	

제2절 **모음**

제8항 양성모음이 음성모음으로 바뀌어 굳어진 다음 단어는 음성모음
형태를 표준어로 삼는다.(ㄱ을 표준어로 삼고, ㄴ을 버림.)

〔ㄱ〕	〔ㄴ〕	〔비고〕
깡충-깡충	깡총-깡총	큰말은 '껑충껑충' 임.
-둥이	-동이	←童-이. 귀-, 막-, 선-, 쌍-, 검-, 바람-, 흰-
발가-숭이	발가-송이	센말은 '빨가숭이', 큰말은 '벌거숭이, 뻘거숭이' 임.
보퉁이	보통이	
봉죽	봉족	←奉足. ~꾼, ~들다
뻗정-다리	뻗장-다리	
아서, 아서라	앗아, 앗아라	하지 말라고 금지하는 말
오뚝-이	오똑-이	부사도 '오뚝-이' 임.
주추	주초	←柱礎. 주춧-돌

다만, 어원 의식이 강하게 작용하는 다음 단어에서는 양성모음 형태를
그대로 표준어로 삼는다.(ㄱ을 표준어로 삼고, ㄴ을 버림.)

〔ㄱ〕	〔ㄴ〕	〔비고〕
부조(扶助)	부주	~금, 부좃-술
사돈(査頓)	사둔	밭~, 안~
삼촌(三寸)	삼춘	시~, 외~, 처~

제9항 'ㅣ' 역행동화 현상에 의한 발음은 원칙적으로 표준 발음으로 인
정하지 아니하되, 다만 다음 단어들은 그러한 동화가 적용된 형태

를 표준어로 삼는다.(ㄱ을 표준어로 삼고, ㄴ을 버림.)

〔ㄱ〕	〔ㄴ〕	〔비고〕
-내기	-나기	서울-, 시골-, 신출-, 풋-
냄비	남비	
동댕이-치다	동당이-치다	

〔**붙임1**〕 다음 단어는 'ㅣ'역행동화가 일어나지 아니한 형태를 표준어로 삼는다.(ㄱ을 표준어로 삼고, ㄴ은 버림.)

〔ㄱ〕	〔ㄴ〕	〔비고〕
미장이	미쟁이	
유기장이	유기쟁이	
멋쟁이	멋장이	
소금쟁이	소금장이	
담쟁이-덩굴	담장이-덩굴	
골목쟁이	골목장이	
발목쟁이	발목쟁이	

제10항 다음 단어는 모음이 단순화한 형태를 표준어로 삼는다.(ㄱ을 표준어로 삼고, ㄴ을 버림.)

〔ㄱ〕	〔ㄴ〕	〔비고〕
괴팍-하다	괴퍅-하다/괴팩-하다	
-구면	-구면	
미루-나무	미류-나무	←美柳~
미륵	미력	←彌勒. ~보살, ~불, 돌~
여느	여늬	
온-달	왼-달	만 한 달

으레	으례	
케케-묵다	켸켸-묵다	
허우대	허위대	
허우적-허우적	허위적-허위적	허우적-거리다

제11항 다음 단어에서는 모음의 발음 변화를 인정하여, 발음이 바뀌어 굳어진 형태를 표준어로 삼는다.(ㄱ을 표준어로 삼고, ㄴ을 버림.)

〔ㄱ〕	〔ㄴ〕	〔비고〕
-구려	-구료	
깍쟁이	깍정이	1. 서울~, 알~, 찰~ 2. 도토리, 상수리 등의 받침은 '깍정이'임.
나무라다	나무래다	
미수	미시	미숫-가루
바라다	바래다	'바램〔所望〕'은 비표준어임.
상추	상치	~쌈
시러베-아들	실업의-아들	
주책	주착	←主着. ~망나니, ~없다
지루-하다	지리-하다	←支離
튀기	트기	
허드레	허드래	허드렛-물, 허드렛-일
호루라기	호루루기	

제12항 '웃-' 및 '윗-'은 명사 '위'에 맞추어 '윗-'으로 통일한다.(ㄱ을 표준어로 삼고, ㄴ을 버림.)

〔ㄱ〕	〔ㄴ〕	〔비고〕

윗-넓이	웃-넓이	
윗-눈썹	웃-눈썹	
윗-니	웃-니	
윗-당줄	웃-당줄	
윗-덧줄	웃-덧줄	
윗-도리	웃-도리	
윗-동아리	웃-동아리	준말은 '윗동' 임.
윗-막이	웃-막이	
윗-머리	웃-머리	
윗-목	웃-목	
윗-몸	웃-몸	～운동
윗-바람	웃-바람	
윗-배	웃-배	
윗-벌	웃-벌	
윗-변	웃-변	수학 용어
윗-사랑	웃-사랑	
윗-세장	웃-세장	
윗-수염	웃-수염	
윗-입술	웃-입술	
윗-잇몸	웃-잇몸	
윗-자리	웃-자리	
윗-중방	웃-중방	

다만 1. 된소리나 거센소리 앞에서는 '위-'로 한다.(ㄱ을 표준어로 삼고, ㄴ을 버림.)

〔ㄱ〕	〔ㄴ〕	〔비고〕

위–짝	웃–짝	
위–쪽	웃–쪽	
위–채	웃–채	
위–층	웃–층	
위–치마	웃–치마	
위–턱	웃–턱	~구름〔上層雲〕
위–팔	웃–팔	

다만 2. '아래, 위'의 대립이 없는 단어는 '웃-'으로 발음되는 형태를 표
준어로 삼는다.(ㄱ을 표준어로 삼고, ㄴ을 버림.)

〔ㄱ〕	〔ㄴ〕	〔비고〕
웃–국	윗–국	
웃–기	윗–기	
웃–돈	윗–돈	
웃–비	윗–비	~걷다
웃–어른	윗–어른	
웃–옷	윗–옷	

제13항 한자 '구(句)'가 붙어서 이루어진 단어는 '귀'로 읽는 것을 인정하
지 아니하고, '구'로 통일한다.(ㄱ을 표준어로 삼고, ㄴ을 버림.)

〔ㄱ〕	〔ㄴ〕	〔비고〕
구법(句法)	귀법	
구절(句節)	귀절	
구점(句點)	귀점	
결구(結句)	결귀	
경구(警句)	경귀	

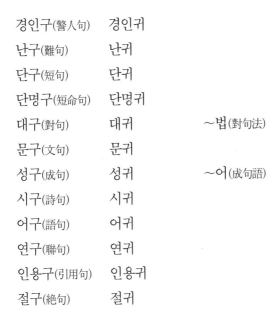

경인구(警人句)	경인귀	
난구(難句)	난귀	
단구(短句)	단귀	
단명구(短命句)	단명귀	
대구(對句)	대귀	~법(對句法)
문구(文句)	문귀	
성구(成句)	성귀	~어(成句語)
시구(詩句)	시귀	
어구(語句)	어귀	
연구(聯句)	연귀	
인용구(引用句)	인용귀	
절구(絕句)	절귀	

다만, 다음 단어는 '귀'로 발음되는 형태를 표준어로 삼는다.(ㄱ을 표준어로 삼고, ㄴ을 버림.)

〔ㄱ〕	〔ㄴ〕	〔비고〕
귀-글	구-글	
글-귀	글-구	

제3절 **준말**

제14항 준말이 널리 쓰이고 본말이 잘 쓰이지 않는 경우에는, 준말만을 표준어로 삼는다.(ㄱ을 표준어로 삼고, ㄴ을 버림.)

〔ㄱ〕	〔ㄴ〕	〔비고〕
귀찮다	귀치 않다	

김	기음	~매다
똬리	또아리	
무	무우	~강즙, ~말랭이, ~생채, 가랑~, 갓~, 왜~, 총각~
미다	무이다	1. 털이 빠져 살이 드러나다. 2. 찢어지다
뱀	배암	
뱀-장어	배암-장어	
빔	비음	설~, 생일~
샘	새암	~바르다, ~바리
생-쥐	새앙-쥐	
솔개	소리개	
온-갖	온-가지	
장사-치	장사-아치	

제15항 준말이 쓰이고 있더라도, 본말이 널리 쓰이고 있으면 본말을 표준어로 삼는다.(ㄱ을 표준어로 삼고, ㄴ을 버림.)

〔ㄱ〕	〔ㄴ〕	〔비고〕
경황-없다	경-없다	
궁상-떨다	궁-떨다	
귀이-개	귀-개	
낌새	낌	
낙인-찍다	낙-하다/낙-치다	
내왕-꾼	냉-꾼	
돗-자리	돗	
뒤웅-박	뒝-박	

뒷물-대야	뒷-대야	
마구-잡이	들잡이	
맵자-하다	맵자다	모양이 제격에 어울리다
모이	모	
벽-돌	벽	
부스럼	부럼	정월 보름에 쓰는 '부럼'은 표 준어임.
살얼음-판	살-판	
수두룩-하다	수둑-하다	
암-죽	암	
어음	엄	
일구다	일다	
죽-살이	죽-살	
퇴박-맞다	퇴-맞다	
한통-치다	통-치다	

다만, 다음과 같이 명사에 조사가 붙은 경우에도 이 원칙을 적용한다.(ㄱ 을 표준어로 삼고, ㄴ을 버림.)

〔ㄱ〕	〔ㄴ〕	〔비고〕
아래-로	알-로	

제16항 준말과 본말이 다 같이 널리 쓰이면서 준말의 효용이 뚜렷이 인정 되는 것은, 두 가지를 다 표준어로 삼는다.(ㄱ은 본말이며, ㄴ은 준말 임.)

〔ㄱ〕	〔ㄴ〕	〔비고〕
거짓-부리	거짓-불	작은말은 '가짓부리, 가짓불'임.

노을	놀	저녁~
막대기	막대	
망태기	망태	
머무르다	머물다	모음 어미가 연결될 때에는
서두르다	서둘다	준말의 활용형을 인정하지 않
		음.
서투르다	서툴다	
석새-삼배	석새-베	
시-누이	시-뉘/시-누	
오-누이	오-뉘/오-누	
외우다	외대	외우며, 외워: 외며, 외어
이기죽-거리다	이죽-거리다	
찌꺼기	찌끼	'찌꺽지'는 비표준어임.

제17항 비슷한 발음의 몇 형태가 쓰일 경우, 그 의미에 아무런 차이가 없고 그 중 하나가 더 널리 쓰이면, 그 한 형태만을 표준어로 삼는다.(ㄱ을 표준어로 삼고, ㄴ을 버림.)

〔ㄱ〕	〔ㄴ〕	〔비고〕
거든-그리다	거둥-그리다	1. 거든하게 거두어 싸다.
		2. 작은말은 '가든-그리다'임.
구어-박다	구워-박다	사람이 한 군데에서만 지내다.
귀-고리	귀엣-고리	
귀-띔	귀-틤	
귀-지	귀에-지	
까딱-하면	까땍-하면	
꼭두-각시	꼭둑-각시	

내색	나색	감정이 나타나는 얼굴빛
내숭-스럽다	내흉-스럽다	
냠냠-거리다	얌냠-거리다	냠냠-하다
냠냠-이	냠얌-이	
너[四]	네	~돈, ~말, ~발, ~푼
넉[四]	너/네	~냥, ~되, ~섬, ~자
다다르다	다닫다	
댑-싸리	대-싸리	
더부룩-하다	더뿌룩-하다/	
	듬뿌룩-하다	
-던	-든	선택, 무관의 뜻을 나타내는 어미는 '-든' 임. 가-든(지), 말-든(지), 보-든(가), 말-든(지)
-던가	-든가	
-던걸	-든걸	
-던고	-든고	
-던데	-든데	
-던지	-든지	
-(으)려고	-(으)ㄹ려고/	-(으)ㄹ라고
-(으)려야	-(으)ㄹ려야/	-(으)ㄹ래야
망가-뜨리다	망그-뜨리다	
멸치	며루치/메리치	
반빗-아치	반비-아치	'반빗' 노릇을 하는 사람. 찬비(饌婢). '반비'는 밥 짓는 일을 맡은 계집종
보습	보십/보섭	

본새	뻔새	
봉숭아	봉숭화	'봉선화'도 표준어임.
뺨-따귀	뺨-따귀/뺨-따구니	'뺨'의 비속어임.
빠개다[斫]	빠기다	두 조각으로 가르다.
빠기다[誇]	빠개다	뽐내다
사자-탈	사지-탈	
상-판대기	쌍-판대기	
서[三]	세/석	~돈, ~말, ~발, ~푼
석[三]	세	~냥, ~되, ~섬, ~자
설령(設令)	서령	
-습니다	-읍니다	먹습니다, 갔습니다, 없습니다, 있습니다, 좋습니다 모음 뒤에는 '-ㅂ니다'임.
시름-시름	시늠-시늠	
씀벅-씀벅	썸벅-썸벅	
아궁이	아궁지	
아내	안해	
어-중간	어지-중간	
오금-팽이	오금-탱이	
오래-오래	도래-도래	돼지 부르는 소리
-올시다	-올습니다	
옹골-차다	공골-차다	
우두커니	우두머니	작은말은 '오도카니'임.
잠-투정	잠-투세/잠-주정	
재봉-틀	자봉-틀	발~, 손~
짓-무르다	짓-물다	

짚-북데기	짚-북세기	'짚북더기'도 비표준어임.
쪽	짝	편(便). 이~, 그~, 저~
		다만, '아무-짝'은 '짝'임.
천장(天障)	천정	'천정부지(天井不知)'는 '천정'
		임.
코-맹맹이	코-맹녕이	
흉-업다	흉-헙다	

제4절 복수 표준어

제18항 다음 단어는 ㄱ을 원칙으로 하고, ㄴ도 허용한다.

〔ㄱ〕	〔ㄴ〕	〔비고〕
네	예	
쇠-	소-	-가죽, -고기, -기름, -머리, -뼈
괴다	고이다	물이 ~, 밑을 ~.
꾀다	꼬이다	어린애를 ~, 벌레가 ~.
쐬다	쏘이다	바람을 ~.
죄다	조이다	나사를 ~.
쬐다	쪼이다	볕을 ~.

제19항 어감의 차이를 나타내는 단어 또는 발음이 비슷한 단어들이 다 같이 널리 쓰이는 경우에는, 그 모두를 표준어로 삼는다.(ㄱ, ㄴ을 모두 표준어로 삼음.)

〔ㄱ〕	〔ㄴ〕	〔비고〕

거슴츠레-하다	게슴츠레-하다	
고까	꼬까	~신, ~옷
고린-내	코린-내	
교기(驕氣)	갸기	교만한 태도
구린-내	쿠린-내	
꺼림-하다	께름-하다	
나부랭이	너부렁이	

제3장 어휘 선택의 변화에 따른 표준어 규정

제1절 고어

제20항 사어(死語)가 되어 쓰이지 않게 된 단어는 고어로 처리하고, 현재 널리 사용되는 단어를 표준어로 삼는다. (ㄱ을 표준어로 삼고, ㄴ을 버림.)

〔ㄱ〕	〔ㄴ〕	〔비고〕
난봉	봉	
낭떠러지	낭	
설거지-하다	설겆다	
애달프다	애닲다	
오동-나무	머귀-나무	
자두	오얏	

제2절 한자어

제21항 고유어 계열의 단어가 널리 쓰이고 그에 대응되는 한자어 계열의
단어가 용도를 잃게 된 것은, 고유어 계열의 단어만을 표준어로
삼는다.(ㄱ을 표준어로 삼고, ㄴ을 버림.)

〔ㄱ〕	〔ㄴ〕	〔비고〕
가루-약	말-약	
구들-장	방-돌	
길품-삯	보행-삯	
까막-눈	맹-눈	
꼭지-미역	총각-미역	
나뭇-갓	시장-갓	
늙-다리	노닥다리	
두껍-닫이	두껍-창	
떡-암죽	병-암죽	
마른-갈이	건-갈이	
마른-빨래	건-빨래	
메-찰떡	반-찰떡	
박달-나무	배달-나무	
밥-소라	식-소라	큰 놋그릇
사래-논	사래-답	묘지기나 마름이 부쳐 먹는 땅
사래-밭	사래-전	
삯-말	삯-마	
성냥	화과	
솟을-무늬	솟을-문	
외-지다	벽-지다	

움-파	동-파	
잎-담배	잎-초	
잔-돈	잔-전	
조-당수	조-당죽	
죽데기	피-죽	'죽더기'도 비표준어임.
지겟-다리	목-발	지게 동발의 양쪽 다리
짐-꾼	부지-군(負持-)	
푼-돈	분전/푼전	
흰-말	백-말/부루-말	'백마'는 표준어임.
흰-죽	백-죽	

제22항 고유어 계열의 단어가 생명력을 잃고 그에 대응되는 한자어 계열의 단어가 널리 쓰이면, 한자어 계열의 단어를 표준어로 삼는다.(ㄱ을 표준어로 삼고, ㄴ을 버림.)

〔ㄱ〕	〔ㄴ〕	〔비고〕
개다리-소반	개다리-밥상	
겸-상	맞-상	
고봉-밥	높은-밥	
단-벌	홑-벌	
마방-질	마바리-집	馬房-
민망-스럽다/면구-스럽다	민주-스럽다	
방-고래	구들-고래	
부항-단지	뜸-단지	
산-누에	멧-누에	
산-줄기	멧-줄기/멧-발	
수-삼	무-삼	

심-돋우개	불-돋우개
양-파	둥근-파
어질-병	어질-머리
윤-달	군-달
장력-세다	장성-세다
제석	젯-돗
총각-무	알-무/알타리-무
칫-솔	잇-솔
포수	총-댕이

제3절 방언

제23항 방언이던 단어가 표준어보다 더 널리 쓰이게 된 것은, 그것을 표
준어로 삼는다. 이 경우, 원래의 표준어는 그대로 표준어로 남겨
두는 것을 원칙으로 한다.(ㄱ을 표준어로 삼고, ㄴ도 표준어로 남겨 둠.)

〔ㄱ〕	〔ㄴ〕	〔비고〕
멍게	우렁쉥이	
물-방개	선두리	
애-순	어린-순	

제24항 방언이던 단어가 널리 쓰이게 됨에 따라 표준어이던 단어가 안 쓰
이게 된 것은, 방언이던 단어를 표준어로 삼는다.(ㄱ을 표준어로 삼
고, ㄴ을 버림.)

| 〔ㄱ〕 | 〔ㄴ〕 | 〔비고〕 |
| 귀밑-머리 | 귓-머리 | |

까-뭉개다	까-무느다
막상	마기
빈대-떡	빈자-떡
생인-손	생안손 준말은 '생-손'임.
역-겹다	역-스럽다
코-주부	코-보

제4절 **단수 표준어**

제25항 의미가 똑같은 형태가 몇 가지 있을 경우, 그 중 어느 하나가 압도적으로 널리 쓰이면, 그 단어만을 표준어로 삼는다.(ㄱ을 표준어로 삼고, ㄴ을 버림.)

〔ㄱ〕	〔ㄴ〕	〔비고〕
-게끔	-게시리	
겸사-겸사	겸지-겸지/겸두-겸두	
고구마	참-감자	
고치다	낫우다 병을~	
골목-쟁이	골목-자기	
광주리	광우리	
괴통	호구	자루를 박는 부분
국-물	멀-국/말-국	
군-표	군용-어음	
길-잡이	길-앞잡이	'길라잡이'도 표준어임.
까다롭다	까닭-스럽다/	
	까탈-스럽다	

까치-발	까치-다리	선반 따위를 받치는 물건
꼬창-모	말뚝-모	꼬창이로 구멍을 뚫으면서 심는 모
나룻-배 나루	'나루[津]'는 표준어임.	
납-도리	민-도리	
농-지거리	기롱-지거리	다른 의미의 '기롱지거리'는 표준어임.
다사-스럽다	다사-하다	간섭을 잘 하다.
다오	다구	이리~
담배-꽁초	담배-꼬투리/	
	담배-꽁치/담배-꽁추	
담배-설대	대-설대	
대장-일	성냥-일	
뒤져-내다	뒤어-내다	
뒤통수-치다	뒤꼭지-치다	
등-나무	등-칡	
등-때기	등-떠리	'등'의 낮은 말
등잔-걸이	등경-걸이	
떡-보	떡-충이	
똑딱-단추	딸꼭-단추	
매-만지다	우미다	
먼-발치	먼-발치기	
며느리-발톱	뒷-발톱	
멍주 붙이	주 시니	
목-메다	목-맺히다	
밀짚-모자	보릿짚-모자	

바가지	열-바가지/열-박	
바람-꼭지	바람-고다리	튜브의 바람을 넣는 구멍에 붙은 쇠로 만든 꼭지
반-나절	나절-가웃	
반두	독대	그물의 한 가지
버젓-이	뉘연-히	
본-받다	법-받다	
부각	다시마-자반	
부끄러워-하다	부끄리다	
부스러기	부스럭지	
부지깽이	부지팽이	
부항-단지	부항-항아리	부스럼에서 피고름을 빨아내기 위하여 부항을 붙이는 데 쓰는 자그마한 단지
붉으락-푸르락	푸르락-붉으락	
비켜-덩이	옆-사리미	김맬 때에 흙덩이를 옆으로 빼내는 일, 또는 그 흙덩이
빙충-이	빙충-맞이	작은말은 '뱅충이'
빠-뜨리다	빠-치다	'빠트리다' 도 표준어임.
뺏백하다	왜긋다	
뽐-내다	느물다	
사로-잠그다	사로-채우다	자물쇠나 빗장 따위를 반 정도만 걸어 놓다.
살-풀이	살-막이	
상투-쟁이	상투-꼬부랑이	상투 튼 이를 놀리는 말
새앙-손이	생강-손이	

샛-별	새벽-별	
선-머슴	풋-머슴	
섭섭-하다	애운-하다	
속-말	속-소리	국악 용어 '속소리'는 표준어 임.
손목-시계	팔목-시계/팔뚝-시계	
손-수레	손-구루마	'구루마'는 일본어임.
쇠-고랑	고랑-쇠	
수도-꼭지	수도-고동	
숙성-하다	숙-지다	
순대	골집	
술-고래	술-꾸러기/술-부대/ 술-보/술-푸대	
식은-땀	찬-땀	
신기-롭다	신기-스럽다	'신기하다'도 표준어임.
쌍동-밤	쪽-밤	
쏜살-같이	쏜살-로	
아주	영판	
안-걸이	안-낚시	씨름 용어
안다미-씌우다	안다미-시키다	제가 담당할 책임을 남에게 넘 기다.
안쓰럽다	안-슬프다	
안절부절-못하다	안절부절-하다	
앉은뱅이-저울	앉은-저울	
알-사탕	구슬-사탕	
암-내	곁땀-내	

앞-지르다	따라-먹다
애-벌레	어린-벌레
얕은-꾀	물탄-꾀
언뜻	펀뜻
언제나	노다지
얼룩-말	워라-말
-에는	-엘랑
열심-히	열심-으로
열어-제치다	열어-젖뜨리다
입-담	말-담
자배기	너벅지
전봇-대	전선-대
주책-없다	주책-이다 '주착→주책'은 제11항 참조
쥐락-펴락	펴락-쥐락
-지만	-지만서도 ←지마는
짓고-땡	지어-땡/짓고-땡이
짧은-작	짜른-작
찹-쌀	이-찹쌀
청대-콩	푸른-콩
칡-범	갈-범

제5절 복수 표준어

제26항 한 가지 의미를 나타내는 형태 몇 가지가 널리 쓰이며 표준어 규정에 맞으면, 그 모두를 표준어로 삼는다.

〔복수 표준어〕	〔비고〕
가는-허리/잔-허리	
가락-엿/가래-엿	
가뭄/가물	
가엾다/가엽다	가엾어/가여워, 가엾은/가여운
감감-무소식/감감-소식	
개수-통/설거지-통	'설겆다'는 '설거지-하다'로
개숫-물/설거지-물	
갱-엿/검은-엿	
-거리다/-대다	가물-, 출렁-
거위-배/횟-배	
것/해	내~, 네~, 뉘~
게을러-빠지다/게을러-터지다	
고깃-간/푸줏-간	'고깃-관, 푸줏-관, 다림-방'은 비표준어임.
곰곰/곰곰-이	
관계-없다/상관-없다	
교정-보다/준-보다	
구들-재/구재	
귀퉁-머리/귀퉁-배기	'귀퉁이'의 비어임.
극성-떨다/극성-부리다	
기세-부리다/기세-피우다	
기승-떨다/기승-부리다	
깃-저고리/배내-옷/배냇-저고리	
까까-중/중-대가리	'까까중이'는 비표준어임.
꼬까/때때/고까	~신, ~옷

꼬리-별/살-별

꽃-도미/붉-돔

나귀/당-나귀

날-걸/세-뿔　　　　　　윷판의 쨀밭 다음의 셋째 밭

내리-글씨/세로-글씨

넝쿨/덩굴　　　　　　'덩쿨'은 비표준어임.

녘/쪽　　　　　　　　동~, 서~

눈-대중/눈-어림/눈-짐작

느리-광이/느림-보/늘-보

늦-모/마냥-모　　　　←만이앙-모

다기-지다/다기-차다

다달-이/매-달

-다마다/-고말고

다박-나룻/다박-수염

닭의-장/닭-장

댓-돌/툇-돌

덧-창/겉-창

독장-치다/독판-치다

동자-기둥/쪼구미

돼지-감자/뚱딴지

되우/된통/되게

두동-무늬/두동-사니　　윷놀이에서, 두 동이 한데 어울려 가는
　　　　　　　　　　　말

뒷-갈망/뒷-감당

뒷-말/뒷-소리

들락-거리다/들랑-거리다

들락-날락/들랑-날랑

딴-전/딴-청

땅-콩/호-콩

땔-감/땔-거리

-뜨리다/-트리다   깨-, 떨어-, 쏟

뜬-것/뜬-귀신

마룻-줄/용총-줄   돛대에 매어 놓은 줄. '이어줄' 은 비표
준어임.

마-파람/앞-바람

만장-판/만장-중(滿場中)

만큼/만치

말-동무/말-벗

매-갈이/매-조미

매-통/목-매

먹-새/먹음-새   '먹음-먹이' 는 비표준어임.

멀찌감치/멀찌가니/멀찍이

멱통/산-멱/산-멱통

면-치레/외면-치레

모-내다/모-심다   모-내기/모-심기

모쪼록/아무쪼록

목판-되/모-되

목화-씨/면화-씨

무심-결/무심-중

물-봉숭아/물-봉선화

물-부리/빨-부리

물-심부름/물-시중

물추리-나무/물추리-막대

물-타작/진-타작

민둥-산/벌거숭이-산

밑-층/아래-층

바깥-벽/밭-벽

바른/오른[右]   ~손, ~쪽, ~편

발-모가지/발-목쟁이   '발목' 의 비속어임.

버들-강아지/버들-개지

벌레/버러지   '벌거지, 벌러지' 는 비표준어임.

변덕-스럽다/변덕-맞다

보-조개/볼-우물

보통-내기/여간-내기/예사-내기   '행-내기' 는 비표준어임.

볼-따구니/볼-퉁이/볼-때기   '볼' 의 비속어임.

부침개-질/부침-질/지짐-질   '부치개-질' 은 비표준어임.

불똥-앉다/등화-지다/등화-앉다

불-사르다/사르다

비발/비용(費用)

뾰두라지/뾰루지

살-쾡이/삵   삵-피

삽살-개/삽사리

상두-꾼/상여-꾼   '상도-꾼, 향도-꾼' 은 비표준어임.

상-씨름/소-걸이

생/새앙/생강

생-뿔/새앙-뿔/생강-뿔   '쇠뿔' 의 형용

생-철/양-철   1. '서양-철' 은 비표준어임.

                        2. '生鐵' 은 '무쇠' 임.

서럽다/섧다   '설다'는 비표준어임.

서방-질/화냥-질

성글다/성기다

-(으)세요/-(으)셔요

송이/송이-버섯

수수-깡/수숫-대

술-안주/안주

-스레하다/-스름하다   거무-, 발그-

시늉-말/흉내-말

시새/세사(細沙)

신/신발

신주-보/독보(褓)

심술-꾸러기/심술-쟁이

쌉쓰레-하다/쌉쓰름-하다

아귀-세다/아귀-차다

아래-위/위-아래

아무튼/어떻든/어쨌든/하여튼/여하튼

앉음-새/앉음-앉음

알은-척/알은-체

애-갈이/애벌-갈이

애꾸눈-이/외눈-박이   '외대-박이, 외눈-퉁이'는 비표준어임.

양념-감/양념-거리

어금버금-하다/어금지금-하다

이기여차/이여치

어림-잡다/어림-치다

어이-없다/어처구니-없다

어저께/어제

언덕-바지/언덕-배기

얼렁-뚱땅/엄벙-땡

여왕-벌/장수-벌

여쭈다/여쭙다

여태/입때   '여직'은 비표준어임.

여태-껏/이제-껏/입때-껏 '여지-껏'은 비표준어임.

역성-들다/역성-하다   '편역-들다'는 비표준어임.

연-달다/잇-달다

엿-가락/엿-가래

엿-기름/엿-길금

엿-반대기/엿-자박

오사리-잡놈/오색-잡놈   '오합-잡놈'은 비표준어임.

옥수수/강냉이   ~떡, ~묵, ~밥, ~튀김

왕골-기직/왕골-자리

외겹-실/외올-실/홑-실   '홑겹-실, 올-실'은 비표준어임.

외손-잡이/한손-잡이

욕심-꾸러기/욕심-쟁이

우레/천둥   우렛-소리/천둥-소리

우지/울-보

을러-대다/을러-메다

의심-스럽다/의심-쩍다

-이에요/-이어요

이틀-거리/당-고금   학질의 일종임.

일일-이/하나-하나

일찌감치/일찌거니

입찬-말/입찬-소리

자리-옷/잠-옷

자물-쇠/자물-통

장가-가다/장가-들다　　‘서방-가다’ 는 비표준어임.

재롱-떨다/재롱-부리다

제-가끔/제-각기

좀-처럼/좀-체　　　　　‘좀-체로, 좀-해선, 좀-해’ 는 비표준어임.

줄-꾼/줄-잡이

중신/중매

짚-단/짚-뭇

쪽/편　　오른~, 왼~

차차/차츰

책-씻이/책-거리

척/체　　모르는~, 잘난~

천연덕-스럽다/천연-스럽다

철-따구니/철-딱서니/철-딱지 ‘철-때기’ 는 비표준어임.

추어-올리다/추어-주다　　‘추켜-올리다’ 는 비표준어임.

축-가다/축-나다

침-놓다/침-주다

통-꼭지/통-젖　　　　통에 붙은 손잡이

파자-쟁이/해자-쟁이　　점치는 이

편지-투/편지-틀

한턱-내다/한턱-하다

헤웃 값/헤웃 돈　　　　‘해우-차’ 는 비표준어임.

혼자-되다/홀로-되다

흠-가다/흠-나다/흠-지다

제2부 표준 발음법

제1장 총 칙

제1항 표준 발음법은 표준어의 실제 발음을 따르되, 국어의 전통성과 합리성을 고려하여 정함을 원칙으로 한다.

제2장 자음과 모음

제2항 표준어의 자음은 다음 19개로 한다.

ㄱ ㄲ ㄴ ㄷ ㄸ ㄹ ㅁ ㅂ ㅃ ㅅ ㅆ ㅇ ㅈ ㅉ ㅊ ㅋ ㅌ ㅍ ㅎ

제3항 표준어의 모음은 다음 21개로 한다.

ㅏ ㅐ ㅑ ㅒ ㅓ ㅔ ㅕ ㅖ ㅗ ㅘ ㅙ ㅚ ㅛ ㅜ ㅝ ㅞ ㅟ ㅠ ㅡ ㅢ ㅣ

제4항 'ㅏ ㅐ ㅓ ㅔ ㅗ ㅚ ㅜ ㅟ ㅡ ㅣ'는 단모음(單母音)으로 발음한다. 다만, 'ㅚ, ㅟ'는 이중 모음으로 발음할 수 있다.

제5항 'ㅑ ㅒ ㅕ ㅖ ㅘ ㅙ ㅛ ㅝ ㅞ ㅠ ㅢ'는 이중 모음으로 발음한다. 다만 1. 용언의 활용형에 나타나는 '져, 쪄, 쳐'는 〔저, 쩌, 처〕로 발음한다.

가지어→가져[가저]   찌어→[쩌]

다치어→다쳐[다처]

다만 2. '예, 례' 이외의 'ㅖ'는 [ㅔ]로도 발음한다.

계집[계:집/게:집]   계시다[계:시다/게:시다]

시계[시계/시게](時計)   연계[연계/연게](連繫)

메별[메별/메별](袂別)   개폐[개폐/개페](開閉)

혜택[혜:택/헤:택](惠澤)   지혜[지혜/지헤](智慧)

다만 3. 자음을 첫소리로 가지고 있는 음절의 'ㅢ'는 [ㅣ]로 발음한다.

닐리리   닁큼   무늬   띄어쓰기   씌어   틔어

희어   희떱다 희망   유희

다만 4. 단어의 첫음절 이외의 '의'는 [ㅣ]로, 조사 '의'는 [ㅔ]로 발음
       함도 허용한다.

주의[주의/주이]   협의[혀븨/혀비]

우리의[우리의/우리에]   강의의[강:의의/강:이에]

제3장 **소리의 길이**

제6항 모음의 장단을 구별하여 발음하되, 단어의 첫 음절에서만 긴소리
      가 나타나는 것을 원칙으로 한다.

      (1)눈보라[눈:보라]   말씨[말:씨]   밤나무[밤:나무]

많다[만:타]　　　　멀리[멀:리]　　　벌리다[벌:리다]

(2)첫눈[천눈]　　　　참말[참말]

쌍동밤[쌍동밤]　　　수많이[수:마니]

눈멀다[눈멀다]　　　떠벌리다[떠벌리다]

다만, 합성어의 경우에는 둘째 음절 이하에서도 분명한 긴소리를 인정
한다.

　　　반신반의[반:신 바:늬/반:신 바:니]　　　재삼재사[재:삼 재:사]

[붙임] 용언의 단음절 어간에 어미 '-아/어'가 결합되어 한 음절로 축약
되는 경우에도 긴소리로 발음한다.

　　　보아→봐[봐:]　　　기어→겨[겨:]　　　되어→돼[돼:]

　　　두어→둬[둬:]　　　하여→해[해:]

다만, '오아→와, 지어→져, 찌어→쪄, 치어→쳐' 등은 긴소리로 발음하
지 않는다.

제7항 긴소리를 가진 음절이라도, 다음과 같은 경우에는 짧게 발음한다.

1. 단음절인 용언 어간에 모음으로 시작된 어미가 결합되는 경우

　　　감다[감:따]-감으니[가므니]　　　밟다[밥:따]-밟으면[발브면]

　　　신다[신:따]-신어[시너]　　　　알다[알:다]-알아[아라]

다만, 다음과 같은 경우에는 예외적이다.

　　　끌다[끌:다]-끌어[끄:러]　　　　떫다[떫:다]-떫은[떨:븐]

　　　벌다[벌:다]-벌어[버:러]　　　　썰다[썰:다]-썰어[써:러]

　　　없다[업:따]-없으니[업:쓰니]

2. 용언 어간에 피동, 사동의 접미사가 결합되는 경우

　　　감다[감:따]-감기다[감기다]　　　　꼬다[꼬:다]-꼬이다[꼬이다]
　　　밟다[밥:따]-밟히다[발피다]

다만, 다음과 같은 경우에는 예외적이다.

　　　끌리다[끌:리다] 벌리다[벌:리다]　　　　없애다[업:쌔다]

[붙임] 다음과 같은 합성어에서는 본디의 길이에 관계없이 짧게 발음한
다.

　　　밀-물　　　　　　　　　　썰-물
　　　쏜-살-같이　　　　　　　　작은-아버지

제4장 **받침의 발음**

제8항　받침소리로는 'ㄱ, ㄴ, ㄷ, ㄹ, ㅁ, ㅂ, ㅇ'의 7개 자음만 발음한
　　　다.

제9항　받침 'ㄲ, ㅋ', 'ㅅ, ㅆ, ㅈ, ㅊ, ㅌ', 'ㅍ'은 어말 또는 자음 앞에서
　　　각각 대표음 [ㄱ, ㄷ, ㅂ]으로 발음한다.
　　　닦다[닥따]　　　키읔[키윽]　　　키읔과[키윽꽈]
옷[옫]　　　　옷다[옫:따]　　있나[인따]
젖[젇]　　　　빚다[빋따]　　　꽃[꼳]
쫓다[쫃따]　　솥[솓]　　　　뱉다[밷:따]

앞[압]　　　　덮다[덥따]

제10항 겹받침 'ㄳ', 'ㄵ', 'ㄼ, ㄽ, ㄾ', 'ㅄ'은 어말 또는 자음 앞에서 각
각 〔ㄱ, ㄴ, ㄹ, ㅂ〕으로 발음한다.

넋[넉]　　　　　넋과[넉꽈]　　　　앉다[안따]

여덟[여덜]　　　넓다[널따]　　　　외곬[외골]

핥다[할따]　　　값[갑]

다만, '밟-'은 자음 앞에서 〔밥〕으로 발음하고, '넓-'은 다음과 같은 경
우에 〔넙〕으로 발음한다.

(1)밟다[밥:따]　　　　밟소[밥:쏘]　　　　밟지[밥:찌]

　밟는[밥:는→밤:는]　밟게[밥:께]　　　　밟고[밥:꼬]

(2)넓-죽하다[넙쭈카다]　넓-둥글다[넙뚱글다]

제11항 겹받침 'ㄺ, ㄻ, ㄿ'은 어말 또는 자음 앞에서 각각 〔ㄱ, ㅁ, ㅂ〕으
로 발음한다.

닭[닥]　　　　　흙과[흑꽈]　　　　맑다[막따]

늙지[늑찌]　　　삶[삼:]　　　　　젊다[점:따]

읊고[읍꼬]　　　읊다[읍따]

다만, 용언의 어간 발음 'ㄺ'은 'ㄱ' 앞에서 「ㄹ」로 발음한다.

맑게[말께]　　　　묽고[물꼬]　　　　얽거나[얼꺼나]

제12항 받침 'ㅎ'의 발음은 다음과 같다.

1. 'ㅎ(ㄶ, ㅀ)' 뒤에 'ㄱ, ㄷ, ㅈ'이 결합되는 경우에는, 뒤 음절 첫소리

와 합쳐서 〔ㅋ, ㅌ, ㅊ〕으로 발음한다.

놓고〔노코〕	좋던〔조:턴〕	쌓지〔싸치〕
많고〔만:코〕	않던〔안턴〕	닳지〔달치〕

〔붙임1〕 받침 'ㄱ(ㄺ), ㄷ, ㅂ(ㄼ), ㅈ(ㄵ)'이 뒤 음절 첫소리 'ㅎ'과 결합되는 경우에도, 역시 두 소리를 합쳐서 〔ㅋ, ㅌ, ㅍ, ㅊ〕으로 발음한다.

각하〔가카〕	먹히다〔머키다〕	밝히다〔발키다〕
맏형〔마텽〕	좁히다〔조피다〕	넓히다〔널피다〕
꽂히다〔꼬치다〕	앉히다〔안치다〕	

〔붙임2〕 규정에 따라 'ㄷ'으로 발음되는 'ㅅ, ㅈ, ㅊ, ㅌ'의 경우에는 이에 준한다.

옷 한 벌〔오탄벌〕	낮 한때〔나탄때〕
꽃 한 송이〔꼬탄송이〕	숱하다〔수타다〕

2. 'ㅎ(ㄶ, ㅀ)' 뒤에 'ㅅ'이 결합되는 경우에는, 'ㅅ'을 〔ㅆ〕으로 발음한다.

닿소〔다쏘〕	많소〔만:쏘〕	싫소〔실쏘〕

3. 'ㅎ' 뒤에 'ㄴ'이 결합되는 경우에는, 〔ㄴ〕으로 발음한다.

놓는〔논는〕	쌓네〔싼네〕

〔붙임〕 'ㄶ, ㅀ' 뒤에 'ㄴ'이 결합되는 경우에는, 'ㅎ'을 발음하지 않는다.

않네〔안네〕	않는〔안는〕
뚫네〔뚤네→뚤레〕	뚫는〔뚤는→뚤른〕

* '뚫네〔뚤네→뚤레〕 뚫는〔뚤는→뚤른〕'에 대해서는 제20항 참조.

4. 'ㅎ(ㄶ, ㅀ)' 뒤에 모음으로 시작된 어미나 접미사가 결합되는 경우에
   는, 'ㅎ'을 발음하지 않는다.

      낳은[나은]   놓아[노아]

      쌓이다[싸이다]   많아[마:나]   않은[아는]

      닳아[다라]   싫어도[시러도]

제13항 홑받침이나 쌍받침이 모음으로 시작된 조사나 어미, 접미사와 결
합되는 경우에는, 제 음가대로 뒤 음절 첫소리로 옮겨 발음한다.

      깎아[까까]   옷이[오시]   있어[이써]

      덮이다[더피다]   꽂아[꼬자]   꽃을[꼬츨]

      낮이[나지]   쫓아[쪼차]   밭에[바테]

      앞으로[아프로]

제14항 겹받침이 모음으로 시작된 조사나 어미, 접미사와 결합되는 경우
에는 뒤엣것만을 뒤 음절 첫소리로 옮겨 발음한다(이 경우, 'ㅅ'
은 된소리로 발음함.)

      넋이[넉씨]   앉아[안자]   닭을[달글]

      젊어[절머]   곬이[골씨]   핥아[할타]

      읊어[을퍼]   값을[갑쓸]   없어[업:써]

제15항 받침 뒤에 모음 'ㅏ, ㅓ, ㅗ, ㅜ, ㅟ' 들로 시작되는 실질 형태소가
연결되는 경우에는, 대표음으로 바꾸어서 뒤 음절 첫소리로 옮겨
발음한다.

      밭 아래[바다래]   늪 앞[느밥]   젖어미[저더미]

      꽃 위[꼬뒤]   맛없다[마덥다]   겉옷[거돋]

      헛웃음[허두슴]

다만, '맛있다, 멋있다'는 [마싣따], [머싣따]로도 발음할 수 있다.

[붙임] 겹받침의 경우에는 그 중 하나만을 옮겨 발음한다.

넋 없다[너겁따]   닭 앞에[다가페]

값어치[가버치]   값있는[가빈는]

제16항 한글 자모의 이름은 그 받침 소리를 연음하되, 'ㄷ, ㅈ, ㅊ, ㅋ, ㅌ, ㅍ, ㅎ'의 경우에는 특별히 다음과 같이 발음한다.

디귿이[디그시]   디귿을[디그슬]   디귿에[디그세]

지읒이[지으시]   지읒을[지으슬]   지읒에[지으세]

치읓이[치으시]   치읓을[치으슬]   치읓에[치으세]

키읔이[키으기]   키읔을[키으글]   키읔에[키으게]

티읕이[티으시]   티읕을[티으슬]   티읕에[티으세]

피읖이[피으비]   피읖을[피으블]   피읖에[피으베]

히읗이[히으시]   히읗을[히으슬]   히읗에[히으세]

제5장 소리의 동화

제17항 받침 'ㄷ, ㅌ(ㄾ)'이 조사나 접미사의 모음 'ㅣ'와 결합되는 경우에는, [ㅈ, ㅊ]으로 바꾸어서 뒤 음절 첫소리로 옮겨 발음한다.

곧이듣다[고지듣따]   굳이[구지]   미닫이[미다지]

땀받이[땀바지]   밭이[바치]   벼훑이[벼훌치]

[붙임] 'ㄷ' 뒤에 접미사 '히'가 결합되어 '티'를 이루는 것은 [치]로 발

음한다.

굳히다〔구치다〕　　　　닫히다〔다치다〕　　　　묻히다〔무치다〕

第18항　받침 'ㄱ(ㄲ, ㅋ, ㄳ, ㄺ), ㄷ(ㅅ, ㅆ, ㅈ, ㅊ, ㅌ, ㅎ), ㅂ(ㅍ, ㄼ, ㄿ, ㅄ)'은
　　　'ㄴ, ㅁ' 앞에서 〔ㅇ, ㄴ, ㅁ〕으로 발음한다.

먹는〔멍는〕　　　　　국물〔궁물〕　　　　　깎는〔깡는〕

키읔만〔키응만〕　　　몫몫이〔몽목씨〕　　　긁는〔긍는〕

흙만〔흥만〕　　　　　닫는〔단는〕　　　　　짓는〔진ː는〕

옷맵시〔온맵시〕　　　있는〔인는〕　　　　　맞는〔만는〕

젖멍울〔전멍울〕　　　쫓는〔쫀는〕　　　　　꽃망울〔꼰망울〕

붙는〔분는〕　　　　　놓는〔논는〕　　　　　잡는〔잠는〕

밥물〔밤물〕　　　　　앞마당〔암마당〕　　　밟는〔밤는〕

읊는〔음는〕　　　　　없는〔엄ː는〕　　　　값매다〔감매다〕

〔붙임〕두 단어를 이어서 한마디로 발음하는 경우에도 이와 같다.

책 넣는다〔챙넌는다〕　　　　흙 말리다〔흥말리다〕

옷 맞추다〔온마추다〕　　　　밥 먹는다〔밤멍는다〕

값 매기다〔감매기다〕

第19항　받침 'ㅁ, ㅇ' 뒤에 연결되는 'ㄹ'은 〔ㄴ〕으로 발음한다.

담력〔담ː녁〕　　　　　침략〔침냑〕　　　　　강릉〔강능〕

항로〔항ː노〕　　　　　대통령〔대ː통녕〕

〔붙임〕받침 'ㄱ, ㅂ' 뒤에 연결되는 'ㄹ'도 〔ㄴ〕으로 발음한다.

막론〔막논→망논〕　　　　　백리〔백니→뱅니〕

협력〔협녁→혐녁〕　　　　　십리〔십니→심니〕

제20항 'ㄴ'은 'ㄹ'의 앞이나 뒤에서 〔ㄹ〕로 발음한다.

   (1) 난로〔날ː로〕   신라〔실라〕   천리〔철리〕

      광한루〔광ː할루〕   대관령〔대ː괄령〕

   (2) 칼날〔칼랄〕   물난리〔물랄리〕

      줄넘기〔줄럼끼〕   할는지〔할른지〕

〔붙임〕 첫소리 'ㄴ'이 'ㅀ', 'ㄾ' 뒤에 연결되는 경우에도 이에 준한다.

      닳는〔달른〕   뚫는〔뚤른〕   핥네〔할레〕

다만, 다음과 같은 단어들은 'ㄹ'을 〔ㄴ〕으로 발음한다.

      의견란〔의ː견난〕   임진란〔임ː진난〕   생산량〔생산냥〕

      결단력〔결딴녁〕   공권력〔공꿘녁〕   동원령〔동ː원녕〕

      상견례〔상견녜〕   횡단로〔횡단노〕   이원론〔이원논〕

      입원료〔이붠뇨〕   구근류〔구근뉴〕

제21항 위에서 지적한 이외의 자음 동화는 인정하지 않는다.

      감기〔감ː기〕(×〔강ː기〕)   옷감〔옫깜〕(×〔옥깜〕)

      있고〔읻꼬〕(×〔익꼬〕)   꽃길〔꼳낄〕(×〔꼭낄〕)

      젖먹이〔전머기〕(×〔점머기〕)   문법〔문뻡〕(×〔뭄뻡〕)

      꽃밭〔꼳빧〕(×〔꼽빧〕)

제22항 다음과 같은 용언의 어미는 〔어〕로 발음함을 원칙으로 하되, 〔여〕
      로 발음함도 허용한다.

      피어〔피어/피여〕   되어〔되어/되여〕

〔붙임〕 '이오, 아니오'도 이에 준하여 〔이요〕, 〔아니요〕로 발음함을 허용
      한다.

제6장 된소리되기

제23항 받침 'ㄱ(ㄲ, ㅋ, ㄳ, ㄺ), ㄷ(ㅅ, ㅆ, ㅈ, ㅊ, ㅌ), ㅂ(ㅍ, ㄼ, ㄿ, ㅄ)' 뒤에 연결되는 'ㄱ, ㄷ, ㅂ, ㅅ, ㅈ'은 된소리로 발음한다.

국밥〔국빱〕	깎다〔깍따〕	넋받이〔넉빠지〕
삯돈〔삭똔〕	닭장〔닥짱〕	칡범〔칙뻠〕
뻗대다〔뻗때다〕	옷고름〔옫꼬름〕	있던〔읻떤〕
꽂고〔꼳꼬〕	꽃다발〔꼳따발〕	낯설다〔낟썰다〕
밭갈이〔받까리〕	솥전〔솓쩐〕	곱돌〔곱똘〕
덮개〔덥깨〕	옆집〔엽찝〕	넓죽하다〔넙쭈카다〕
읊조리다〔읍쪼리다〕	값지다〔갑찌다〕	

제24항 어간 받침 'ㄴ(ㄵ), ㅁ(ㄻ)' 뒤에 결합되는 어미의 첫소리 'ㄱ, ㄷ, ㅅ, ㅈ'은 된소리로 발음한다.

신고〔신:꼬〕	껴안다〔껴안따〕	앉고〔안꼬〕
얹다〔언따〕	삼고〔삼:꼬〕	더듬지〔더듬찌〕
닮고〔담:꼬〕	젊지〔점:찌〕	

다만, 피동, 사동의 접미사 '-기-'는 된소리로 발음하지 않는다.

안기다	감기다	굶기다
옮기다		

제25항 어간 받침 'ㄼ, ㄾ' 뒤에 결합되는 어미의 첫소리 'ㄱ, ㄷ, ㅅ, ㅈ'은 된소리로 발음한다.

넓게〔널께〕	핥다〔할따〕	훑소〔훌쏘〕

떫지〔떨찌〕

제26항 한자어에서, 'ㄹ' 받침 뒤에 결합되는 'ㄷ, ㅅ, ㅈ'은 된소리로 발음한다.

갈등〔갈뜽〕	발동〔발똥〕	절도〔절또〕
말살〔말쌀〕	불소(弗素)〔불쏘〕	일시〔일씨〕
갈증〔갈쯩〕	물질〔물찔〕	발전〔발쩐〕
몰상식〔몰쌍식〕	불세출〔불쎄출〕	

다만, 같은 한자가 겹쳐진 단어의 경우에는 된소리로 발음하지 않는다.
　　허허실실〔허허실실〕(虛虛實實)　　　절절-하다〔절절하다〕(切切-)

제27항 관형사형 '-(으)ㄹ' 뒤에 연결되는 'ㄱ, ㄷ, ㅂ, ㅅ, ㅈ'은 된소리로 발음한다.

할 것을〔할꺼슬〕	갈 데가〔갈떼가〕	할 바를〔할빠를〕
할 수는〔할쑤는〕	할 적에〔할쩌게〕	갈 곳〔갈꼳〕
할 도리〔할또리〕	만날 사람〔만날싸람〕	

다만, 끊어서 말할 적에는 예사소리로 발음한다.
〔붙임〕 '-(으)ㄹ'로 시작되는 어미의 경우에도 이에 준한다.

할걸〔할껄〕	할밖에〔할빠께〕	할세라〔할쎄라〕
할수록〔할쑤록〕	할지라도〔할찌라도〕	할지언정〔할찌언정〕
할진대〔할찐대〕		

제28항 표기상으로는 사잇시옷이 없더라도, 관형격 기능을 지니는 사이시옷이 있어야 할(휴지가 성립되는) 합성어의 경우에는, 뒤 단어

의 첫소리 'ㄱ, ㄷ, ㅂ, ㅅ, ㅈ'을 된소리로 발음한다.

문-고리〔문꼬리〕	눈-동자〔눈똥자〕	신-바람〔신빠람〕
산-새〔산쌔〕	손-재주〔손째주〕	길-가〔길까〕
물-동이〔물똥이〕	발-바닥〔발빠닥〕	굴-속〔굴ː쏙〕
술-잔〔술짠〕	바람-결〔바람껼〕	그믐-달〔그믐딸〕
아침-밥〔아침빱〕	잠-자리〔잠짜리〕	강-가〔강까〕
초승-달〔초승딸〕	등-불〔등뿔〕	창-살〔창쌀〕
강-줄기〔강쭐기〕		

제7장 **소리의 첨가**

제29항 합성어 및 파생어에서, 앞 단어나 접두사의 끝이 자음이고 뒤 단
어나 접미사의 첫 음절이 '이, 야, 여, 요, 유'인 경우에는, 'ㄴ'
소리를 첨가하여 〔니, 냐, 녀, 뇨, 뉴〕로 발음한다.

솜-이불〔솜니불〕	홑-이불〔혼니불〕	막-일〔망닐〕
삯일〔상닐〕	맨-입〔맨닙〕	꽃-잎〔꼰닙〕
내복-약〔내ː봉냑〕	한-여름〔한녀름〕	
남존-여비〔남존녀비〕	신-여성〔신녀성〕	
색-연필〔생년필〕	직행-열차〔지캥녈차〕	
늑막-염〔능망념〕	콩-엿〔콩년〕	담-요〔담ː뇨〕
눈-요기〔눈뇨기〕	영업-용〔영엄뇽〕	식용-유〔시굥뉴〕
국민-윤리〔궁민뉼리〕	밤-윷〔밤ː뉻〕	

다만, 다음과 같은 말들은 'ㄴ' 소리를 첨가하여 발음하되, 표기대로 발음할 수 있다.

이죽-이죽[이중니죽/이주기죽]　　야금-야금[야금냐금/야그먀금]

검열[검ː녈/거ː멸]　　　　　　욜랑-욜랑[욜랑놀랑/욜랑욜랑]

금융[금늉/그뮹]

[붙임1] 'ㄹ' 받침 뒤에 첨가되는 'ㄴ' 소리는 [ㄹ]로 발음한다.

들-일[들ː릴]　　　　솔-잎[솔립]　　　　설-익다[설릭따]

물-약[물략]　　　　불-여우[불려우]　　　서울-역[서울력]

물-엿[물렫]　　　　휘발-유[휘발류]　　　유들-유들[유들류들]

[붙임2] 두 단어를 이어서 한마디로 발음하는 경우에는 이에 준한다.

한 일[한닐]　　　　　　　　　옷 입다[온닙따]

서른 여섯[서른녀섣]　　　　　3연대[삼년대]

먹은 엿[머근녇]　　　　　　　할 일[할릴]

잘 입다[잘립따]　　　　　　　스물 여섯[스물려섣]

1연대[일련대]　　　　　　　　먹을 엿[머글렫]

다만, 다음과 같은 단어에서는 'ㄴ(ㄹ)' 소리를 첨가하여 발음하지 않는다.

6·25[유기오]　　　　　　　3·1절[사밀쩔]

송별연[송ː벼련]　　　　　　등용-문[등용문]

제30항 사이시옷이 붙은 단어는 다음과 같이 발음한다.

1. 'ㄱ, ㄷ, ㅂ, ㅅ, ㅈ'으로 시삭하는 단어 잎에 사이시옷이 올 때는 이들 자음만을 된소리로 발음하는 것을 원칙으로 하되, 사이시옷을 [ㄷ]으로 발음하는 것도 허용한다.

냇가〔내:까/낻까〕　　　　샛길〔새:낄/샏:낄〕

빨랫돌〔빨래똘/빨랟똘〕　　콧등〔코뜽/콛뜽〕

깃살〔기빨/긷빨〕　　　　　대팻밥〔대:패빱/대:팯빱〕

햇살〔해쌀/핻쌀〕　　　　　뱃속〔배쏙/밷쏙〕

뱃전〔배쩐/밷쩐〕　　　　　고갯짓〔고개찓/고갣찓〕

2. 사이시옷 뒤에 'ㄴ, ㅁ'이 결합되는 경우에는 〔ㄴ〕으로 발음한다.

　　콧날〔콛날→콘날〕　　　　아랫니〔아랟니→아랜니〕

　　툇마루〔퇻:마루→퇸:마루〕　뱃머리〔밷머리→밴머리〕

3. 사이시옷 뒤에 '이' 소리가 결합되는 경우에는 〔ㄴㄴ〕으로 발음한다.

　　베갯잇〔베갣닏→베갠닏〕　　깻잎〔깯닙→깬닙〕

　　나뭇잎〔나묻닙→나문닙〕　　도리깻열〔도리깯녈→도리깬녈〕

　　뒷윷〔뒫:늋→뒨:늋〕